序　言

习近平总书记指出，金融是现代经济的核心与血液。在间接融资占主导地位的中国金融市场上，商业银行更是一颗耀眼明珠。商业银行在经济社会发展中发挥着重要作用，最基本的职能就是将社会闲散资金集中起来，再投放到需要资金的领域，从而实现社会资源的优化配置，促进经济发展和社会稳定。作为一个经营货币的特殊企业，商业银行不仅要推动业务发展，更要注重风险防范；不仅要追求经济效益，更要注重社会效益，决定了商业银行经营管理是一门科学，需要理论和实践的有机结合。

从内部看，商业银行的业务种类繁多，专业性强，在不断创新发展的进程中，条线化管理愈加明显，需要加强对各项业务的统筹管理和协同推进。从外部看，国内外经济金融、政治社会环境日益复杂，不确定性明显增加，商业银行需要坚持系统思维、整体观念、大局意识，科学分析并不断适应外部环境的变化。犹如江河中航行的一艘船，商业银行需要明确经营目标，把握发展速度，整体推进，稳健运行。

十多年前，因为工作关系，我认识了宁敏同志。当时，我在人民银行货币政策司主要从事农村信用社改革资金支持政策的落实工作，他在合肥中心支行也从事对口工作。从相识相交成为好朋友，我为该同志工作认真负责，为人谦虚厚道，学习愿望强烈，创新意识突出，特别是持续多年专注事业而感动。宁敏同志原本是一名国际金融专业的大专生，后来参加自学考试获得了金融学本科学历和学士学位，并陆续获得了在职研究生学历和公共管理硕士、工商管理硕士学位。对于一名在人民银行系统工作近30年的同志而言，他的这种持续学习、专心致志的精神和毅力值得点赞。

本书是宁敏同志多年心血的结晶，我有幸较早学习了多遍。本书将商业银行经营管理、会计核算、合规管理以及中央银行业务与金融宏观调控、银行业微观审慎监管五个方面的内容融合在一起，与沙盘推演这种教学方式结合起来，以几项基础性核心业务活动为主线条模拟商业银行总体经营管理活动，充分体现了理论与实践相结合，便于在实际操作中理解商业银行经营管理理论。如此设计，既是对商业银行业务学习方法的一种探索，也反映了宁敏同志多年来工作和学习体会的沉淀。

本书给我最深的感受是三个字：新、实、巧。

所谓新，就是作者创作的商业银行经营管理模拟教学沙盘图及其使用方法。以硬币与塑料桶的组合在沙盘盘面上相关标识处的摆放和挪动，来模拟商业银行负债业务和资产业务的办理；以分户账与塑料桶的组合在相关标识处的摆放，来模拟损益核算和所有者权益管理业务的账务记载；以"合规"标识的摆放来模拟合规管理业务的开展。这好比对着电脑下棋，盘面上各种道具的摆放和挪动，就如同各个棋子的运用。闭上眼睛，沙盘推演的全过程，就像一部动画片呈现在脑海，而且可以循环放映。

所谓实，主要体现在两个方面。一是本教程模拟经营的业务活动是商业银行经营管理实际的仿真再现。根据本教程的设计，学员团队模拟商业银行基于内部环境（主要是资产负债规模和结构、业务经营状况、战略规划及策略调整等），结合外部环境（主要是经济发展形势、产业政策、货币政策、信贷政策、宏观审慎管理政策、微观审慎监管政策以及市场资金供求等）的变化，选择开展有利于发挥自身优势、实现战略目标的业务经营活动。这与现实中商业银行经营管理活动高度相仿。二是本教程能够穿透式地介绍商业银行经营管理活动。学员在模拟推演中，亲身体验商业银行从吸收负债到运用资产、从财务核算到绩效评估的全过程，能够体会到微观个体经营行为与宏观经济金融环境结合的重要性，从而将一些分散的知识点串起来，以便对商业银行经营管理活动形成相对全面的认识。

所谓巧，就是作者在设计本教程中特意做了一些巧妙的安排。比如，作者在模拟教学沙盘图上设计了待付资金中心，看似是为了减少因多次资金支付而导致推演手续的重复办理，以维护良好的课堂秩序，但实际上是在模仿商业银行工作中对一些过渡性资金的处理。作者将模拟推演的标准次数设计为5次，即5个年度。这与国民经济和社会发展五年规划，以及一些工作岗位任职满5年原则上需轮岗交流的规定保持了一致性，是仿真再现。显然，一个新的管理团队上任以后，有必要对未来5年的工作开展做出计划安排。作者在设定的推演规则中明确，凡推演资金收入业务，要先做备付金增加处理，再做相关分户账的账务记载。凡推演资金支出业务，要先做相关分户账的账务记载，再做备付金减少处理。这与商业银行现金收支业务的操作规范是一致的，即办理现金收入业务，应先收取现金，再做账务处理；办理现金支出业务，应先做账务处理，再付出现金。这些点点滴滴无不透露出作者在模拟推演流程设计上的良苦用心。

　　总体看，这是一本紧扣我国商业银行经营管理实际的沙盘推演教学用书，设计思路新颖，知识体系完整，针对性、操作性强，具有较高的实用价值。相信本书的出版，将会在提高读者对商业银行经营管理的认识方面发挥积极作用。希望作者继续努力，奉献更多更好的作品。

　　祝愿好友宁敏同志百尺高竿，更上一层楼！

　　是为序！

穆争社

2021 年 8 月

前　言

　　商业银行是以追求利润为目标，以经营金融资产和负债为对象，特殊的、综合的、多功能的金融企业。商业银行最基本的职能是信用中介，通过存贷款业务在资金供给者和需求者之间扮演信用角色，把社会上的闲散资金集中起来再投向经济部门。商业银行的业务种类繁多，而且还在不断创新，可以为客户提供各类综合性服务。

　　沙盘就是仿照现实环境制作的模型。沙盘推演应用于军事训练，可以帮助使用者运用战略和战术，在模拟的战争环境下，达到练兵的效果或者实现作战目的。沙盘推演应用于企业模拟经营，出现了"ERP沙盘模拟"教学课程。该类课程大多是仿照构建生产制造型企业的内外部环境，模拟生产经营的关键环节和全过程，通过对资源进行优化配置，以实现商业上的成功。该课程将团队合作与角色扮演有机结合起来，把多种教学方法融为一体，取得了很好的效果，受到了普遍欢迎。沙盘推演应用于商业银行模拟经营，出现了商业银行模拟经营沙盘教学课程。当前，我国关于商业银行模拟经营方面的教学研究和实践并不多，模拟的业务类型和推演内容以及侧重点也各具特色。

　　本教程仿照商业银行经营状况、业务发展规划等内部环境，以及货币政策、宏观审慎政策、微观审慎政策等外部环境，以几项基础性核心业务为线索，模拟经营商业银行业务。使用者在推演过程中，能够亲身体验商业银行从吸收负债到运用资产、从财务核算到绩效评估的整个过程，从而对商业银行经营管理活动的总体概况有穿透式的了解。

本教程共分两个部分。第一部分为正文部分，包括 8 个章节。第 1 章简要介绍沙盘推演在军事训练、模拟企业经营、模拟商业银行经营等领域的应用，以及本沙盘盘面标识、道具设置及其业务含义等。第 2 章介绍商业银行团队模拟经营的推演规则以及指导老师组织沙盘教学的操作规则，并对模拟经营的业务情景以及学员团队的组建、角色分工等进行设定。第 3 章结合相关经济、金融知识，对商业银行团队模拟经营的内外部环境以及初始状况的设定予以说明，以增进学员对本教程的理解。第 4 章结合图示，对沙盘推演的全过程按次序分步骤进行介绍。第 5 章结合沙盘推演流程对模拟经营的要点进行解释说明。第 6 章介绍指导老师组织沙盘模拟教学的操作流程、沙盘推演应用程序的主要功能，以及模拟经营条件下开展的宏观审慎评估等。第 7 章介绍沙盘模拟经营任务清单的使用，以及各商业银行团队如何开展实战演练。第 8 章介绍商业银行团队模拟经营成果综合评价的指标体系、学员模拟推演成绩的评定以及总结报告的撰写等。

第二部分为附录部分，介绍了 5 个方面的基础性知识，分别为商业银行经营管理、商业银行会计核算、商业银行合规管理以及中央银行业务与金融宏观调控、银行业微观审慎监管。当然，作者只是收集整理了相关知识点，以对应本教程设定的业务类型，并没有涵盖这 5 个方面的全部内容。附录内容有助于对正文内容的理解。

本教程的主要特色有：一是在沙盘模拟经营的流程设计上，注重先研究制订计划、后推演业务开展，并在推演业务中强调合规管理，以体现商业银行"寓管理于经营之中"的工作理念；二是力求展示商业银行经营管理活动的全过程，使负债业务、资产业务、财务会计业务以及合规管理业务形成有机统一体；三是以设立合规管理总监这一角色为代表，在模拟推演中体现合规管理的重要性；四是模拟一家商业银行置身于经济发展状况、产业政策、货币政策等外部环境中开展经营管理活动，将商业银行微观个体的经营行为与外部宏观经济金融环境结合起来；五是集中体现微观审慎监管和宏观审慎管理共同影响下的商业银行经营管理活动。

本教程知识体系完整，各章节结构紧凑，内容联系紧密，循序渐进，有助于学员通过沙盘推演增进对商业银行经营管理活动的理解，对商业银行如何从"全行一盘棋"的角度去组织各项经营管理活动形成基本认识，从而实现知识向技能的提升，以满足对应用型人才培养和学习的要求。

由于本人水平有限，本教程难免存在不足之处，恳请广大读者批评指正。不胜感谢！

宁敏

2021 年 8 月

目　录

第1章　沙盘模拟课程简介

本章主要内容：一是介绍沙盘的起源及其在军事领域的应用；二是介绍"ERP沙盘模拟"教学课程及其价值所在；三是介绍我国商业银行模拟经营教学情况以及本教程的特色；四是介绍本沙盘盘面标识、道具设置及其业务含义；五是介绍本教程的教学目的以及基本教学步骤。

1.1　沙盘及其起源

沙盘就是仿照地形、地貌以及附着物等现实环境，按照一定的比例，使用相关材质制作的模型。使用者可以通过观察、分析沙盘的外形及其构造，以增强对实际情况的了解，而不必亲临现场。在国产电视连续剧《长沙保卫战》中，有许多张丰毅饰演的薛岳将军和日军司令官站在各自军事沙盘前分析战局、部署作战的镜头。他们就是借助沙盘这个载体来研究战区地形、地貌，分析敌我双方兵力部署等情况，从而制订有利于己方的作战方案。现实生活中，我们经常能看到房地产开发商在售楼处设置的楼盘模型，他们将真实的地形、地貌以及建筑布局等浓缩在几平方米的模拟展台上，以便购房者能"亲眼所见"式地选购住房。

沙盘使用在我国有悠久的历史，早期主要用于军事。指挥员借助沙盘这个载体来模拟战场地形以及兵力部署等，结合战略和战术的应用进行推演，研究如何实现作战目的。《后汉书·马援传》记载，公元32年，光武帝刘秀在陇西一带征讨，召大将马援商讨进军之策。马援对陇西一带的地形、地貌很熟悉，遂"聚米为山谷，指画形势"，制作了一个与现实环境相似的模型，并对战术运用做了详细的分析。光武帝看后称"虏在吾目中矣"。这就是我国战争史上最早使用沙盘来研究作战的记录。秦始皇陵中有用砖土砌成的城垣、宫殿，有用水银模拟的江河、大海，还有著名的用陶烧制而成的兵马俑等。从某种意义上说，这样的设计是我国早期沙盘模拟理念的一种应用。

1811—1824 年，普鲁士王国冯·莱斯维茨父子发明了一种模拟军队交战过程的器材，用胶泥制作成战场模型，用颜色记号表示道路、河流、村庄等地形地貌，用瓷块和算时器表示军队和武器的配置，按照实战的方式来进行军事游戏。这样仿真式的设计，可以说是一种现代意义上的沙盘作业。

第一次世界大战爆发以后，沙盘推演在军事上得到了广泛的应用。第二次世界大战期间，沙盘推演所发挥的作用越来越得到认可。随着电子计算机技术的发展，将物理沙盘搬上电脑屏幕来模拟战场的新方式应运而生，即电子沙盘的出现。直到现在，沙盘推演仍广泛应用于军事领域。

1.2　ERP 沙盘模拟课程简介

20 世纪 80 年代，瑞典皇家工学院开发出了"ERP（Enterprise Resource Planning）沙盘模拟"课程，采用体验式的培训方法，遵循"体验—分享—提升—应用"的流程以达到教学目的。该课程一经推出，便迅速风靡全球。国内外一些高等院校和培训机构陆续开设了"ERP 沙盘模拟"教学课程，对职业经理人、MBA、经济管理类学生进行培训，取得了很好的效果，受到了普遍欢迎。

ERP 是企业资源计划的简称。"ERP 沙盘模拟"就是将沙盘模拟与企业经营管理相结合，构建仿真的企业经营内外部环境，模拟企业生产经营关键环节和整个过程，通过对企业资源进行优化配置，保障企业正常运转，以实现商业上的成功。在课程应用方面，"ERP 沙盘模拟"就是将企业经营内外部环境简化成一系列的条件和规则，由参训人员组成若干个小组（即模拟若干个企业），在相同的内外部环境下实施不同的经营策略，经过若干轮推演（即模拟经营若干年或季度），最后取得不同的经营业绩。每个小组一般有 4～5 名学员，分别模拟担任或兼任企业的总经理、采购总监、生产总监、市场总监、财务总监之职。学员们各司其职，相互合作，共同经营所模拟的企业。

"ERP 沙盘模拟"课程采用体验式教学，将团队合作与角色扮演有机结合，把行动学习法、结构化研讨、案例教学法、头脑风暴法等教学方法融为一体。教学中，每位学员都需要运用所掌握的知识，展开独立思考并参与团队讨论，分析处理企业在经营管理中所遇到的战略制定、生产安排、市场营销、财务管理等一系列问题。这类课程的特点和价值主要体现在以下几个方面：

1. 学员"身临其境"。沙盘模拟教学为每位学员安排具体角色，使其"身临其境"般地参与到一个企业的经营管理之中，有助于学员对企业经营管理实现从理性到感性、再从感性到理性的认识提升。可有效解决传统教学模式下理论与实践相脱节的问题，增强学员对企业经营管理活动的理解，从而更好地掌握教学内容。

2. 变"被动学"为"主动学"。与传统的灌输式教学不同，沙盘模拟教学要求每位学员都亲身体验企业经营管理中面临的各种问题，需要运用所学知识去分析问题、解决问题，还要在解决问题的过程中不断地学习并丰富知识，从中领悟到企业管理者应该具备的知识和能力。"干"中"学"与"学"中"干"相结合，是一种非常有效的教学方式，可以增强学员学习的主动性，大大提高学习内容的留存率。

3. 综合运用知识。"ERP 沙盘模拟"课程至少涉及企业经营管理领域的战略管理、信息管理、生产管理、营销管理、财务管理等方面的知识，可以锻炼提高学员综合运用知识来解决实际问题的能力。学员通过模拟企业经营管理活动的全过程，加深对相关知识的理解，在融会贯通中实现知识向技能的转化。

4. 树立共赢理念。若干个团队在既定条件下开展同类型的业务，虽然相互间竞争难以避免，但也可以实现共赢。课堂上，各团队在安排好自身经营管理的同时，还要善于捕捉外部信息，在分析市场和对手上下功夫，准确识别竞争对手和合作伙伴，在竞争中寻求合作，通过战略联盟实现各自优势资源的相互利用，从而更好地把握发展机遇。

5. 全局观念与团队合作。在模拟推演的课堂上，每位学员都要牢固树立企业经营目标总体最优的全局观念，在分析和处理问题上提出自己的意见，求大同，存小异，最后由团队负责人做出决策。模拟推演企业经营管理活动的全过程，涉及内容较多，每位学员都能从中认识到团队合作的重要性。学员们在角色扮演中各司其职，相互合作，培养并增强了团队合作意识，在学习知识的同时还收获了一笔宝贵的人生财富。

6. 增强规则意识。学员们在模拟推演中要严格按照"游戏规则"来处理各项业务，能够清醒地认识到遵守规则可以保障企业各项业务的正常开展，而违反规则将要面临相应惩罚。当今，依法治国、依法行政、依法经营的理念已成为全社会共识，规则意识已深入人心。"ERP沙盘模拟"课程教学有助于增强学员的规则意识。

7. 不断提升自我。"ERP沙盘模拟"是企业经营管理活动的仿真版，学员在参与课程教学过程中会产生不同的感受。每位学员的个性、经历、受教育程度等不尽相同，各团队在课堂上的表现也各有特点，有的谨小慎微，有的大刀阔斧，有的不知所措。在模拟推演中如何做好下一步，是每个学员、每个团队都要明确做出的选择。现实生活和工作中也有很多选项，我们每个人都不应该被动地接受结果，而要善于认识自我，发扬优点，克服缺点，敢于主动地选择适合自己的发展之路。

1.3 商业银行模拟经营课程简介

商业银行模拟经营就是将沙盘模拟与商业银行业务经营相结合，构建仿真的商业银行经营内外部环境，模拟商业银行业务活动的关键环节和整个过程，对资源进行优化配置，以实现经营上的成功。

截至目前，作者从参阅的公开出版物来看，我国在商业银行模拟经营方面的教学研究和实践不多，所模拟的业务类型和推演内容以及侧重点也各具特色。总的来说，这类课程主要是为高等院校金融、经济、管理类专业在校学生设计的一门教学实验课，其针对性强，可以帮助学生在掌握基本商业银行经营管理理论知识的基础上，通过沙盘推演来进一步了解商业银行业务的大致办理流程，从中领悟商业银行经营决策的基本要领，加深对商业银行经营管理活动的认识和理解。现实中，由于商业银行经营的特殊性、保密性和安全性要求，一般情况下，在校学生进入银行内部接受全面业务培训的机会很少。这类课程构建了仿真的经营环境，仿照商业银行实际业务和工作流程设置相应岗位，通过角色扮演、协同作战的方式，让学生们在走出校门之前，就能大体了解商业银行的经营之道以及相关岗位的职责，因而受到学生的普遍欢迎。

当前，商业银行业务的条线管理相当细化，业务分割化倾向较为明显，整体业务活动呈流水线式作业。从业人员往往对本职工作较为熟悉，但未必了解全行各项业务的开展。因此，大多数员工尤其是基层员工，对整个银行的经营管理缺乏全局性认识和思考。金融管理部门的工作人员也存在类似情况，未必都能全面了解商业银行的经营管理活动，这在一定程度上影响了金融管理职责的有效履行。此外，现阶段商业银行开展的员工业务培训，往往是介绍某些业务或是某些产品，较少把从吸收负债到运用资产的整个经营管理过程作为一项培训内容。金融管理部门组织的相关培训也是如此。

作者考虑撰写一本以商业银行经营管理为主题的沙盘模拟教程，让学员通过沙盘推演的方式，模拟商业银行基于内部环境（主要是资产负债规模和结构、业务经营状况、战略规划及策略调整等），结合外部环境（主要是经济发展形势、产业政策、货币政策、信贷政策、宏观审慎管理政策、微观审慎监管政策以及市场资金供求等）的变化，经过内部决策程序，选择开展有利于发挥自身优势、实现战略目标的业务经营活动。学员们在推演过程中，能够了解商业银行一些基础性核心业务的开展情况，体验商业银行从吸收负债到运用资产、从财务核算到绩效评估的全过程，认识到商业银行应将宏观经济金融环境作为确定自身微观个体经营策略的一个重要因素，从而对商业银行经营管理活动的总体概况有穿透式的了解。

正是基于这些思考，作者致力于本教程的创作，以帮助学员建立起对商业银行经营管理的总体认识，加深对相关内容的理解。本教程不仅适用于高等院校金融、经济、管理类专业的在校学生，也适用于商业银行以及金融管理部门的工作人员。总的来说，本教程主要有以下五个方面的特点。

一是体现商业银行"寓管理于经营之中"的工作理念。经营和管理是企业生存和发展中密不可分的两个方面，两者相互依存、互为补充。管理是对内的，主要是为了提高效率。经营是对外的，主要是为了提高效益。单从经营来看，商业银行可以经营负债业务（包括存款业务、长短期借款、同业拆借等非存款业务）、资产业务（包括贷款业务、证券投资业务、现金业务等）、表外业务（包括中间业务、金融衍生品业务等）。单从管理来看，商业银行要实施资本管理、资产管理、负债管理、财务管理、风险管理等，还要按照金融管理部门的要求依法合规地开展各项业务。为了仿真式地展示商业银行的业务活动过程，本教程在沙盘推演的流程设计上，注重先研究制订计划、后推演业务开展，并在模拟经营中强调合规管理，从而将商业银行的经营和管理融为一体，而不是将两者简单地割裂开来，更不是一味地强调经营。

二是力求展示商业银行经营管理活动的全过程。注重将资金入口端的负债业务、资金出口端的资产业务与财务会计业务、合规管理业务串联起来，结合商业银行业务流程和关键环节进行推演。当前，商业银行的业务种类繁多，而且还在不断创新，为客户提供各类综合性服务。从业务内容来看，商业银行不仅可以办理传统的存款、贷款业务，还能办理中间业务；不仅可以办理银行业本源业务，还可以办理投资银行业务；不仅可以办理金融业务，还可以办理非金融业务。本教程的设计出发点就是让学员通过沙盘推演，对商业银行的经营管理活动有个整体性、框架式的了解，而不是着眼于学习每一项具体业务的办理。当然，受沙盘推演固有的条件限制，本教程不可能将商业银行全部业务的办理过程都展示在沙盘盘面上，只能模拟几项体现商业银行最基本、最能反映其经营管理活动特征的业务。

三是在沙盘推演的业务活动中体现合规经营的管理理念。合规经营是一个企业稳健运行的内在动力，是防范违法违规风险的重要前提，是维护自身合法权益的有力保障。商业银行经营的是货币资本这个特殊商品，具有负债经营的特性，一直以来都与风险相伴而生，因此应该把防范并化解风险始终作为头等大事来抓。一段时间以来，有的商业银行违规经营，产生了重大金融风险，给广大人民群众、众多企事业单位乃至国家造成了较大经济损失，应引以为戒。党中央、国务院将防范化解重大风险列为"三大攻坚战"之首，并指出重点是防控金融风险，做好对重点领域的风险防范和处置。人民银行等金融管理部门陆续采取了一系列措施，以强化对包括商业银行在内的各金融机构业务活动的监管。各家商业银行业务经营的合规管理意识进一步增强，合规管理措施进一步强化。鉴于此，本教程设计了合规管理总监这个角色，以其在沙盘推演中的职责履行来体现商业银行业务活动中合规管理的重要性。

　　四是模拟一家商业银行置身于现实环境中开展经营管理活动。商业银行经营管理必须面对客观的外部环境，并受其影响。经济发展状况、产业政策、财税政策、货币政策、信贷政策、宏观审慎管理政策以及微观审慎监管政策的调整，都要求商业银行及时调整自身的经营管理策略。为了使沙盘推演更加仿真，本教程设定，在将全体学员组建成若干个商业银行团队的同时，还设计了"00 号"金融管理处（以下简称"00 号"）和"88 号"市场管理处（以下简称"88 号"）两个角色，均由指导老师担任。"00 号"集人民银行和银行业监管部门职能于一身，可以发布货币政策、信贷政策、宏观审慎管理政策以及微观审慎监管政策，可以对违反金融管理规定的商业银行团队实施处罚。"88 号"集市场资金需求者、资金供给者以及政府有关部门职能于一身，可以发布产业政策、财税政策以及目标经济增长率、目标通货膨胀率、市场资金供求信息等。在推演过程中，各团队需要根据"00 号"和"88 号"发布的政策规定及相关信息，将宏观经济金融环境与自身微观个体的经营活动结合起来，合理确定经营管理的策略。

　　五是集中体现微观审慎监管和宏观审慎管理共同影响下的商业银行经营管理活动。现阶段，人民银行和银行业监管部门是最直接影响商业银行经营活动的金融管理部门。中国银保监会行使对商业银行的监督管理职责，通常称之为银行业微观审慎监管，主要是通过对资本充足率、拨备覆盖率、不良贷款率等指标的监测分析，评估商业银行存在或可能存在的由于经营不善等原因而引发的金融风险，并采取相应监管措施，以确保每个银行的稳定运行。由于"个体稳健不等于整体稳健"等因素存在，中国人民银行 2011 年对银行业金融机构引入了差别准备金动态调整机制，并于 2016 年将其升级为宏观审慎评估，作为宏观审慎管理的一项重要工作，主要是从资本和杠杆、资产负债、流动性等方面对商业银行的经营活动进行引导，其核心内容是商业银行适当的信贷增速取决于自身资本水平以及经济增长的合理需求，以防范系统性风险，维护货币和金融体系的整体稳定。因此，商业银行经营管理活动必须同时符合微观审慎监管和宏观审慎管理的要求。本教程在沙盘模拟的情景设计上注重体现上述要求，以期通过沙盘这个载体尽可能地仿真商业银行经营管理活动的现实状况。

1.4 商业银行经营管理模拟教学沙盘盘面介绍

从教学形式看，本教程使用的模拟沙盘有两个版本，即物理沙盘和电子沙盘。物理沙盘也叫手工沙盘，就是用相应的实物作为载体展示在物理桌面上，以模拟推演商业银行的经营管理活动。电子沙盘就是将物理沙盘的推演过程以电子计算机为载体展示在电脑屏幕上。对于初学者来说，采用物理沙盘进行推演是比较好的方式，一是推演过程比较直观，便于学员使用；二是更有助于学员体验商业银行经营管理活动的过程，加深对教学内容的理解。

沙盘模拟教学需要配置相应的道具。本教程使用的物理沙盘有两类道具：一是核心道具，即商业银行经营管理模拟教学沙盘盘面图；二是辅助道具，即塑料硬币、塑料桶、合规标识、分户账、拆借资金借据等。

1.4.1 沙盘盘面图及标识

沙盘作为模拟推演商业银行经营管理活动的主要载体，需要系统地、概括性地体现商业银行基本组织架构和基础性业务的办理流程。实际工作中，商业银行经营管理活动的基础性内容主要包括负债吸收、资产运用、财务会计核算、所有者权益管理等。本教程比照这些内容，本着功能明确、简洁直观的原则，在商业银行经营管理模拟教学沙盘的盘面图中设计了5个业务中心，分别为负债业务中心、资产业务中心、待付资金中心、损益核算中心和所有者权益管理中心。如图1.1所示。

商业银行经营管理模拟教学沙盘盘面图的版面设计为面向四周的呈现方式，主要是为了方便学员坐在盘面图的周围，共同研究经营策略，分工合作，各司其职。

1. 负债业务中心。该中心包括6个区域：活期存款业务区域、1年定期存款业务区域、2年定期存款业务区域、3年定期存款业务区域、1年期央行再贷款业务区域、1年期同业拆入资金业务区域。如图1.2所示，负债业务中心设计了6组塑料桶加硬币组合的摆放位置标识，分别模拟推演活期存款、1年定期存款、2年定期存款、3年定期存款、1年期央行再贷款以及1年期同业拆入资金业务。

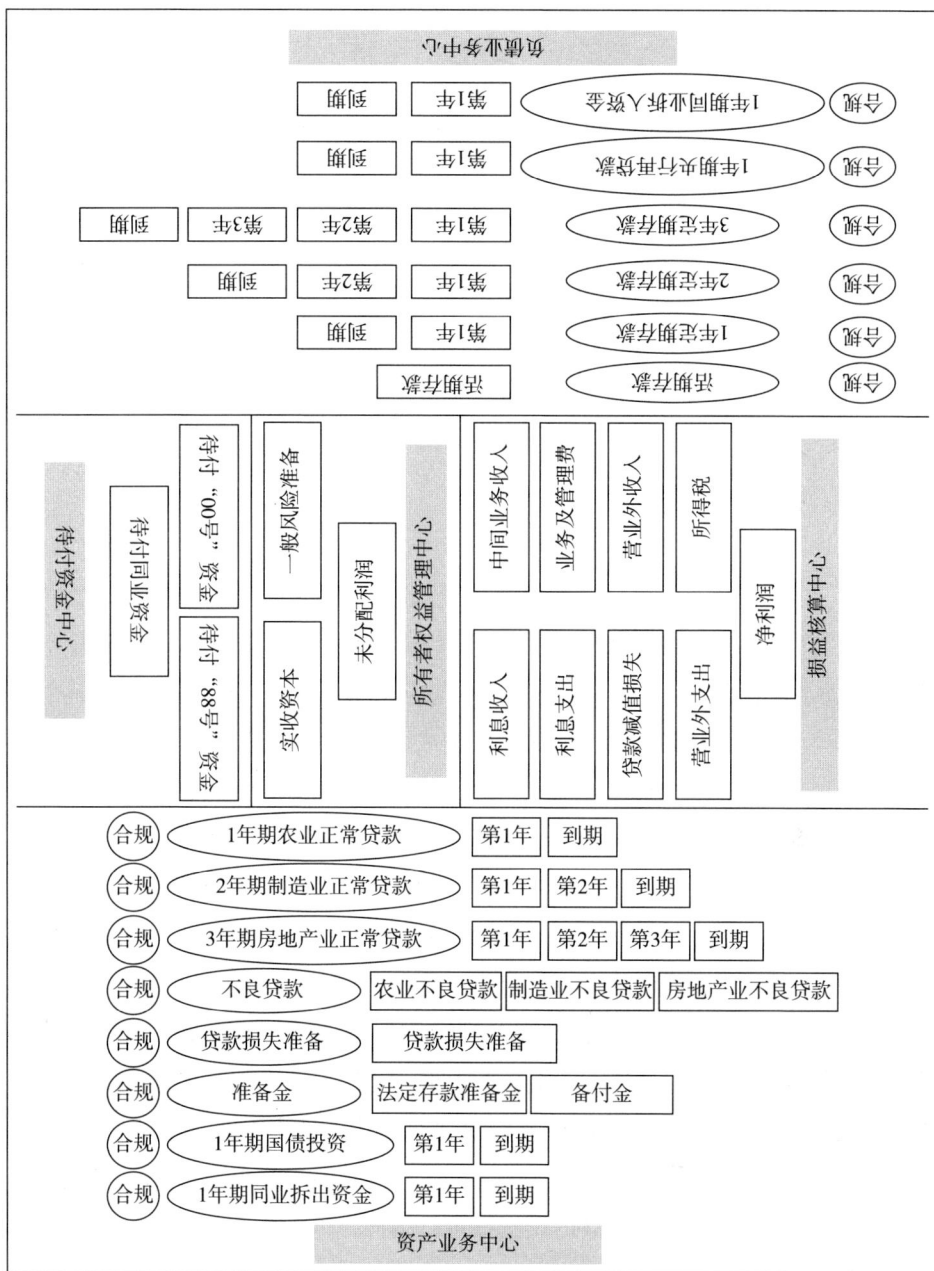

图 1.1　商业银行经营管理模拟教学沙盘盘面图

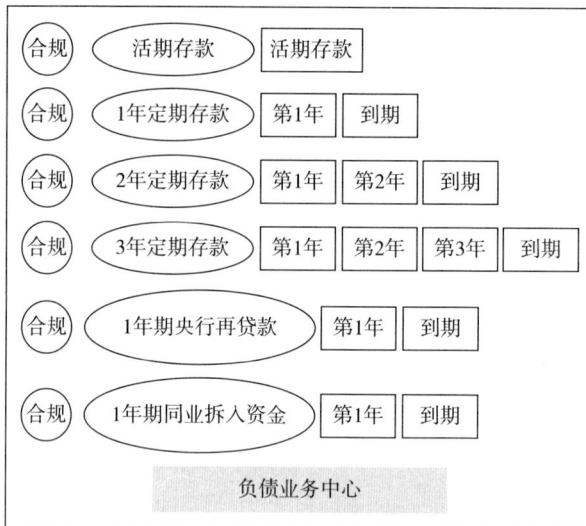

图1.2 负债业务中心盘面图

（1）活期存款业务区域。塑料桶加硬币的组合，摆放在"活期存款"字样右侧"活期存款"标识处，代表商业银行团队吸收的活期存款。硬币数量代表活期存款的余额。"活期存款"字样左侧的"合规"标识处用于摆放合规标识，反映对活期存款业务开展的反洗钱审查情况。

（2）1年定期存款业务区域。塑料桶加硬币的组合，摆放在"1年定期存款"字样右侧"第1年""到期"标识处，代表商业银行团队吸收的1年定期存款，反映该存款新增后的时间长短。硬币数量代表1年定期存款的余额。"1年定期存款"字样左侧的"合规"标识处用于摆放合规标识，反映对1年定期存款业务开展的反洗钱审查情况。

（3）2年定期存款业务区域。塑料桶加硬币的组合，摆放在"2年定期存款"字样右侧"第1年""第2年""到期"标识处，代表商业银行团队吸收的2年定期存款，反映该存款新增后的时间长短。硬币数量代表2年定期存款的余额。"2年定期存款"字样左侧的"合规"标识处用于摆放合规标识，反映对2年定期存款业务开展的反洗钱审查情况。

（4）3年定期存款业务区域。塑料桶加硬币的组合，摆放在"3年定期存款"字样右侧"第1年""第2年""第3年""到期"标识处，代表商业银行团队吸收的3年定期存款，反映该存款新增后的时间长短。硬币数量代表3

年定期存款的余额。"3 年定期存款"字样左侧的"合规"标识处用于摆放合规标识，反映对 3 年定期存款业务开展的反洗钱审查情况。

（5）1 年期央行再贷款业务区域。塑料桶加硬币的组合，摆放在"1 年期央行再贷款"字样右侧"第 1 年""到期"标识处，代表商业银行团队借入的 1 年期央行再贷款，反映该再贷款新增后的时间长短。硬币数量代表 1 年期央行再贷款的余额。"1 年期央行再贷款"字样左侧的"合规"标识处用于摆放合规标识，反映对 1 年期央行再贷款业务开展的合规审查情况。

（6）1 年期同业拆入资金业务区域。塑料桶加硬币的组合，摆放在"1 年期同业拆入资金"字样右侧"第 1 年""到期"标识处，代表商业银行团队拆入期限为 1 年的资金，反映该资金拆入后的时间长短。硬币数量代表 1 年期同业拆入资金的余额。"1 年期同业拆入资金"字样左侧的"合规"标识处用于摆放合规标识，反映对 1 年期同业拆入资金业务开展的合规审查情况。

2. 资产业务中心。该中心包括 8 个区域：1 年期农业正常贷款业务区域、2 年期制造业正常贷款业务区域、3 年期房地产业正常贷款业务区域、不良贷款业务区域、贷款损失准备业务区域、准备金业务区域、1 年期国债投资业务区域、1 年期同业拆出资金业务区域。如图 1.3 所示，资产业务中心设计了 6 组塑料桶加硬币组合以及 1 组塑料桶加分户账组合、1 组塑料桶加拆借资金借据组合的摆放位置标识，分别模拟推演 1 年期农业正常贷款、2 年期制造业正常贷款、3 年期房地产业正常贷款、不良贷款、准备金、1 年期国债投资以及贷款损失准备、1 年期同业拆出资金业务。

（1）1 年期农业正常贷款业务区域。塑料桶加硬币的组合，摆放在"1 年期农业正常贷款"字样右侧"第 1 年""到期"标识处，代表商业银行团队发放的 1 年期农业正常贷款，反映该贷款新增后的时间长短。硬币数量代表 1 年期农业正常贷款的余额。"1 年期农业正常贷款"字样左侧的"合规"标识处用于摆放合规标识，反映对 1 年期农业正常贷款业务开展的合规审查情况。

（2）2 年期制造业正常贷款业务区域。塑料桶加硬币的组合，摆放在"2 年期制造业正常贷款"字样右侧"第 1 年""第 2 年""到期"标识处，代表商业银行团队发放的 2 年期制造业正常贷款，反映该贷款新增后的时间长短。硬币数量代表 2 年期制造业正常贷款的余额。"2 年期制造业正常贷款"字样左侧的"合规"标识处用于摆放合规标识，反映对 2 年期制造业正常贷款业务开展的合规审查情况。

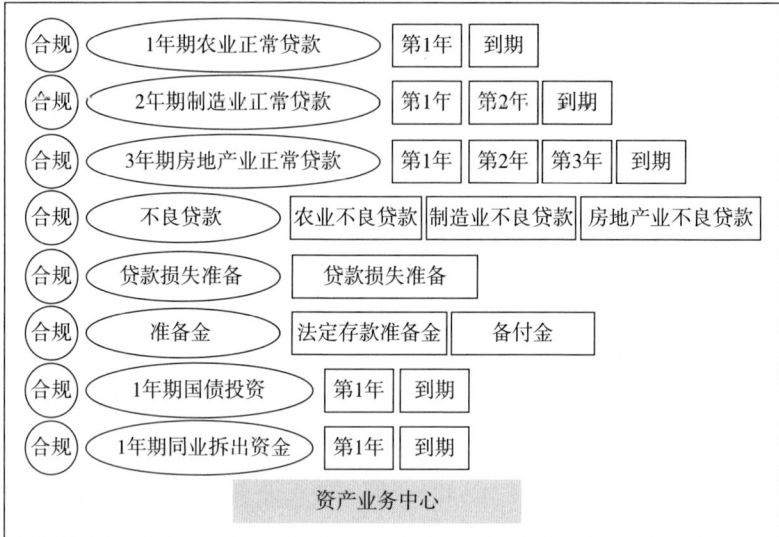

图 1.3　资产业务中心盘面图

（3）3 年期房地产业正常贷款业务区域。塑料桶加硬币的组合，摆放在"3 年期房地产业正常贷款"字样右侧"第 1 年""第 2 年""第 3 年""到期"标识处，代表商业银行团队发放的 3 年期房地产业正常贷款，反映该贷款新增后的时间长短。硬币数量代表 3 年期房地产业正常贷款的余额。"3 年期房地产业正常贷款"字样左侧的"合规"标识处用于摆放合规标识，反映对 3 年期房地产业正常贷款业务开展的合规审查情况。

（4）不良贷款业务区域。塑料桶加硬币的组合，摆放在"不良贷款"字样右侧的"农业不良贷款"标识处，代表商业银行团队农业贷款中的不良贷款，硬币数量代表农业不良贷款的余额。摆放在"制造业不良贷款"标识处，代表制造业贷款中的不良贷款，硬币数量代表制造业不良贷款的余额。摆放在"房地产业不良贷款"标识处，代表房地产业贷款中的不良贷款，硬币数量代表房地产业不良贷款的余额。"不良贷款"字样左侧的"合规"标识处用于摆放合规标识，反映对不良贷款认定业务和核销业务开展的合规审查情况。

（5）贷款损失准备业务区域。塑料桶加贷款损失准备分户账的组合，摆放在"贷款损失准备"字样右侧"贷款损失准备"标识处，反映商业银行团队贷款损失准备的计提情况。分户账记载贷款损失准备计提的变化情况。"贷款损失准备"字样左侧的"合规"标识处用于摆放合规标识，反映对贷款损失准备计提业务开展的合规审查情况。

（6）1 年期国债投资业务区域。塑料桶加硬币的组合，摆放在"1 年期国债投资"字样右侧"第 1 年""到期"标识处，代表商业银行团队 1 年期国债投资的情况，反映该投资新增后的时间长短。硬币数量代表 1 年期国债投资的余额。"1 年期国债投资"字样左侧的"合规"标识处用于摆放合规标识，反映对 1 年期国债投资业务开展的合规审查情况。

（7）准备金业务区域。塑料桶加硬币的组合，摆放在"准备金"字样右侧"法定存款准备金"标识处，代表商业银行团队缴存的法定存款准备金。硬币数量代表法定存款准备金的余额。"准备金"字样左侧的"合规"标识处用于摆放合规标识，反映对法定存款准备金缴存业务开展的合规审查情况。摆放在"备付金"标识处，代表商业银行团队持有的可随时用于满足支付需求和保障流动性的全部资金准备。硬币数量代表备付金的余额。

（8）1 年期同业拆出资金业务区域。拆借资金借据是资金拆入团队出具给资金拆出团队，作为拆出团队拆出资金的留存证明。塑料桶加拆借资金借据的组合，摆放在"1 年期同业拆出资金"字样右侧"第 1 年""到期"标识处，代表商业银行团队拆出了期限为 1 年的资金，反映该资金拆出后的时间长短。借据汇总金额反映 1 年期同业拆出资金的余额。"1 年期同业拆出资金"字样左侧的"合规"标识处用于摆放合规标识，反映对 1 年期同业拆出资金业务开展的合规审查情况。

3. 待付资金中心。设置待付资金中心的主要目的，是为了减少因多次资金支付而导致推演手续的重复办理，尤其是减少各团队学员到"88 号""00 号"以及其他团队办理业务的往来次数，有助于维护良好的课堂秩序。本教程将待付资金中心的功能设计为类似于商业银行实际经营中所设置的过渡性账户，如应解汇款、待汇出汇划款项、待处理结算款项等。经待付资金中心暂时存放后，资金的多次支付可以演变为一次性对外支付。该中心包括 3 个区域：待付"88 号"资金业务区域、待付"00 号"资金业务区域、待付同业资金业务区域。如图 1.4 所示，待付资金中心设计了 3 组塑料桶加硬币组合的摆放位置标识，分别模拟推演待付"88 号"资金、待付"00 号"资金、待付同业资金的过渡性业务处理。

（1）待付"88号"资金业务区域。塑料桶加硬币的组合，摆放在"待付'88号'资金"标识处，代表暂时存放待支付给"88号"的资金。硬币数量代表待支付给"88号"的资金金额。

（2）待付"00号"资金业务区域。塑料桶加硬币的组合，摆放在"待付'00号'资金"标识处，代表暂时存放待支付给"00号"的资金。硬币数量代表待支付给"00号"的资金金额。

（3）待付同业资金业务区域。塑料桶加硬币的组合，摆放在"待付同业资金"标识处，代表暂时存放待支付给其他团队的资金。硬币数量代表待支付给其他团队的资金金额。

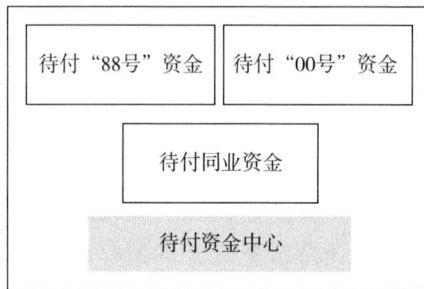

图1.4 待付资金中心盘面图

4. 损益核算中心。该中心包括9个区域：利息收入业务区域、中间业务收入业务区域、利息支出业务区域、业务及管理费支出业务区域、贷款减值损失计提业务区域、营业外收入业务区域、营业外支出业务区域、所得税缴纳业务区域、净利润确认业务区域。如图1.5所示，该中心设计了9组塑料桶加分户账组合的摆放位置标识，分别模拟推演利息收入、中间业务收入、利息支出、业务及管理费、贷款减值损失以及营业外收入、营业外支出、所得税、净利润9个会计科目的账务处理。

（1）利息收入业务区域。塑料桶加利息收入分户账的组合，摆放在"利息收入"标识处，反映商业银行团队从"88号"、"00号"、其他团队收取的利息。分户账记载利息收入金额的变化情况。

（2）中间业务收入业务区域。塑料桶加中间业务收入分户账的组合，摆放在"中间业务收入"标识处，反映商业银行团队从"88号"取得手续费等

图 1.5　损益核算中心盘面图

中间业务收入。分户账记载中间业务收入金额的变化情况。

（3）利息支出业务区域。塑料桶加利息支出分户账的组合，摆放在"利息支出"标识处，反映商业银行团队向"88 号"、"00 号"、其他团队支付的利息。分户账记载利息支出金额的变化情况。

（4）业务及管理费支出业务区域。塑料桶加业务及管理费分户账的组合，摆放在"业务及管理费"标识处，反映商业银行团队因业务发展及经营管理需要，向"88 号"支付的业务及管理费。分户账记载业务及管理费支出金额的变化情况。

（5）贷款减值损失计提业务区域。塑料桶加贷款减值损失分户账的组合，摆放在"贷款减值损失"标识处，反映商业银行团队为了应对贷款损失而计提的贷款减值损失。分户账记载贷款减值损失计提金额的变化情况。

（6）营业外收入业务区域。塑料桶加营业外收入分户账的组合，摆放在"营业外收入"标识处，反映商业银行团队从"88 号"取得财政奖补而发生的营业外收入。分户账记载营业外收入金额的变化情况。

（7）营业外支出业务区域。塑料桶加营业外支出分户账的组合，摆放在"营业外支出"标识处，反映商业银行团队被"00 号"处以罚款而发生的营业外支出。分户账记载营业外支出金额的变化情况。

（8）所得税缴纳业务区域。塑料桶加所得税分户账的组合，摆放在"所得税"标识处，反映商业银行团队向"88 号"缴纳的企业所得税。分户账记载所得税的缴纳情况。

（9）净利润确认业务区域。塑料桶加净利润分户账的组合，摆放在"净利润"标识处，反映商业银行团队当年实现的净利润。分户账记载净利润金额的变化情况。

5. 所有者权益管理中心。该中心包括 3 个区域：实收资本管理业务区域、一般风险准备计提业务区域、未分配利润确认业务区域。如图 1.6 所示，该中心设计了 3 组塑料桶加分户账组合的摆放位置标识，分别模拟推演实收资本、一般风险准备、未分配利润 3 个会计科目的账务处理。

（1）实收资本管理业务区域。塑料桶加实收资本分户账的组合，摆放在"实收资本"标识处，反映商业银行团队的实收资本。分户账记载实收资本金额的变化情况。

（2）一般风险准备计提业务区域。塑料桶加一般风险准备分户账的组合，摆放在"一般风险准备"标识处，反映商业银行团队计提的一般风险准备。分户账记载一般风险准备计提金额的变化情况。

（3）未分配利润确认业务区域。塑料桶加未分配利润分户账的组合，摆放在"未分配利润"标识处，反映商业银行团队的历年累计未分配利润。分户账记载未分配利润金额的变化情况。

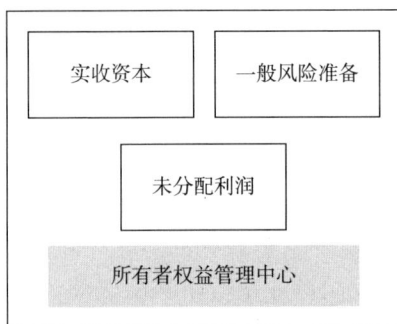

图 1.6　所有者权益管理中心盘面图

1.4.2 沙盘辅助道具

为了使沙盘推演顺利进行，本教程在精心设计沙盘盘面图的基础上，配置了 5 种辅助道具，即塑料硬币、塑料桶、分户账①、拆借资金借据以及合规标识。在推演过程中，这些道具摆放在沙盘盘面的不同标识处，代表不同的业务办理。

1. 塑料硬币。塑料硬币代表资金。为了方便推演，本沙盘配置有 7 种型号的塑料硬币，印有不同面值，分别代表不同金额的资金（见表 1.1）。

表 1.1 塑料硬币与代表资金量对照表

硬币型号	硬币形状	1 枚硬币代表的资金量
特大号	正方形	100 亿元
大号	正方形	10 亿元
	圆形	1 亿元
	三角形	1000 万元
小号	正方形	100 万元
	圆形	10 万元
	三角形	1 万元

2. 塑料桶。塑料桶不具有特定的业务含义，只是用来收纳塑料硬币以及分户账、拆借资金借据的道具，以便将容易散落的道具集中起来，摆放在相关标识处，以保持沙盘盘面整齐。

塑料桶装入不同道具，摆放在盘面不同标识处，代表商业银行团队发生了不同业务。例如，塑料桶装入 2 枚大号三角形塑料硬币，放在负债业务中心"1 年定期存款"字样右侧"第 1 年"标识处，其业务含义是商业银行团队新增了 2000 万元的 1 年定期存款。

3. 分户账。分户账用来反映损益类、所有者权益类会计科目以及贷款损失准备科目的账务记载，装入塑料桶并摆放在损益核算中心、所有者权益管理中心以及资产业务中心的相关标识处。

---

① 为了方便模拟推演，本教程将分户账、拆借资金借据、行政处罚决定书等制式材料均设计成表格的形式，并以在沙盘推演中使用的先后顺序编号。

4. 拆借资金借据。拆借资金借据是资金拆入团队出具给资金拆出团队，作为拆出团队拆出资金的留存证明，装入塑料桶并摆放在拆出团队资产业务中心"1 年期同业拆出资金"字样右侧的相关标识处。

5. 合规标识。合规标识就是将大号正方形塑料硬币的表面印上"合规"字样，摆放在负债业务中心、资产业务中心的合规标识处，代表对负债业务、资产业务开展了反洗钱或合规审查。

此外，本教程还专门设计了三类制式材料：一是各团队使用的业务经营计划表、业务经营状况表、经营指标监测表、备付金收支登记表、再贷款申请表、同业拆借资金登记表、1 年期国债申购确认表、不良贷款变动情况表、正常贷款变动情况表、存款结构变动情况表等；二是"00 号"使用的金融管理政策一览表、整改意见书、行政处罚决定书、宏观审慎管理意见书等；三是"88 号"使用的市场管理政策一览表等。这三类制式材料不摆放在沙盘盘面上，仅作为各团队以及"00 号"和"88 号"在教学课堂上使用的配套材料。

1.5 教学目的和教学步骤

作者设计的商业银行经营管理模拟教学沙盘，重在模拟商业银行经营管理活动的全过程以及内外部环境的仿真再现。通过推演，学员模拟一些基础性核心业务的办理，从中领会并掌握商业银行经营管理的相关知识。本教程的教学目的主要包括以下四个方面。

1. 学员亲身体验商业银行经营管理活动的全过程，包括负债业务管理、资产业务管理、损益核算业务管理、所有者权益业务管理以及合规管理。

2. 学员大致掌握商业银行从吸收负债到运用资产这个主线上，一些基础性核心业务开展所涉及的相关理论、规定和方法，可以将一些分散的知识点串联起来，从而对商业银行经营管理活动形成相对全面的认识。

3. 学员亲身体验商业银行前台业务和后台管理的结合，认识到商业银行在经营管理过程中财务会计核算以及合规管理的重要性，对商业银行如何从"全行一盘棋"的角度去组织各项经营管理活动形成基本概念。

4. 学员基本了解商业银行如何面对宏观经济环境、金融管理形势、市场资金供求状况等因素的变化，适时调整经营管理策略，以实现总体战略意图。

本教程在实际应用中，大致可以分成 7 个步骤。

步骤 1：金融知识储备整理回顾

本教程将商业银行的一些基础性业务进行了抽象化和简化设计，以便将复杂的银行业务用简洁直观的形式展示在沙盘盘面上来进行模拟推演，其教学前提是学员已掌握基本的商业银行经营管理方面的相关知识。因此，在应用本教程前组织全体学员对相关金融知识储备进行整理回顾，将有助于增进对推演规则的理解，以保障教学活动顺利进行。为了方便使用，作者将这些原本分散于不同课程的知识点进行了适当集中整理，并融入一些新的金融业务及管理规定，作为本教程的附录。

步骤 2：团队组建及角色设定

模拟推演开始前，要将全体学员分为若干个团队，每个团队 4~6 人，各代表一家独立核算、自负盈亏的商业银行。每名学员在各自团队中扮演相应角色，即董事长、行长、负债业务总监、资产业务总监、财务会计总监、合规管理总监。当然，可以根据学员人数等实际情况，对角色设置进行合理安排。

步骤 3：推演规则设定及说明

本教程模拟一家商业银行业务经营，不可能完整展现这家银行全部经营管理活动，只能模拟几项体现商业银行最基本、最能反映其经营管理活动特征的业务，而且还要对这些业务进行抽象化和简化设计，由此将导致模拟业务推演与实际业务办理存在差异。因此，有必要在不违背商业银行经营管理基本理念和相关规定的前提下，设置一系列的推演规则。指导老师需要对这些规则做相应说明，以便学员理解。

步骤 4：模拟经营内外部环境及初始状况讲解

商业银行团队模拟经营的外部环境是指"00 号"和"88 号"本年度发布的金融管理政策和市场管理政策，内部环境是指本团队上年末（即本年初）的业务经营情况。模拟经营第 1 年初的内外部环境构成沙盘推演的初始状况。各团队都在这个初始状况的起点上，连续模拟 5 个年度的业务活动，通过实施不同的经营管理措施，最后取得不同的经营成果。指导老师需要结合相关经济金融知识对内外部环境进行讲解，并指导各团队按照第 1 年初的业务经营情况在沙盘盘面上摆放相关道具，以便学员理解。

步骤5：模拟推演流程及要点讲解

与传统教学方式不同，沙盘模拟教学有着特定的语言、规则和道具。学员只有在熟练掌握这些特定知识的基础上，才能根据需要进行模拟推演。因此，指导老师需要对模拟推演的全过程进行一次完整讲解，以便学员对模拟经营产生感性认识。当然，学员不仅要了解沙盘推演的动态过程，还要能明白其内在原理。指导老师还需要对推演的一些关键环节进行解释说明，以便学员进一步理解商业银行经营管理的要义，从而更加得心应手地开展模拟经营活动。

步骤6：模拟推演实战

沙盘模拟教学的目的是让学员亲自动手来完成推演全过程，从而更好地理解商业银行经营管理的相关知识。本教程在相关知识点讲解完成以后，专门设置了一个章节，让各团队在同一起点上，运用所掌握的知识和规则，采取相应的经营举措，按照课程要求持续性地完成5个年度的模拟推演。

步骤7：模拟推演成果评价

本教程旨在让学员通过沙盘推演的方式，体验商业银行一些基础性业务的大致办理过程，从而对商业银行经营管理活动形成整体性的认识，以增强全局观念。因此，只要按照规则完成既定业务的推演，就实现了作者的设计初衷，而不论各团队的经营业绩如何。当然，为了提高教学过程的趣味性和学员的参与度，有必要对各团队连续5年的推演成果进行一次总结性的评价。这种评价是针对推演结果做出的分析，有助于学员发现问题、总结经验，加深对商业银行经营管理活动的理解。

第2章 沙盘模拟情景及推演规则

> **本章主要内容：**一是对商业银行模拟经营的业务情景进行设定；二是对学员团队组建、角色设置、职责分工等做出安排；三是介绍商业银行团队模拟经营的推演规则；四是介绍"00号"组织沙盘教学的操作规则；五是介绍"88号"协助"00号"组织沙盘教学的操作规则。

2.1 沙盘模拟情景设定

本教程模拟的是一家单一银行制的商业银行，即不设分支机构的法人银行。模拟的总体情景是：新年伊始，一家经营中的商业银行迎来了若干个新的管理团队，各团队在同样的内外部环境下，采取不同策略，再经营若干年，最后取得不同业绩。

同样的内部环境是指，各团队拥有相同的初始经营条件。有三种表现形式：一是各团队持有的初始年业务经营状况表（见表2.1）中各项业务数据均相同；二是各团队持有的初始年经营指标监测表（见表2.2）中各项经营指标的期末完成值均相同；三是各团队沙盘盘面上道具摆设的初始情形均相同。各团队都以这个初始状况为起点，开展后续的经营管理活动。

同样的外部环境是指，"00号"和"88号"发布的金融管理政策和市场管理政策，适用于每个商业银行团队。"00号"集中国人民银行、中国银保监会的职能于一身，可以发布货币政策、信贷政策、宏观审慎管理政策以及微观审慎监管政策等。"88号"集市场资金需求者、资金供给者以及政府有关部门的职能于一身，可以发布产业政策、财税政策以及目标经济增长率、目标通货膨胀率、市场资金供求信息等。各团队要认真研判外部环境的变化，以制定经营策略。

采取不同策略是指，各团队在同样的内外部环境下，出于不同的业务发展取向，会选择不同的经营策略和具体措施。尽管本教程模拟经营的是商业银行最基本、最简单的业务，但是由于各团队经营策略不同，会出现不同的业务组合。如在资产业务方面，不同团队会形成投向不同、资金量不同的资产运用组合；在负债业务方面，不同团队在吸收什么资金、吸收多少资金上也会存在不同选择。

表2.1 　　　　　商业银行团队第____年度业务经营状况表　　单位：万元

项目	科目	期初余额		本期发生额		期末余额	
		借方	贷方	借方	贷方	借方	贷方
资产	各项资产		—				—
	各项贷款		—				—
	正常贷款		—				—
	1年期农业正常贷款		—				—
	2年期制造业正常贷款		—				—
	3年期房地产业正常贷款		—				—
	不良贷款		—				—
	农业不良贷款		—				—
	制造业不良贷款		—				—
	房地产业不良贷款		—				—
	减：贷款损失准备	—				—	
	法定存款准备金		—				—
	备付金		—				—
	1年期国债投资		—				—
	1年期同业拆出资金		—				—
负债	各项负债	—				—	
	各项存款	—				—	
	活期存款	—				—	
	1年定期存款	—				—	
	2年定期存款	—				—	

续表

项目	科目	期初余额		本期发生额		期末余额	
		借方	贷方	借方	贷方	借方	贷方
负债	3 年定期存款	—					—
	1 年期央行再贷款	—					—
	1 年期同业拆入资金	—					—
所有者权益	所有者权益	—					—
	实收资本	—					—
	一般风险准备	—					—
	未分配利润	—					—
损益核算	利息收入	—		—		—	
	利息支出	—		—		—	
	中间业务收入	—		—		—	
	业务及管理费					—	
	贷款减值损失					—	
	营业外收入	—		—		—	
	营业外支出					—	
	所得税	—		—		—	
	净利润	—				—	

表 2.2　_____商业银行团队第___年度经营指标监测表　　单位：万元，%

类别	指标项目	期初值	期末目标值	监测标准	期末完成值
盈利性指标	资产利润率			≥0.6%	
	成本收入比			≤35%	
	净息差率			稳健发展	
	未分配利润增加值			稳健发展	
流动性指标	流动性比例			≥25%	
	备付金率			≥2%	
	存贷比			75% 左右	
安全性指标	资本充足率			≥10.5%	
	不良贷款率			≤1%①	
	拨备覆盖率			≥150%	

---

①　为了方便推演，本教程设定不良贷款均为损失类贷款，故参照银行业监管规定，将不良贷款率的监测标准设定为不超过 1%。

类别	指标项目	期初值	期末目标值	监测标准	期末完成值
发展能力指标	利润增长率			稳健发展	
	资产增长率			稳健发展	
	存款增长率			稳健发展	

再经营若干年是指，各团队在初始状况这个起点上，再连续推演若干遍。参考 ERP 沙盘模拟教学经验，并仿照现实中一些工作岗位任职满 5 年原则上需轮岗交流的相关规定，本教程将模拟推演的标准次数设计为 5 次，即接续性模拟经营 5 个年度。当然，具体推演多少次，可以由指导老师根据实际需要确定。

尽管拥有相同的初始经营条件，但因不同团队采取了不同的经营策略和具体措施，必然会导致不同的经营成果。推演结束后，指导老师有必要结合各团队在推演过程中的表现以及最终经营成果进行分析评价：一是针对推演中出现的问题，组织学员讨论，分析原因所在，找出有效的解决方案；二是基于经营成果及相关指标的计算，对各团队经营管理情况进行综合评价。

2.2 商业银行团队组建

本教程模拟的商业银行采取职能型的内部组织结构，即按照所从事的主要活动或所执行的主要职能划分成若干个部门，通过这些部门的业务活动，实现商业银行的经营管理目标。由于沙盘推演的局限性，本教程设计了负债业务中心、资产业务中心、待付资金中心、损益核算中心、所有者权益管理中心，以仿照商业银行的内部组织结构，并以几项基础性核心业务活动为主线来模拟商业银行的全部经营管理活动。

2.2.1 团队成员角色及职责设定

模拟推演前，指导老师需要根据学员的人数、年龄、性别、职务等因素，结合此前针对沙盘推演规则的测试结果，在综合考虑的基础上，将全体学员分成若干个实力相当的经营管理团队。各团队组建以后，成员相互介绍，充分沟通，根据每个成员的特点赋予其相应角色。

本教程设定，每个团队均由4~6名学员组成，分别模拟担任董事长、行长、负债业务总监、资产业务总监、财务会计总监、合规管理总监。当然，由于学员人数的不确定性，可以将相关角色进行合并，比如董事长兼任行长，甚至兼任合规管理总监，但是负债业务总监、资产业务总监、财务会计总监、合规管理总监之间不得兼任。如果学员较多，在适当控制团队数量的情况下，可以增设相关角色，如行长助理、负债业务总监助理、资产业务总监助理、财务会计总监助理、合规管理总监助理。各角色的职责设定如下：

1. 董事长。董事长是商业银行团队董事会的核心，作为全体成员利益的最高代表，负责主持制定业务发展战略和经营目标，确定本团队各成员的角色扮演，主持召开年度经营管理例会，记录并考核推演任务的完成情况。

2. 行长。行长是商业银行团队经营管理层的主要负责人，全面主持日常经营管理活动。按照董事会制定的发展战略，根据经济发展状况和经济金融政策等情况，结合本团队业务取向，负责制订年度工作计划，带领各业务条线，组织开展各项经营管理活动，在依法合规、稳健经营的前提下完成经营目标。

3. 负债业务总监。负债业务总监是商业银行团队负债业务的负责人。负责组织吸收各项存款、开展同业拆入资金、申请再贷款等，不断优化负债结构，在控制资金成本的同时保持良好的流动性。

4. 资产业务总监。资产业务总监是商业银行团队资产业务的负责人。负责结合经济发展情况，拟定信贷资金投放计划并组织实施，优化信贷结构，管控不良贷款，缴存法定存款准备金，合理安排同业拆出资金、国债投资以及备付金，充分运用资金以获取利润，并保持良好的流动性。

5. 财务会计总监。财务会计总监是商业银行团队计划财务部门的负责人。负责财务核算和所有者权益管理，根据经营目标，拟定资金收支预算计划，审批相关费用的支出，保障各项资金合理配置使用。编制业务报表并按规定报送，分析财务指标，反映经营管理相关信息。分析相关金融监管指标执行情况，为经营决策提供数据支持。

6. 合规管理总监。合规管理总监是商业银行团队合规管理部门的负责人。负责各项方针政策、法律法规的贯彻落实，及时传达金融管理和市场管理政策，确保在本团队得以执行。负责从依法合规的角度对负债业务、资产业务进行合规管理，提升合规管理以及有效防控经营风险的水平。

2.2.2　团队命名及行长就职演讲

商业银行的名称如同一面旗帜，体现了该银行在社会大众心目中的形象。本教程要求每个团队组建以后，由全体成员共同商议，给本团队命名。学员团队命名可以把握以下几点：一是名称要简洁明了，易于上口，便于记忆；二是名称要寓意丰富，能引起人们的联想；三是名称要符合商业银行经营管理的理念和服务宗旨，有助于塑造良好形象；四是名称要有独特性，以加深印象。

命名结束后，各团队要派刚当选的行长做就职演讲。行长就职演讲，不仅能锻炼学员的表达能力，也体现了一个团队的集体智慧，还能传递以下信息：一是向全体学员报告本团队已组建完毕，可以开始各项经营管理活动的模拟推演；二是增强本团队全体学员的凝聚力，起到鼓舞士气的作用；三是向其他团队展示自身优势，表达广结合作伙伴的意向，争取未来模拟经营中的合作者。

行长演讲的内容可以包括以下几个方面：一是介绍本团队和本人；二是介绍本团队的经营管理理念；三是承诺依法合规经营；四是表达愿与其他团队进行合作的诚意。

2.3　沙盘推演规则

本教程模拟推演商业银行经营管理活动的全过程，将商业银行从负债端到资产端的业务串联起来，并组织财务会计核算和所有者权益管理，再进行接续性推演，最后反映经营成果。受沙盘推演的条件限制，本教程只能以商业银行几项最基本、最能反映其经营管理活动特征的业务为代表，以年为单位连续推演5个年度的业务开展情况。为了尽可能地仿真实际经营管理活动，并符合商业银行基本经营理念和相关规定，需要对这些业务进行抽象化和简化设计，因此设定了一系列推演规则。

遵循这些规则，虽然会导致沙盘推演的情形与商业银行实际业务活动并不完全相符，有的甚至相差甚远，但基本的经营理念和运营机制是一致的。

作者认为，本教程旨在让学员在模拟经营中，亲身体验商业银行最基本的业务活动过程，从而增强对商业银行经营管理的大局观和整体意识，而不是全面深入地了解商业银行实际业务的办理。因此，本教程得以成立的一个假设条件是，除了沙盘推演的几项业务外，商业银行的其他业务均不发生或不变化，因而不予考虑。这种假设条件，其实与一些经济金融理论的假设前提也是类似的。正是基于这种假设条件，本沙盘可以按照相关规则有序推演。

2.3.1　总体推演规则

1. 各团队只办理人民币业务，不办理外币业务。

2. 各团队模拟经营由 5 个业务中心协同办理，以年为单位进行。原则上，负债业务中心的业务由负债业务总监负责推演，资产业务中心的业务由资产业务总监负责推演，损益核算中心和所有者权益管理中心的业务由财务会计总监负责推演，待付资金中心的业务由所对应的负债业务总监或财务会计总监负责推演，合规管理总监负责对负债业务中心、资产业务中心的业务开展合规管理。但也有例外，如资产业务中心准备金区域的备付金业务，因涉及的业务背景不同，负债业务总监、资产业务总监和财务会计总监均承担相应的推演职责。

3. 按沙盘盘面所示，依次推演负债业务中心、资产业务中心、损益核算中心、所有者权益管理中心发生的各项业务，原则上不得变更推演次序。待付资金中心业务推演伴随负债业务中心或损益核算中心相关业务的发生而发生。

4. 负债业务中心各项业务推演完，负债业务总监负责填写本年度业务经营状况表负债项下各科目数据。资产业务中心各项业务推演完，资产业务总监负责填写资产项下有关科目数据。损益核算中心、所有者权益管理中心各项业务推演完，财务会计总监负责填写损益项下及所有者权益项下各科目数据。财务会计负责填写资产项下贷款损失准备科目的数据。财务会计总监负责各科目数据的完整性和准确性，组织报表数据的试算平衡。

5. 推演负债业务中心、资产业务中心的业务，凡涉及与"88 号"、"00 号"、其他团队之间业务往来的，要依次推演与"88 号"、"00 号"、其他团队之间的业务往来。

6. 同业资金拆出、拆入业务需拆借资金双方协同推演，通过各团队资产业务总监和负债业务总监共同加入的拆借资金业务微信群[①]，以询价方式进行。拆借金额及利率由双方自主谈判，逐笔商定。

7. 凡推演资金收入业务，要先做备付金增加处理，再做相关分户账的账务记载。凡推演资金支出业务，要先做相关分户账的账务记载，再做备付金减少处理。

8. 因数据可得性等条件限制，相关经营指标的计算公式进行了简化设计，以方便评价各团队模拟经营的安全性、流动性、盈利性状况以及未来发展能力。

（1）安全性指标，包括资本充足率、不良贷款率、拨备覆盖率三项。相关计算公式为

资本充足率＝（实收资本余额＋未分配利润余额＋一般风险准备余额）／风险加权资产余额×100%。

风险加权资产余额＝1年期农业正常贷款余额×75%＋2年期制造业正常贷款余额×75%＋3年期房地产业正常贷款余额×50%＋不良贷款余额×100%＋1年期同业拆出资金余额×25%。

不良贷款率＝不良贷款余额/各项贷款余额×100%，各项贷款余额＝正常贷款余额＋不良贷款余额，正常贷款余额＝1年期农业正常贷款余额＋2年期制造业正常贷款余额＋3年期房地产业正常贷款余额，不良贷款余额＝农业不良贷款余额＋制造业不良贷款余额＋房地产业不良贷款余额。

拨备覆盖率＝贷款损失准备余额/不良贷款余额×100%。

（2）流动性指标，包括流动性比例、备付金比例、存贷比三项。相关计算公式为

流动性比例＝备付金余额/活期存款余额×100%。

备付金比例＝备付金余额/各项存款余额×100%，各项存款余额＝活期存款余额＋1年定期存款余额＋2年定期存款余额＋3年定期存款余额。

---

① 拆借资金业务微信群是本沙盘模拟推演的一个辅助载体，由指导老师发起建立，由"00号"和各团队的负债业务总监、资产业务总监加入，专门用于拆借资金业务洽谈的微信群，且仅在"00号"限定的时间内使用。

存贷比 = 各项贷款余额/各项存款余额 ×100% 。

（3）盈利性指标，包括资产利润率、成本收入比、净息差率以及未分配利润增加值①四项。相关计算公式为

资产利润率 = 净利润余额/ ［（各项资产期初余额 + 各项资产期末余额）/ 2］ ×100% 。

成本收入比 = 业务及管理费余额/（利息收入余额 - 利息支出余额 + 中间业务收入余额） ×100% 。

净息差率 = （利息收入余额 - 利息支出余额）/ ［（期初生息资产余额 + 期末生息资产余额）/2］ ×100% ，生息资产余额 = 各项资产余额 - 不良贷款余额。

未分配利润增加值 = 未分配利润期末余额 - 未分配利润期初余额。

（4）发展能力指标，包括利润增长率、资产增长率、存款增长率三项。相关计算公式为

利润增长率 = （未分配利润期末余额/未分配利润期初余额 - 1） ×100% 。

资产增长率 = （各项资产期末余额/各项资产期初余额 - 1） ×100% 。

存款增长率 = （各项存款期末余额/各项存款期初余额 - 1） ×100% 。

9. 推演期间，各团队需要符合以下要求。如不符合，"00 号"应责令其整改，并采取相应惩罚性措施；情形严重的，可暂停其 1 个年度新增负债、新增资产业务的推演。

（1）符合宏观审慎管理政策要求，宏观审慎评估的结果为 B 档及以上。

（2）符合微观审慎监管政策要求，相关经营指标应满足：资产利润率≥0.6% ，成本收入比≤35% ，流动性比例≥25% ，备付金率≥2% ，资本充足率≥10.5% ，不良贷款率≤1% ，拨备覆盖率≥150% 。

（3）业务经营状况表数据应确保准确性和完整性，报表数据应与沙盘盘面道具摆设情形保持一致。

10. 推演期间，商业银行团队出现以下违规情形之一的，"00 号"应责令其整改，并给予经济处罚。

---

① 未分配利润增加值是作者为本教程创设的一项监测指标，其业务含义是在推演期间不进行全面利润分配的情况下，期末未分配利润比期初未分配利润的增加金额，反映商业银行团队的盈利水平。

（1）未按规定比例缴存存款准备金，指未足额缴存法定存款准备金。

（2）违反规定同业拆借，指同业拆借资金超过上年末各项存款余额的8%。

（3）未按规定开展反洗钱审查，指未按规定对新增存款业务开展反洗钱审查或设置合规标识。

（4）严重违反审慎经营规则，包括：未按规定对资产业务、负债业务开展合规审查或设置合规标识；未将支农再贷款用于投放1年期农业贷款；不良贷款认定不准确。

（5）未按规定提供报表，被责令改正后再次违规，包括：报表数据错误；报表数据与沙盘盘面道具摆设情形不一致；资本充足率计算错误。

11."00号"发现商业银行团队出现违规情形，应责令其及时整改，制作整改意见书。涉及经济处罚的，应制作行政处罚决定书，并于推演营业外支出业务时收缴罚款。

12.商业银行团队如果主动发现违规情形并及时报告"00号"的，"00号"在裁量处罚金额时，可适当给予从轻或减轻处罚，但最少不得低于法定处罚金额下限的40%。

13.各团队在推演过程中，如出现持有的硬币不宜分割或集中存放等情况时，可随时向"88号"申请等额兑换币别。

2.3.2　负债业务推演规则

1.只推演存款业务、央行再贷款业务、同业拆入资金业务，以此分别代表商业银行与作为资金供给者的市场、与作为金融管理部门的中央银行、与作为银行同业的其他商业银行之间的负债业务。

2.依次推演负债逐步到期、存款还本付息、新增存款、央行再贷款还本付息、新增央行再贷款同业、拆入资金还本付息、新增同业拆入资金以及负债科目数据试算平衡等业务。

3.新增存款业务，需要履行反洗钱审查手续。借入央行再贷款、同业拆入资金业务，需要履行合规审查手续。

4.存款业务只办理活期存款和定期存款。定期存款业务只办理1年定期存款、2年定期存款和3年定期存款。活期存款按年结息，不支取。定期存款按年结息，到期后利随本清。

5. 各项存款、央行再贷款的利率由"00 号"确定，并于每年度模拟推演前发布。同业拆入资金利率按双方议定的市场利率执行。利息计算一律四舍五入到万元。

6. 新增存款总量，由"88 号"根据经济发展需要、市场资金供给、各团队需求以及上年度业务及管理费支出、新增贷款量等因素，且与这些因素均保持正相关，经沙盘推演应用程序运算生成。各团队上年度各项贷款新增金额的 50% 于下一年度派生成本团队存款。各团队活期存款、1 年定期存款、2 年定期存款、3 年定期存款的期末余额占比均不得低于 15%。

7. 借入的 1 年期央行再贷款均为支农再贷款。上年度涉农贷款期末余额占各项贷款余额的比例不低于 50% 的团队可申请借入支农再贷款。各团队支农再贷款余额不得超过上年度所有者权益期末余额的 40%。支农再贷款必须用于发放农业贷款。涉农贷款余额 =（1 年期农业正常贷款余额 + 农业不良贷款余额）×100% +（2 年期制造业正常贷款余额 + 制造业不良贷款余额）×20% +（3 年期房地产业正常贷款余额 + 房地产业不良贷款余额）×10%。所有者权益余额 = 实收资本余额 + 一般风险准备余额 + 未分配利润余额。1 年期央行再贷款按年还本付息。

8. 同业拆入资金的最高限额不得超过本团队上年度各项存款期末余额的 8%。拆入资金按年还本付息。

2.3.3　资产业务推演规则

1. 只推演贷款业务、国债投资业务、准备金业务、同业拆出资金业务，以此分别代表商业银行与作为资金需求者的市场、与作为金融管理部门的中央银行、与作为银行同业的其他商业银行之间的资产业务。

2. 依次推演备付金余额调整、法定存款准备金缴存、准备金计收利息、不良贷款认定、贷款损失准备计提、不良贷款核销、贷款收回本息、新增贷款、国债投资收回本息、新增国债投资、同业拆出资金收回本息、新增同业拆出资金等业务，并办理相关业务的合规审查手续。其中，涉及贷款业务的，依次推演农业贷款、制造业贷款、房地产业贷款的相关业务。

3. 备付金视为商业银行的资金"蓄水池"，包括存放在中央银行的超额准备金、存放同业款项以及库存现金等，即商业银行除法定存款准备金以外的全部可动用资金，均视同为存放央行的超额准备金，本教程称之为备付金。当发生资产到期收回或利息收入等资金收入时，集中存放于备付金以备用。当发生资产运用或利息支出等资金支出时，从备付金支付。

4. 农业贷款均为 1 年期，制造业贷款均为 2 年期，房地产业贷款均为 3 年期。各团队应综合考虑"88 号"发布的产业政策、财税政策以及"00 号"发布的信贷政策、货币政策，并符合"00 号"宏观审慎管理的要求，科学合理地安排各项贷款的发放。各项贷款新增总量不得突破"00 号"提出的信贷投放调控目标。各团队农业贷款、制造业贷款、房地产业贷款的期末余额占比均不得低于 15%。

5. 贷款投放行业的统计口径存在一定的交叉和重叠，农业贷款的 20% 涉及制造业，10% 涉及房地产；制造业贷款的 20% 涉及农业，10% 涉及房地产；房地产业贷款的 10% 涉及农业。

6. 各项贷款、法定存款准备金、备付金的利率由"00 号"确定，1 年期国债的发行计划及票面利率由"88 号"确定，均于每年度模拟推演前发布。同业拆出资金利率按双方议定的市场利率执行。法定存款准备金、备付金均按年结息。贷款按年结息，到期后利随本清。国债投资、拆出资金均按年收回本息。利息计算一律四舍五入到万元。

7. 本年度农业不良贷款、制造业不良贷款、房地产业不良贷款认定后的余额，分别为本年度 1 年期农业正常贷款、2 年期制造业正常贷款、3 年期房地产业正常贷款的期初余额，加上农业不良贷款、制造业不良贷款、房地产业不良贷款的期初余额，再乘以本年度该行业不良贷款率。认定后的不良贷款均属损失类不良贷款，产生后不再计息。不同行业的不良贷款率由"00 号"于每年度模拟推演前发布。

8. 各项资产的风险权重分别为：1 年期农业正常贷款为 75%，2 年期制造业正常贷款为 75%，3 年期房地产业正常贷款为 50%，不良贷款为 100%，1 年期同业拆出资金为 25%，1 年期国债投资、法定存款准备金、备付金均为 0。

9. 贷款损失准备为资产项目的备减项。贷款损失准备的计提余额不得低于本年度不良贷款余额的 150%。

10. 推演期间，不强制核销不良贷款。但不良贷款率超过 1% 的部分，须及时核销。推演结束后，不良贷款率不得超过 0.5%。

11. 同业拆出资金的最高限额不得超过本团队上年度各项存款期末余额的 8%。

2.3.4　损益核算和所有者权益管理业务推演规则

1. 先推演损益核算中心利息收入、利息支出、中间业务收入、业务及管理费、贷款减值损失、营业外收入、营业外支出、所得税、净利润 9 本分户账的账务记载以及备付金和各项资产余额核定业务，再推演所有者权益管理中心实收资本、一般风险准备、未分配利润 3 本分户账的账务记载。

2. 利息收入和利息支出分户账的账务记载，伴随资产业务中心和负债业务中心相关业务的推演同步进行。

3. 各团队根据资产负债规模大小，按固定比例计算出本年度中间业务收入的金额。中间业务收入 =（各项资产期初余额 + 各项资产期末余额 + 各项负债期初余额 + 各项负债期末余额）× 50% × 1.4‰。中间业务收入从"88号"取得。

4. 各团队根据资产负债规模大小，按相对固定的比例计算出本年度业务及管理费支出金额。业务及管理费 =（各项资产期初余额 + 各项资产期末余额 + 各项负债期初余额 + 各项负债期末余额）× 50% × [3.8‰ – 4.8‰][1]。业务及管理费支付给"88号"。各团队每年度支付的业务及管理费金额，与下一年度吸收的存款总量正相关。

5. 贷款减值损失的本年度计提金额为贷款损失准备的新增金额。贷款减值损失与贷款损失准备的账务记载同步进行。

6. 营业外收入[2]是指商业银行团队因发放农业贷款、制造业贷款，符合产业政策要求，从"88号"取得的财政奖补。

7. 营业外支出是指商业银行团队因违反推演规则，被"00号"施以经济

---

① 为了保证成本收入比指标在大多数情况下符合监测标准，各团队可按 3.8‰ ~ 4.8‰ 的比例，计算确定业务与管理费支出金额。

② 受沙盘推演的条件限制，为了在模拟经营中反映营业外收入项目，本教程将商业银行团队因发放符合产业政策的贷款所取得的财政奖补，视为营业外收入。

处罚而发生的罚款支出。

8. 推演期间，各团队须按 25% 的税率向"88 号"缴纳企业所得税，不考虑其他税费。所得税 =（利息收入 − 利息支出 + 中间业务收入 − 业务及管理费 − 贷款减值损失 + 营业外收入 − 营业外支出 − 1 年期国债投资利息收入）×25%。

9. 实收资本为 10 亿元，推演期内不做变更。

10. 一般风险准备余额不得低于风险加权资产期末余额的 1.5%。

2.4　"00 号"操作规则

"00 号"是本教程教学中不可或缺的一个重要角色，既是各团队模拟经营的协助者，也是整个教学活动的组织者和管理者。该角色由指导老师担任，集人民银行和银行业监管部门职能于一身，根据宏观经济金融形势，按照"稳中求进"的总基调，实施货币政策、信贷政策、宏观审慎管理和微观审慎监管，以促进经济稳中向好发展。"00 号"作为整个教学活动的"总教头"，负责组织、管理有计划的教学，确保各团队模拟推演有条不紊地进行。重点是明确推演任务，合理安排推演流程，保持各团队业务发展与经济金融发展需要的一致性，并办理与各团队之间的业务往来手续。其主要职责包括：

1. 发布金融管理政策。每年度模拟推演前，"00 号"根据经济发展及金融管理需要，发布本年度金融管理政策一览表（见表 2.3），供各团队参考，以制订业务发展计划。

表 2.3　　　　　　　第＿＿＿年度金融管理政策一览表　　　　单位：亿元，%

政策概述：		
年度目标 M_2 增长率		
活期存款利率	1 年定期存款利率	
2 年定期存款利率	3 年定期存款利率	
—	比率	利率
法定存款准备金		
备付金	—	

支农再贷款	可用授信额	利率
—	利率	不良贷款率
1 年期农业贷款		
2 年期制造业贷款		
3 年期房地产业贷款		

（1）发布年度目标 M_2 增长率，引导各团队合理确定资产负债规模的增长计划，以保持业务发展状况与宏观经济金融形势的一致性。

（2）发布活期存款、1 年定期存款、2 年定期存款、3 年定期存款的利率，以稳定各团队对存款成本的预期。

（3）发布法定存款准备金率、利率以及备付金利率，供各团队参考，以便合理安排业务发展计划。

（4）发布支农再贷款的可用授信额及利率，供各团队参考，以便安排再贷款申请计划。

（5）发布 1 年期农业贷款、2 年期制造业贷款、3 年期房地产业贷款的利率和不良率，供各团队参考，以合理安排贷款投放。

2. 发放支农再贷款并按期收回本息。审核各团队再贷款申请，根据推演规则，确定是否发放再贷款以及发放金额。同意发放的，则办理发放手续。再贷款到期计收本息，不办理展期。

3. 确定存款增长调控目标。根据经济发展需要，设定市场存款总量的年度增长目标，并向"88 号"提供当年市场存款总量增长率以及各团队上年度新增贷款、业务及管理费支出金额。

4. 组织各团队开展同业资金拆借业务。通过资金拆借微信群，组织各团队办理同业资金拆入、拆出业务以及拆借资金到期还本付息业务。

5. 审核各团队缴存的准备金并计付利息。根据法定存款准备金管理规定，结合各团队提交的账表数据，审核其是否足额缴存法定存款准备金。按法定存款准备金和备付金的利率，向各团队支付法定存款准备金利息和备付金利息。

6. 确定贷款增长调控目标，实施宏观审慎管理。根据经济发展需要，确定市场贷款总量的年度增长调控目标，可按以下公式掌握：市场贷款总量的年度增长比例 = 年度目标 M_2 增长率 × K，K 值由指导老师确定。根据金融宏观调控需要，基于各团队上年度报表数据开展宏观审慎评估，并结合贷款总量增长比例，向"88 号"提供各团队本年度新增贷款总量的调控目标。

7. 审核各团队业务经营状况表。每年度全部业务推演完毕，各团队按要求填写本年度业务经营状况表，并报送至"00 号"。"00 号"将报表数据导入电脑，通过沙盘推演应用程序对报表数据的完整性和准确性进行审核。

8. 审核各团队沙盘盘面道具摆设的正确性。每年度各团队推演完毕，"00 号"要根据审核通过的各团队业务经营状况表中各科目期末余额，核对其沙盘盘面推演结果，审核盘面道具摆设情形与业务经营状况表中对应数据的一致性。

9. 对商业银行团队违反推演规则的行为实施行政处罚。对于违反推演规则的团队，"00 号"一经发现，应视不同情形做出责令整改、经济处罚、暂停推演的处罚。涉及经济处罚的，待推演营业外支出业务时办理罚款收缴手续。违反推演规则、应给予经济处罚的行为包括以下五种：

（1）未按规定比例缴存法定存款准备金。各团队每年末的法定存款准备金缴存比例不得低于法定存款准备金率。如果不符合要求，每发生 1 次，"00 号"依据《中华人民共和国商业银行法》相关规定，对其处以 20 万~50 万元罚款。

（2）违反规定同业拆借。各团队同业拆出、拆入资金均不得超过本团队上年末各项存款余额的 8%。如果不符合要求，每发生 1 次，"00 号"依据《中华人民共和国商业银行法》相关规定，对其处以 50 万~200 万元罚款。

（3）未按规定开展反洗钱审查。各团队吸收存款需要履行反洗钱审查义务，并设置合规标识。如果不符合要求，每发生 1 次，"00 号"依据《中华人民共和国反洗钱法》相关规定，对其处以 20 万~50 万元罚款。

（4）严重违反审慎经营规则。各团队要完善内部控制，办理资产业务和负债业务须开展合规审查，并设置合规标识；不得擅自改变贷款用途，支农再贷款必须用于发放 1 年期农业贷款；要准确划分贷款占用形态并认定不良贷款。如果不符合要求，每发生 1 次，"00 号"依据《中华人民共和国银行业监督管理法》相关规定，对其处以 20 万~50 万元罚款。

（5）未按规定提供报表，被责令改正后再次违规。各团队要按年向"00号"报送业务经营状况表，报表数据必须真实准确，且与盘面道具摆设情形一致。如果不符合要求且被"00号"责令改正后再次违规的，每发生1次，"00号"依据《中华人民共和国银行业监督管理法》相关规定，对其处以10万～30万元罚款。

2.5　"88号"操作规则

"88号"是"00号"组织沙盘教学的助手，由指导老师担任。"88号"既作为市场参与者，集资金需求者、资金供给者于一身，有贷款需求，能提供存款，发布市场资金供求信息；也作为市场管理者，承担政府相关部门实施宏观调控的职责，按照"稳中求进"的总基调，发布产业政策、财税政策以及年度目标经济增长率、目标通货膨胀率等，以促进经济稳中向好发展。"88号"主要是协助"00号"做好沙盘教学的组织管理事宜，确保推演活动顺利进行，并办理与各团队之间的业务往来手续。其主要职责包括：

1. 发布市场管理政策。每年度推演前，"88号"发布本年度市场管理政策一览表（见表2.4），供各团队参考，以制订业务发展计划。

表 2.4　　　　　　　　第＿＿＿年度市场管理政策一览表　　　单位：亿元，%

政策概述：			
宏观经济指标	年度目标 GDP 增长率		年度目标 CPI
产业政策			
1 年期国债发行计划	发行总额		票面利率
市场资金供求预测	各项存款供给增长比例		各项贷款需求增长比例

（1）根据经济社会发展需要，发布本年度目标GDP增长率和目标CPI的调控计划，供各团队分析并判断宏观经济发展趋势，作为制订业务发展计划的参考。

（2）发布产业政策，供各团队参考，以合理安排信贷投放。确定对各团队给予财政奖补的条件和标准。

（3）发布1年期国债发行计划，确定发行总额、票面利率，供各团队分析判断宏观经济发展趋势，作为制订业务发展计划的参考。

（4）结合"00号"提供的存款增长调控目标，预测并发布市场存款供给总量的增长比例；结合"00号"提供的贷款增长调控目标，预测并发布市场贷款需求总量的增长比例，供各团队参考，以更好地把握经济金融的发展形势，从而科学制订本年度的新增存贷款计划。

2. 组织各团队办理存款业务。向各团队收取上年度各项存款的本息。根据本年度市场存款供给总量的预测增长比例、各团队上年度新增贷款额、业务及管理费支出金额以及本年度新增存款需求等因素，经沙盘推演应用程序运算，生成各团队本年度新增存款总量，再按该金额向各团队交付相应数量的硬币。

3. 组织各团队办理国债投资业务。向各团队支付上年度认购1年期国债的本息。根据市场供求关系原理，在本年度国债发行计划内向各团队发行1年期国债。

4. 组织各团队办理贷款业务。向各团队支付上年度各项贷款的本息。根据本年度市场贷款需求总量的预测增长比例以及"00号"提供的各团队本年度新增贷款调控目标等因素，结合各团队本年度计划新增贷款金额，经沙盘推演应用程序运算，生成各团队本年度新增贷款总量，并告知各团队，以便各团队合理安排各项贷款的投放。

5. 在推演过程中，办理与各团队之间的币别等额兑换手续。

第3章 模拟经营内外部环境

> **本章主要内容：**结合相关经济、金融知识，介绍商业银行团队模拟经营的内外部环境以及初始状况，以增进学员对本教程的理解。一是结合业务经营状况表各科目的含义界定，介绍模拟经营的内部环境；二是结合"00号"发布的金融管理政策一览表和"88号"发布的市场管理政策一览表各项目的含义界定，介绍模拟经营的外部环境。

本教程的设定情景要求，若干个商业银行团队面对同样的内外部环境，同时模拟开展业务活动，实施不同的经营管理策略，采取不同措施，最后取得不同的经营成果。这与现实中商业银行的经营状况是相仿的，只不过现实中商业银行的经营环境更加复杂。本教程将这种环境因素尽可能地进行简化，以便沙盘推演的顺利进行，从而增强学员对商业银行经营管理全过程的体验感。

本教程中，所谓内部环境，主要是指商业银行团队业务经营状况表（见表2.1）、经营指标监测表（见表2.2）中的各项数据。所谓外部环境，主要是指"00号"发布的金融管理政策一览表（见表2.3）和"88号"发布的市场管理政策一览表（见表2.4）中的各项数据和信息。初始年业务经营状况表中各科目的期末余额、经营指标监测表中各项指标的期末完成值，以及模拟经营第1年度"00号"发布的金融管理政策、"88号"发布的市场管理政策和信息，一起构成了沙盘推演的初始状况。

3.1 模拟经营内部环境

一个管理团队从新的一年起，接管了一家经营中的商业银行。该银行上年末的业务经营状况构成了这个团队模拟经营的初始内部环境。

作者根据模拟经营的需要，将商业银行实际使用的资产负债表、利润表、所有者权益变动表以及业务状况表中的有关科目进行了选择性整合，形成了一张新表，称之为业务经营状况表。该表只设计了资产类、负债类、所有者权益类、损益核算类项下与本沙盘模拟经营业务有关的几个会计科目，反映了这几个科目借贷方的期初余额、本期发生额和期末余额。初始年业务经营状况表中各科目的期末余额和经营指标监测表中各项指标的期末完成值，反映了商业银行团队模拟经营的初始内部环境。

模拟推演前，"00号"给各团队发放一张相同的商业银行团队初始年业务经营状况表和经营指标监测表，以赋予各团队相同的初始经营条件。再发放一套相同的沙盘模拟道具，具体包括：一张商业银行经营管理模拟教学沙盘盘面图，一定数量的塑料空桶、塑料硬币、各种分户账、拆借资金借据、合规标识以及相关表格等。

各团队按照初始年业务经营状况表中资产类、负债类有关科目的期末余额，将塑料桶与一定数量的硬币进行组合并摆放在沙盘盘面的相应标识处；按照损益类、所有者权益类各科目以及贷款损失准备科目的期末余额，填写对应分户账的期初余额，各装入1个塑料桶并摆放在盘面的相应标识处；将1个塑料空桶摆放在盘面"1年期同业拆出资金"字样右侧"第1年"标识处，从而将模拟经营的初始内部环境用沙盘的形式表现出来。合规标识由合规管理总监保管，待推演中使用。相关表格由财务会计总监保管，待推演中使用。

由此可见，各团队持有的初始年业务经营状况表中各科目期末余额，与沙盘盘面各种道具的组合、记载以及摆放情形是一致的。这种对应关系，可作为各团队检查其模拟推演是否正确的有效参考，从而发挥对账作用。

3.1.1 各项资产状况

按照经营管理的要求划分，商业银行的资产可分为信贷资产、证券资产、现金资产、固定资产、汇差资金五类。信贷资产是商业银行因发放贷款而形成的资产，是商业银行最重要、最能体现其信用中介职能的资产，通常占比最大，相对而言风险较大、收益较高。证券资产是商业银行以其资金购买各种有价证券而形成的资产，其目的是增加收益、分散风险、增强流动性以及合理避税，通常所占比重仅次于信贷资产。现金资产是商业银行为应付存款支取和银行内部日常开支所需而预先准备的资金，在所有资产中最富流动性，但属于非盈利或盈利能力弱的资产。固定资产是商业银行经营活动所必需的物质条件，通常包括建筑物、设备、工具、家具等。汇差资金是商业银行之间相互委托或代理收付款业务形成的资金占用，基于联行往来各有关科目收付款金额轧抵而形成，收入多于付出，则形成应付汇差；付出多于收入，则形成应收汇差。

因沙盘推演的条件限制，本教程对商业银行的资产业务进行了选择和简化，只设计了贷款发放及本息收回、不良贷款认定及核销、贷款损失准备计提、法定存款准备金缴存、备付金收支、国债投资及本息收回、同业拆出资金及本息收回等业务的推演，以此代表商业银行运用于市场、中央银行和银行同业的资产业务的办理。

1. 各项贷款状况。贷款是商业银行资产业务中最主要的项目。按偿还期限不同，可分为短期贷款、中期贷款和长期贷款，期限分别为 1 年以内（不含 1 年）、1 年以上 5 年以内（含 5 年）和 5 年以上。按贷款保障不同，可分为信用贷款、担保贷款和票据贴现。按偿还方式不同，可分为一次性偿还贷款、分期偿还贷款。按贷款对象不同，可分为个人贷款和企业贷款。按贷款投向不同，可分为工业贷款、商业贷款、农业贷款、科技贷款和消费贷款。按风险程度不同，可分为正常贷款、关注贷款、次级贷款、可疑贷款和损失贷款，后三类合并称为不良贷款。贷款损失准备是商业银行在成本中列支、用于抵御贷款风险的准备金，不包括从利润分配中计提的一般风险准备。

为了方便沙盘推演，本教程在贷款产品设计方面主要考虑贷款期限和投向，并将这两个因素结合起来，设计了三种贷款业务，即 1 年期农业贷款、2 年期制造业贷款、3 年期房地产业贷款，分别投向农业、制造业、房地产业。在贷款风险程度方面，不区分正常贷款和关注贷款，均视为正常类贷款；不区分次级贷款、可疑贷款和损失贷款，均视为损失类不良贷款。业务经营状况表（见表 2.1）中资产项目下，1 年期农业正常贷款科目反映农业贷款中的正常类贷款，2 年期制造业正常贷款科目反映制造业贷款中的正常类贷款，3 年期房地产业正常贷款科目反映房地产业贷款中的正常类贷款；不良贷款科目反映各项贷款中的不良贷款，农业不良贷款科目反映农业贷款中的不良贷款，制造业不良贷款科目反映制造业贷款中的不良贷款，房地产业不良贷款科目反映房地产业贷款中的不良贷款；贷款损失准备科目反映贷款损失准备的计提情况。

各团队按照初始年业务经营状况表中 1 年期农业正常贷款科目的期末借方余额，将相应数量的硬币装入 1 个塑料桶，置于盘面资产业务中心"1 年期农业正常贷款"字样右侧的"第 1 年"标识处。按照 2 年期制造业正常贷款科目的期末借方余额，将相应数量的硬币大约平均分成 2 份，每份装入 1 个塑料桶，分别置于"2 年期制造业正常贷款"字样右侧的"第 1 年""第 2 年"标识处。按照 3 年期房地产业正常贷款科目的期末借方余额，将相应数量的硬币大约平均分成 3 份，每份装入 1 个塑料桶，分别置于"3 年期房地产业正常贷款"字样右侧的"第 1 年""第 2 年""第 3 年"标识处。这样，各团队初始状况下各项正常贷款的构成情况就可以清楚地展示在沙盘盘面上了。

各团队按照初始年业务经营状况表中农业不良贷款科目的期末借方余额，将相应数量的硬币装入 1 个塑料桶，置于盘面资产业务中心"不良贷款"字样右侧的"农业不良贷款"标识处。按照制造业不良贷款科目的期末借方余额，将相应数量的硬币装入 1 个塑料桶，置于"制造业不良贷款"标识处。按照房地产业不良贷款科目的期末借方余额，将相应数量的硬币装入 1 个塑料桶，置于"房地产业不良贷款"标识处。按照贷款损失准备科目的期末贷方余额，填写贷款损失准备分户账的期初贷方余额，装入 1 个塑料桶并置于"贷款损失准备"字样右侧的"贷款损失准备"标识处。这样，各团队初始状况下不良贷款的构成以及贷款损失准备的计提情况就可以清楚地展示在沙盘盘面上了。

2. 证券投资状况。我国商业银行的证券资产主要有政府债券、金融债券、企业信用债以及同业存单等。商业银行投资证券的目的是赚取利润、分散风险、增强流动性以及合理避税。证券资产在商业银行的占比通常仅次于信贷资产，在实现安全性、流动性、盈利性均衡的过程中已成为重要的调节型资产。中央政府债券也叫国债，按期限长短划分，1 年以内的国债为短期国债，也叫国库券，是商业银行流动性管理的重要工具；2~10 年为中期国债；10 年以上为长期国债。短期国债具有期限短、风险低、流动性高等特点，通常是商业银行证券投资的首选。

为了方便沙盘推演，本教程在证券投资业务方面，只设计了 1 年期国债投资业务，以代表商业银行投资的各种证券业务。业务经营状况表（见表 2.1）中资产项目下 1 年期国债投资科目反映商业银行证券资产情况。各团队按照初始年业务经营状况表中 1 年期国债投资科目的期末借方余额，将相应数量的硬币装入 1 个塑料桶，置于盘面资产业务中心"1 年期国债投资"字样右侧的"第 1 年"标识处。这样，各团队初始状况下证券投资情况就可以清楚地展示在沙盘盘面上了。

3. 准备金状况。在一定意义上，商业银行的库存现金、在中央银行的存款、存放同业款项、托收未达款等都是其准备金。库存现金是商业银行为了满足客户提取现金和银行自身日常开支需要而保存的纸币和硬币，由业务库存现金和储蓄业务备用金两部分构成。由于库存现金属于不盈利资产，而且保存现金还需要维护费用，所以商业银行通常将其持有量维持在必要的较低水平。在中央银行的存款可分为法定存款准备金和超额准备金。法定存款准备金是商业银行以存款余额为基数，按照法定比率向中央银行缴存的款项，属于强制性缴存款，商业银行不得轻易动用。超额准备金是商业银行存放在中央银行的超出法定存款准备金的那部分存款，可自主支配并用于日常的资金支付和放贷业务。存放同业款项是商业银行为了便于银行间业务往来而存放在他行的资金，一般都可以随时使用。托收未达款也叫在途资金，是商业银行存放在代理行以及相关银行的存款，在未收付之前，属于他行占用本行资金；收付之后，即为存放同业款项。法定存款准备金、超额准备金以及存放同业款项等都属于盈利能力弱的资产，通常商业银行将其持有量控制在适度的水平上。

此外，在商业银行的资产分类中，还有一个备付金的概念，即商业银行为了保护存款人利益、满足支付需求、保障流动性所做的资金准备，由存放在央行的超额准备金和本行库存现金两部分构成。

为了方便沙盘推演，本教程在准备金业务方面，只设计了法定存款准备金缴存业务和备付金收支业务。保持通常的法定存款准备金科目界定范围不变，即按法定比例将存款的一部分缴存中央银行而形成的准备金。扩大了备付金科目的界定范围，将备付金作为商业银行的资金"蓄水池"，包括存放在中央银行的超额准备金、存放同业款项以及库存现金等，均视同为存放中央银行的超额准备金，仅称之为备付金。当发生资产到期收回或发生利息收入等资金收入时，集中存放于备付金以备用。当发生资产运用或有利息支出等资金支出时，从备付金支付。业务经营状况表（见表2.1）中资产项目下，法定存款准备金科目反映各团队缴存的法定存款准备金情况，备付金科目反映各团队持有的备付金情况。

各团队按照初始年业务经营状况表中法定存款准备金科目的期末借方余额，将相应数量的硬币装入1个塑料桶，置于盘面"准备金"字样右侧的"法定存款准备金"标识处。按照备付金科目的期末借方余额，将相应数量的硬币装入1个塑料桶，置于"备付金"标识处。这样，各团队初始状况下准备金的构成情况就可以清楚地展示在沙盘盘面上了。

4. 同业拆出资金状况。同业拆借资金业务是商业银行通过资金拆借市场进行的短期资金融通，其目的是为了调剂头寸和临时性资金余缺。向他行借出资金称为同业拆出资金。从他行借入资金称为同业拆入资金。一些准备金水平较高的商业银行在不影响自身支付能力的情况下可以及时地拆出资金，以获取更高的收益。根据相关规定，同业拆出资金的金额、期限、利率等均由交易双方自行商定，但最长期限为1年。

为了方便沙盘推演，本教程将同业拆出资金业务的期限设定为1年，即1年期同业拆出资金。业务经营状况表（见表2.1）中资产项目下1年期同业拆出资金科目反映各团队拆借给同业的资金情况。

初始年业务经营状况表中1年期同业拆出资金科目的期末借方余额为0，说明在初始状况下各团队无同业拆出资金。各团队将1个塑料空桶置于盘面"1年期同业拆出资金"字样右侧"第1年"标识处。这样，各团队初始状况下1年期同业拆出资金情况就可以清楚地展示在沙盘盘面上了。

3.1.2 各项负债状况

商业银行负债是商业银行的资金来源。负债业务就是商业银行组织资金来源的业务，从而为其资产业务奠定资金基础。商业银行负债可分为存款负债和非存款负债两大类。存款是商业银行的主要负债和经常性的资金来源。有了存款，就能发放贷款，就有了作为信用中介的银行的存在。非存款负债是指商业银行通过金融市场或直接向中央银行融通资金，近年来在负债总额中所占比重呈不断上升的趋势，成为商业银行重要的资金来源。

因沙盘推演的条件限制，本教程对商业银行的负债业务进行了选择和简化，只设计了存款吸收和还本付息业务、央行再贷款借入和还本付息业务、同业资金拆入和还本付息业务，以此分别代表商业银行来源于市场、中央银行和银行同业的负债业务的办理。

1. 各项存款状况。存款是商业银行发展的基础。商业银行的资金来源主要是存款。传统的存款业务包括活期存款、定期存款和储蓄存款三种。随着存款工具的不断创新，一些新型活期存款品种如 NOW 账户（可转让支付命令账户）以及新型定期存款品种如 CDS（大额可转让定期存单）等产品应运而生。

我国商业银行的存款类型较多，通常可分为城乡居民及单位存款、协定存款和通知存款三类。城乡居民及单位存款包括活期存款和定期存款。定期存款分整存整取、零存整取、整存零取、存本取息、定活两便五种，其中整存整取的存期分为 3 个月、6 个月、1 年、2 年、3 年、5 年。协定存款是商业银行针对部分特殊性质的中资资金开办的存款期限较长，起存金额较大，利率、期限、结息方式等由双方商定的人民币存款。通知存款是指存入款项时不约定存期，支取时事先通知银行约定支取日期和金额的一种个人存款。按存款人来分，存款可分为对私存款和对公存款。

为了方便沙盘推演，本教程在存款产品的设计上只考虑存款期限的不同，不考虑存款人的不同。因此，只设计了活期存款、1 年定期存款、2 年定期存款和 3 年定期存款业务，且不区分个人存款和单位存款，均视为一般性存款。业务经营状况表（见表 2.1）中负债项目下，活期存款科目反映各团队吸收的活期存款情况，1 年定期存款科目反映各团队吸收的 1 年定期存款情况，2 年定期存款科目反映各团队吸收的 2 年定期存款情况，3 年定期存款科目反映各团队吸收的 3 年定期存款情况。

各团队按照初始年业务经营状况表中活期存款科目的期末贷方余额，将相应数量的硬币装入 1 个塑料桶，置于盘面负债业务中心"活期存款"字样右侧"活期存款"标识处。按照 1 年定期存款科目的期末贷方余额，将相应数量的硬币装入 1 个塑料桶，置于"1 年定期存款"字样右侧的"第 1 年"标识处。按照 2 年定期存款科目的期末贷方余额，将相应数量的硬币大约平均分成 2 份，每份装入 1 个塑料桶，分别置于"2 年定期存款"字样右侧的"第 1 年""第 2 年"标识处。按照 3 年定期存款科目的期末贷方余额，将相应数量的硬币大约平均分成 3 份，每份装入 1 个塑料桶，分别置于"3 年定期存款"字样右侧的"第 1 年""第 2 年""第 3 年"标识处。这样，各团队初始状况下各项存款的构成情况就可以清楚地展示在沙盘盘面上了。

2. 央行再贷款状况。商业银行从中央银行获得资金融通的传统方式主要是再贷款、再贴现。通常，再贷款是商业银行凭信用从中央银行获得资金融通；再贴现是商业银行以自身贴现后的票据为质押从中央银行获得资金融通。我国商业银行向人民银行申请的再贷款分为流动性再贷款、信贷政策支持再贷款、金融稳定再贷款、专项政策性再贷款四类。流动性再贷款是人民银行向商业银行发放的短期再贷款，发挥流动性供给的功能。信贷政策支持再贷款包括支农再贷款、支小再贷款和扶贫再贷款。人民银行发放此类再贷款是为了发挥引导优化信贷结构的作用，以支持商业银行扩大对"三农"、小微企业、贫困地区等国民经济重点领域和薄弱环节的信贷投放。金融稳定再贷款是人民银行专项用于防范和处置金融风险的再贷款，包括地方政府向中央专项借款、用于救助高风险金融机构的紧急贷款、用于退市金融机构债务兑付的风险处置类再贷款等。专项政策性再贷款包括人民银行对农业发展银行发放的支持粮棉油收购的再贷款、对资产管理公司发放的再贷款等。以信贷政策支持再贷款为例，再贷款的期限通常有 3 个月、6 个月、1 年，可按规定展期。

为了方便沙盘推演，本教程在再贷款品种设计上，不考虑流动性再贷款、金融稳定再贷款和专项政策性再贷款，只考虑信贷政策支持再贷款项下的支农再贷款，且设定支农再贷款的期限为 1 年，不得展期。业务经营状况表（见表 2.1）中负债项目下，1 年期央行再贷款科目反映各团队从"00 号"借入的支农再贷款情况。

各团队按照初始年业务经营状况表中 1 年期央行再贷款科目的期末贷方

余额，将相应数量的硬币装入 1 个塑料桶，置于盘面负债业务中心"1 年期央行再贷款"字样右侧的"第 1 年"标识处。这样，各团队初始状况下借入的再贷款情况就可以清楚地展示在沙盘盘面上了。

3. 同业拆入资金状况。同业拆入资金业务是指商业银行通过资金拆借市场进行的短期资金借入活动，其主要目的是为了保持流动性或短期市场套利。如果商业银行准备金水平较低、流动性不足，将影响其正常经营活动甚至难以保证存款的支付。此时，可以及时拆入资金，以保证正常支付，从而实现经营目标。根据相关规定，同业拆入资金的金额、期限、利率等均由交易双方自行商定，但最长期限为 1 年。

为了方便沙盘推演，本教程将同业拆入资金业务的期限设计为 1 年，即 1 年期同业拆入资金。业务经营状况表（见表 2.1）中负债项目下 1 年期同业拆入资金科目反映各团队从同业拆入的资金情况。

初始年业务经营状况表中 1 年期同业拆入资金科目的期末贷方余额为 0，说明在初始状况下各团队无同业拆入资金。各团队将 1 个塑料空桶置于盘面负债业务中心"1 年期同业拆入资金"字样右侧的"第 1 年"标识处。这样，各团队初始状况下 1 年期同业拆入资金情况就可以清楚地展示在沙盘盘面上了。

3.1.3 财务损益状况

商业银行的损益是一定时期内从事经营活动所取得的财务成果，为各项收入与利得、各项费用与损失相抵后的差额。商业银行的收入是指日常活动中形成的、会导致所有者权益增加的、与所有者投入资本无关的经济利益的总流入，主要包括利息收入、手续费及佣金收入、其他业务收入等。商业银行的利得是指非日常活动中形成的、会导致所有者权益增加的、与所有者投入资本无关的经济利益的流入，通常来源于资产或负债的价值变化或者一些偶然发生的业务，如公允价值变动产生的利得以及政府补助、捐赠利得等。商业银行的费用是指日常活动中发生的、会导致所有者权益减少的、与向所有者分配利润无关的经济利益的总流出，主要包括利息支出、手续费及佣金支出、其他业务成本、业务及管理费、税金及附加等。商业银行的损失是指非日常活动所形成的、会导致所有者权益减少的、与向所有者分配利润无关的经济利益的流出，通常产生于资产或负债的价值变化或者一些偶然发生的业务，如公允价值变动产生的损失以及捐赠支出、罚款等导致的营业外支出。

商业银行的利润是一定会计期间内的经营成果。利润＝（收入－费用）＋直接计入当期损益的利得和损失等。从利润形成的过程看，利润有营业利润、利润总额和净利润之分。营业利润＝营业收入－营业成本－业务及管理费－税金及附加－资产减值损失±公允价值变动净损益±投资净收益，其中营业收入包括利息收入、手续费及佣金收入、其他业务收入，营业成本包括利息支出、手续费及佣金支出、其他业务成本。利润总额（即税前利润）＝营业利润＋营业外收入－营业外支出。净利润（即税后利润）＝利润总额－所得税费用。

因沙盘推演的条件限制，本教程对损益核算环节的账务处理进行了选择和简化，与模拟推演的负债业务和资产业务相对应，在业务经营状况表（见表2.1）中损益核算项目下设计了9个会计科目，即利息收入、利息支出、中间业务收入、业务及管理费、贷款减值损失以及营业外收入、营业外支出、所得税、净利润，用于核算当年各项收入与利得、费用与损失以及利润的变动情况。在沙盘盘面上，损益核算中心的相关标识处摆放了9个塑料桶，各装入1本分户账，分别模拟推演这9个会计科目的账务记载。

1. 利息收入状况。利息收入是指商业银行通过发放各种贷款、与金融机构往来等取得的利息。本教程在业务经营状况表中损益核算项下设利息收入科目，反映各团队当年利息收入合计情况。各团队将利息收入分户账的期初贷方余额填为0，装入1个塑料桶并置于盘面损益核算中心"利息收入"标识处。

2. 利息支出状况。利息支出是指商业银行以负债的形式筹集资金而支出的利息。本教程在业务经营状况表中损益核算项下设利息支出科目，反映各团队当年利息支出合计情况。各团队将利息支出分户账的期初借方余额填为0，装入1个塑料桶并置于盘面损益核算中心"利息支出"标识处。

3. 中间业务收入状况。中间业务收入是指商业银行通过开展中间业务而取得的收入，包括办理结算、咨询等代理业务以及办理受托贷款、投资业务等取得的各种手续费及佣金收入。本教程在业务经营状况表中损益核算项下设中间业务收入科目，反映各团队当年中间业务净收入情况（即中间业务收入减去中间业务支出），并将手续费及佣金收入和其他业务收入也纳入其中，一并视同为中间业务收入。各团队将中间业务收入分户账的期初贷方余额填为 0，装入 1 个塑料桶并置于盘面损益核算中心"中间业务收入"标识处。

4. 业务及管理费状况。业务及管理费是指商业银行在业务经营及管理工作中发生的各种耗费，包括业务宣传费、业务招待费、差旅费、广告费、职工工资等项目。本教程在业务经营状况表中损益核算项下设业务及管理费科目，反映各团队当年业务及管理费支出情况，并将手续费支出、其他业务支出也纳入其中，一并视同为业务及管理费。各团队将业务及管理费分户账的期初借方余额填为 0，装入 1 个塑料桶并置于盘面损益核算中心"业务及管理费"标识处。

5. 贷款减值损失状况。贷款减值损失是指商业银行判断贷款的可收回金额低于其账面价值而计提贷款损失准备所确认的减值损失。本教程在业务经营状况表中损益核算项下设贷款减值损失科目，反映各团队当年计提贷款损失准备所确认的减值损失情况。各团队将贷款减值损失分户账的期初借方余额填为 0，装入 1 个塑料桶并置于盘面损益核算中心"贷款减值损失"标识处。

6. 营业外收入状况。营业外收入是指商业银行发生的与其日常活动无直接关系的各项利得，包括政府补助利得、捐赠利得等。本教程在业务经营状况表中损益核算项下设营业外收入科目，反映各团队当年因发放符合产业政策的贷款而取得的政府奖补情况。各团队将营业外收入分户账的期初贷方余额填为 0，装入 1 个塑料桶并置于盘面损益核算中心"营业外收入"标识处。

7. 营业外支出状况。营业外支出是指商业银行发生的与其日常活动无直接关系的各项净支出，包括处置债务重组损失、罚款支出、捐赠支出等。本教程在业务经营状况表中损益核算项下设营业外支出科目，反映各团队当年罚款支出情况。各团队将营业外支出分户账的期初借方余额填为 0，装入 1 个塑料桶并置于盘面损益核算中心"营业外支出"标识处。

8. 所得税状况。商业银行应依法缴纳与自身经营活动相关的增值税、印花税、车辆购置税、车船使用税、土地使用税、房产税以及所得税等。本教程设定商业银行团队只缴纳企业所得税，其他税费不考虑，在业务经营状况表中损益核算项下设所得税科目，反映各团队当年所得税缴纳情况。各团队将所得税分户账的期初借方余额填为0，装入1个塑料桶并置于盘面损益核算中心"所得税"标识处。

9. 净利润状况。商业银行将当期实现的各项收入与利得、费用与损失科目结转至"本年利润"科目，形成利润总额。缴纳所得税后，形成本年净利润。会计期末，商业银行将各项收入和利得类科目的余额转入"本年利润"科目的贷方发生额，将各项成本费用和损失类科目的余额转入"本年利润"科目的借方发生额，结转后各损益类账户无余额。若"本年利润"科目为贷方余额，则表示本年盈利；若为借方余额，则表示本年亏损。

本教程在业务经营状况表中损益核算项下设净利润科目，反映各团队当年净利润情况。各团队将利息支出、业务及管理费、贷款减值损失、营业外支出、所得税科目的借方余额，结转至净利润科目的借方发生额；将利息收入、中间业务收入、营业外收入科目的贷方余额，结转至净利润科目的贷方发生额。若净利润科目为贷方余额，表示本年盈利；若为借方余额，表示本年亏损。各团队将净利润分户账的期初贷方余额填为0，装入1个塑料桶并置于盘面损益核算中心"净利润"标识处。

至此，各团队初始状况下财务损益状况可以清楚地展示在沙盘盘面上了。

3.1.4　所有者权益状况

所有者权益是指商业银行所有者对银行净资产享有的经济利益。商业银行的所有者权益主要包括实收资本（股本）、资本公积、盈余公积、一般风险准备和未分配利润。

因沙盘推演的条件限制，本教程对所有者权益管理业务进行了选择和简化，不考虑资本公积、盈余公积的因素，在业务经营状况表（见表2.1）中所有者权益项下设实收资本、一般风险准备、未分配利润3个会计科目，分别用于核算实收资本、一般风险准备、未分配利润的变动情况。在沙盘盘面上，所有者权益管理中心的相关标识处摆放了3个塑料桶，各装入1本分户账，分别模拟推演这3个会计科目的账务记载。

1. 实收资本状况。实收资本是商业银行实际收到投资者投入的资本。根据规定，我国商业银行的设立有注册资本最低限额要求，且应当是实缴资本。设立全国性商业银行最低为10亿元，设立城市商业银行最低为1亿元，设立农村商业银行最低为 5000 万元。商业银行的实收资本一般不得随意变动，经法定程序，可将形成的资本公积、盈余公积转增资本金。

为了方便沙盘推演，本教程设定各团队的实收资本在模拟经营期内不做变更。各团队按照初始年业务经营状况表中实收资本科目的期末贷方余额，填写本年度实收资本分户账的期初贷方余额，装入 1 个塑料桶并置于所有者权益管理中心 "实收资本" 标识处。

2. 一般风险准备状况。一般风险准备是商业银行采取一定方法计算风险资产的潜在风险估计值后，扣减已计提的资产减值准备，从净利润中计提的、用于部分弥补尚未识别的可能性损失的准备金。根据规定，一般风险准备余额不得低于风险加权资产期末余额的 1.5%。

为了方便沙盘推演，本教程设定，一般风险准备计提标准为不低于风险加权资产期末余额的 1.5%，从未分配利润中计提。各团队按照初始年业务经营状况表中一般风险准备科目的期末贷方余额，填写本年度一般风险准备分户账的期初贷方余额，装入 1 个塑料桶并置于所有者权益管理中心 "一般风险准备" 标识处。

3. 未分配利润状况。未分配利润是商业银行实现的净利润经过弥补亏损、提取盈余公积和向投资者分配利润后，留待以后年度进行分配的结存利润。会计期末，商业银行将 "本年利润" 科目的余额结转至 "未分配利润" 科目，结转后 "本年利润" 科目无余额。商业银行对于实现的未分配利润，可按规定程序进行分配。如果可供分配的利润为负数（即累计亏损），则不能进行后续分配；如果可供分配的利润为正数（即累计盈利），则可进行分配。分配顺序为：弥补以前年度亏损、提取法定盈余公积金、提取任意公积金、提取一般风险准备、向投资者分配利润。经过上述分配后的留存，形成商业银行新的未分配利润，留待以后年度进行分配。如果发生亏损，可按规定由以后年度利润进行弥补。

为了方便沙盘推演，本教程设定在模拟经营期间不做全面的利润分配，只按规定提取一般风险准备。各团队按照初始年业务经营状况表中未分配利润科目的期末贷方余额，填写本年度未分配利润分户账的期初贷方余额，装入 1 个塑料桶并置于损益核算中心 "未分配利润" 标识处。

至此，各团队初始状况下所有者权益状况可以清楚地展示在沙盘盘面上了。

3.1.5 业务经营状况分析

以上介绍了商业银行团队业务经营状况表（见表 2.1）的基本构成以及各科目含义界定。通过对报表数据进行分析，可以深入地了解商业银行的经营状况，发现问题，分析原因，以便科学合理地制定下一步经营策略。通常，商业银行经营状况分析围绕四个方面的内容展开，即安全性、流动性、盈利性和发展能力，详见经营指标监测表（见表 2.2）。由于沙盘推演业务品种的局限，本教程尽管仿真式地开展这四个方面的分析，但受制于数据的可得性，分析内容相对简单，分析指标及计算公式也相对简化。

1. 安全性分析。安全性原则是商业银行生存的前提。商业银行在经营活动中，必须保持足够的清偿能力，能随时满足客户的提款需求，以保持客户的信任。所以，商业银行要合理安排资产结构，注重资产质量，遵纪守法，合法经营。通常，商业银行围绕安全性监测，设置了不良贷款率、拨备覆盖率、资本充足率、损失类贷款占贷款余额的比例、贷款损失准备占贷款损失净值的比例等一系列指标。为了方便沙盘推演，本教程只设计了三个安全性指标，即资本充足率、不良贷款率、拨备覆盖率。

（1）资本充足率。资本充足率是商业银行的资本与风险加权资产之间的比率。该指标是商业银行抵御风险能力的重要指标，反映商业银行在存款人和债权人资产遭受损失的情况下，以自有资本承担损失的能力。现阶段，我国商业银行资本充足率的最低要求是：资本充足率不得低于8%，一级资本充足率不得低于6%，核心一级资本充足率不得低于5%。在最低资本要求的基础上应计提储备资本，要求为风险加权资产的 2.5%，由核心一级资本来满足。在最低资本要求和储备资本要求之上应计提逆周期资本，要求为风险加权资产的 0~2.5%，由核心一级资本来满足。在最低资本要求、储备资本和逆周期资本要求之外，系统重要性银行还应当计提附加资本，要求为风险加权资产的 1%，由核心一级资本来满足。核心一级资本包括：实收资本或普通股、资本公积、盈余公积、一般风险准备、未分配利润、少数股东资本可计入部分。

商业银行的风险加权资产包括银行账户表内资产风险加权资产和表外项

目风险加权资产。计量表内资产的风险加权资产，应首先从资产账面价值中扣除相应的减值准备，然后乘以风险权重。计量表外项目的风险加权资产，应将表外项目名义金额乘以信用转换系数得到等值的表内资产，再按表内资产的处理方式进行计量。商业银行不同资产附有不同的风险权重。

本教程设定资本充足率不得低于 10.5%，计算公式为：资本充足率 ＝（实收资本余额 ＋ 未分配利润余额 ＋ 一般风险准备余额）/风险加权资产余额 ×100%。其中，风险加权资产仅为表内风险加权资产。表内各项资产的风险权重分别设定为：1 年期农业正常贷款为 75%，2 年期制造业正常贷款为75%，3 年期房地产业正常贷款为 50%，不良贷款为 100%，1 年期同业拆出资金为 25%，1 年期国债投资、法定存款准备金、备付金均为 0。

（2）不良贷款率。不良贷款率是商业银行不良贷款占各项贷款的比例，是评价商业银行信贷资产安全状况的重要指标。不良贷款率越高，说明可能无法收回的贷款占贷款总额的比例越大。根据贷款五级分类管理办法，次级类贷款、可疑类贷款、损失类贷款构成商业银行的不良贷款。根据监管要求，商业银行不良贷款率不得大于 5%。

鉴于本教程设定不良贷款均为损失类贷款，故参照商业银行不良贷款率不得大于 5% 的监管要求，将不良贷款率的监测标准设定为不得大于 1%。计算公式为：不良贷款率 ＝ 不良贷款余额/各项贷款余额 ×100%。

（3）拨备覆盖率。拨备覆盖率为贷款损失准备与不良贷款之比。贷款损失准备与各项贷款之比称为贷款拨备率。在实际工作中，拨备覆盖率和贷款拨备率都是反映商业银行抵御信用风险能力的指标。比率越高，说明商业银行抵御风险的能力越强。比率过低，说明商业银行拨备计提不足，存在较大风险或利润虚增的可能。当然，如果比率过高，说明商业银行拨备计提过多，存在隐藏利润的可能。按照规定，贷款拨备率的基本标准为各项贷款余额的2.5%，拨备覆盖率的基本标准为不良贷款余额的 150%，这两项标准中的较高者为商业银行贷款损失准备计提的监管标准。

本教程设定拨备覆盖率不得低于 150%，不考虑贷款拨备率。计算公式为：拨备覆盖率 ＝ 贷款损失准备余额/不良贷款余额 ×100%。

2. 流动性分析。流动性原则是商业银行发展的关键。商业银行保持资金的流动性，一是要保证资产质量，能如期收回资产的本息；二是要调配好资产结构，保持随时可以用适当价格取得所需资金的能力。商业银行是负债经营的企业，存在固有的流动性风险，在经营管理中流动性往往是盈利性和安全性之间的平衡杠杆。如果流动性充足，则资金安全性往往较好，但盈利水平可能有所下降。如果流动性并不充足甚至紧张，则尽管盈利水平较高，但资金安全缺乏保障，甚至会出现资金"断流"。流动性指标反映银行的流动性供给和各种实际的或潜在的流动性需求之间的关系。衡量流动性的指标通常有流动性比例、超额备付金比例、核心负债依存度、流动性缺口率、流动性覆盖率、净稳定资金比率以及存贷比等。为了方便沙盘推演，本教程只设计了三个流动性指标，即流动性比例、备付金比例、存贷比。

（1）流动性比例。流动性比例是商业银行流动性监管核心指标之一。流动性比例＝流动性资产/流动性负债×100%。流动性资产主要包括：现金、超额准备金、1个月内到期的贷款、贴现、票据、债券、应收账款等以及其他1个月内到期的可变现的资产。流动性负债主要包括：活期存款、1个月内到期的定期存款、央行借款、已发行的票据和债券等以及其他1个月内到期的负债。流动性比例越高，反映商业银行的流动性越充足，短期偿债能力越强，流动性风险越小。流动性比例越低，反映商业银行流动性越短缺，短期偿债能力越弱，流动性风险越大。根据监管要求，商业银行流动性比例不得低于25%。

本教程设定流动性比例不得低于25%。计算公式为：流动性比例＝备付金余额/活期存款余额×100%。

（2）备付金比例。备付金比例是商业银行备付金与各项存款的比例。通常，商业银行的备付金由存放在央行的超额准备金和本行库存现金两部分构成。本教程扩大了备付金的界定范围，将备付金作为商业银行的资金"蓄水池"，包括存放在中央银行的超额准备金、存放同业款项以及库存现金等，均视同为存放央行的超额准备金，仅称之为备付金。由于超额准备金、存放同业款项的利率相对不高，库存现金是不生息资产，所以如果备付金比例越高，商业银行的可用资金越多，流动性就越充足，但影响了盈利能力。如果备付金比例越低，商业银行随时可动用的资金相对越少，流动性就可能紧张。根据监管规定，商业银行备付金比例不得低于2%。

本教程设定备付金比例不得低于2%。计算公式为：备付金比例＝备付金余额/各项存款余额×100%。

（3）存贷比。存贷比是各项贷款与各项存款的比例，是监测商业银行流动性风险的重要参考指标。我国自 2015 年 10 月起对商业银行的存贷比监管要求做了调整，将存贷比由流动性监管核心指标改为流动性监管辅助指标。单从盈利角度看，存贷比越高越好，这意味着更多的贷款赢得收益。单从风险角度来看，存贷比不宜过高，因为如果存贷比过高，则可能造成银行可用资金不足，从而导致支付危机。通常，商业银行以 75% 作为监测存贷比的参考标准。

本教程设定存贷比的基本标准为 75%，上下浮动不得超过 10 个百分点。计算公式为：存贷比 = 各项贷款余额/各项存款余额×100%。

3. 盈利性分析。盈利性原则是商业银行经营的目的。为了提高盈利水平，商业银行要尽可能减少现金资产，扩大盈利资产的比重，以尽可能低的成本取得更多的资金，减少资产的损失，强化内部核算，节约费用开支，严格内控管理，减少事故、差错和违规行为的发生所带来的损失。盈利性分析主要是衡量商业银行运用资金赚取收益、控制成本费用支出的能力。通常，衡量盈利性的指标有资产利润率、营业利润率、净息差率、非生息净收入率、资本收益率、成本收入比、收入利润率、支出利润率等。为了方便沙盘推演，本教程设计了四个盈利性指标，即资产利润率、净息差率、成本收入比、未分配利润增加值。

（1）资产利润率。资产利润率是商业银行净利润与主权资本的比率，体现商业银行运用其全部资产获取利润的能力。资产利润率越大，说明商业银行盈利能力越强。资产利润率越小，说明盈利能力越弱。根据监管规定，资产利润率 = 税后利润/资产平均余额×折年系数。商业银行通常将资产利润率的指标设定为不得低于 0.6%。

本教程设定资产利润率不得低于 0.6%。计算公式为：资产利润率 = 净利润/［（各项资产期初余额 + 各项资产期末余额）/2］×100%。

（2）成本收入比。成本收入比是商业银行营业费用与营业收入的比率，反映商业银行每个单位的收入需要支出多少成本。该比率越低，说明单位收入的成本支出越低，商业银行获取收入的能力就越强。该比率越高，说明商业银行获取收入的能力越弱。根据监管规定，成本收入比 = （营业支出 − 税金及附加）/营业净收入。商业银行通常将成本收入比的指标设定为不得高于35%。

本教程设定成本收入比不得高于35%。计算公式为：成本收入比＝业务及管理费/（利息收入－利息支出＋中间业务收入）×100%。

（3）净息差率。净息差率是净息差与生息资产的比率，反映财务管理的有效性。该比率越高，说明商业银行息差收入的增长幅度大于盈利资产的增长幅度，即在扩大资金运用、增加收入的同时，较好地控制了融资成本。息差收入指利息收入减去利息支出，是影响商业银行经营业绩的关键因素。生息资产是指那些能带来利息收入的资产，通常是除现金资产、固定资产以外的其他资产。

本教程将净息差率的计算公式设计为：净息差率＝（利息收入－利息支出）/〔（生息资产期初余额＋生息资产期末余额）/2〕×100%，生息资产余额＝各项资产余额－不良贷款余额。

（4）未分配利润增加值。这是作者为本教程创设的一个监测指标，其业务含义是在模拟经营期间不进行全面利润分配的情况下，期末未分配利润比期初未分配利润的增加金额，反映商业银行团队的盈利水平。通常，由于各家商业银行的资产负债规模、业务取向以及利润分配不同，实现的未分配利润值不具有可比性，因此一般不能简单地作为比较商业银行业务经营成果的指标。但是，本教程设定各商业银行团队拥有相同的初始经营状况，在相同的内外部环境下进行接续经营，而且不进行全面的利润分配，所以未分配利润增加值可以用来反映各团队的盈利水平。

本教程将未分配利润增加值的计算公式设计为：未分配利润增加值＝未分配利润期末余额－未分配利润期初余额。

4. 发展能力分析。发展能力分析主要是分析商业银行可持续发展的能力，是商业银行的股东以及利益相关者较为关注的问题。通常，分析商业银行发展能力的指标主要有资本积累率、营业利润增长率、总资产增长率以及存款增长率等。为了方便沙盘推演，本教程在发展能力分析方面设计了三个指标，即利润增长率、资产增长率、存款增长率。

（1）利润增长率。利润增长率反映商业银行的利润增长情况。该比例越高，说明商业银行的盈利能力越强。本教程将利润增长率的计算公式设计为：

利润增长率 =（未分配利润期末余额/未分配利润期初余额 - 1）×100%。

（2）资产增长率。资产增长率反映商业银行的资产增长情况。该比例越高，说明商业银行资产增长的速度越快。本教程将资产增长率的计算公式设计为：资产增长率 =（各项资产期末余额/各项资产期初余额 - 1）×100%。

（3）存款增长率。存款增长率反映商业银行吸收存款的能力。该比例越高，说明商业银行吸收存款的能力越强，可用资金越多，后续发展的能力就越强。本教程将存款增长率的计算公式设计为：存款增长率 =（各项存款期末余额/各项存款期初余额 - 1）×100%。

5. 综合分析判断。通过对商业银行团队上述四个方面的分析，可以得出以下初步结论：

（1）安全性状况。对照监测标准，判断资本充足率、不良贷款率、拨备覆盖率是否达标。如达标，则说明安全性状况良好；如不达标，则说明安全性存在问题，需要考虑如何加以改善。

（2）流动性状况。对照监测标准，判断流动性比例、备付金比例、存贷比是否达标。如达标，则说明流动性状况良好；如不达标，则说明流动性存在问题，需要考虑如何加以改善。

（3）盈利能力状况。对照监测标准，判断资产利润率、成本收入比、净息差率以及未分配利润增加值是否达到既定经营目标。如达标，则说明盈利能力良好；如不达标，则说明盈利能力存在问题，需要考虑如何加以改善。

（4）发展能力。对照监测标准，判断利润增长率、资产增长率、存款增长率是否达到既定经营目标。如达标，则说明业务发展能力较强；如不达标，则说明业务发展能力存在问题，需要考虑如何加以改善。

3.2　模拟经营外部环境

本教程设定，每年度模拟推演前，"00 号"发布金融管理政策一览表（见表 2.3），"88 号"发布市场管理政策一览表（见表 2.4），供各团队参考，以确定适合自身发展的经营策略。这两张表中的数据及相关信息，构成各团队模拟经营的外部环境。模拟推演第 1 年，"00 号"发布的金融管理政策一览表和"88 号"发布的市场管理政策一览表中的数据及相关信息，反映了商业银行团队模拟业务经营的初始外部环境。

3.2.1 金融管理政策

1. 货币供应量。货币供应量是指一国某个时点上全社会承担流通手段和支付手段职能的货币存量。一定时期的货币供应量决定着社会总需求和总供给的平衡。如果货币供应量不足，社会总需求小于总供给，则会导致社会资源闲置，抑制经济发展的速度。如果货币供应量过多，社会总需求大于总供给，则会引发通货膨胀，破坏经济的正常发展。货币供应量的增长必须与经济增长相适应，以保持经济健康可持续发展。

根据货币流动性的大小及货币性的强弱，我国把货币供应量分成三个层次：M_0 为流通中的现金，即在银行体系以外流通的现金。M_1 为 M_0 加上企事业单位活期存款，称为狭义货币供应量。M_2 为 M_1 加上企事业单位定期存款、居民储蓄存款和证券公司客户保证金，称为广义货币供应量。在这三个层次的货币供应量中，M_0 与消费物价变动密切相关，是最活跃的货币；M_1 反映居民和企业资金松紧变化，是经济周期波动的线性指标，流动性仅次于 M_0；M_2 流动性偏弱，反映社会总需求的变化和未来通货膨胀的压力状况。人们通常所说的货币供应量是指 M_2。中国人民银行定期发布 M_2 数据，以反映截至某时点的 M_2 余额和增长率。有研究结果表明，M_2 增长率与 GDP 增长率之间存在正向关系，其变化趋势与 CPI 基本保持一致。

为了方便沙盘推演，本教程设定"00 号"确定年度目标 M_2 增长率，并于每年度模拟推演前发布，供各团队参考，以确定下一步经营策略。

2. 存贷款利率。存贷款利率通常是指银行挂牌利率。中央银行根据经济金融环境和金融市场状况提出理想的基准利率水平，若实际利率偏离这一水平，则进行调节。当然，中央银行只能控制名义利率，不能完全控制实际利率。中央银行直接调整商业银行存贷款基准利率或浮动幅度，具有传导链条短、见效快的特点。

我国在推动利率市场化改革之前，人民银行主要根据经济金融形势和货币政策立场确定存贷款基准利率，并以此调节各类市场利率。1996 年以后，随着利率市场化改革的逐步推进，我国形成了中央银行管制的存贷款基准利率和市场决定的货币、债券市场利率并存的利率体系。2002 年以后，人民银行按照"先外币、后本币；先贷款、后存款；先长期大额、后短期小额"的顺序逐步放开金融机构存贷款利率管制，债券市场利率完全实现市场化。2012年以后，贷款利率管制全面放开，存款利率浮动上限也得以放开，金融市场主体可以按照市场化的原则自主协商确定金融产品的利率水平。2015年10月人民银行放开了1年期及以上存款利率浮动上限。2019年8月将贷款市场报价利率（LPR）与中期借贷便利（MLF）利率挂钩，在公开市场操作利率（1年期MLF）的基础上加点。至此，我国初步形成了以央行7天逆回购利率调节货币市场短端利率、以MLF利率调节信贷市场长端利率的"长短结合"的利率调控模式。

为了方便沙盘推演，本教程设定存贷款利率均以固定利率的形式由"00号"确定，并于每年度模拟推演前发布，供各团队参考执行。同业拆借资金的利率按交易双方议定的市场利率执行。

3. 存款准备金。商业银行在中央银行的存款准备金分为法定存款准备金和超额准备金。法定存款准备金是商业银行以存款余额为基数，按照法定存款准备金率向中央银行缴存的款项，属于强制性缴存款，商业银行不得轻易动用。超额准备金是商业银行存放在中央银行的超出法定存款准备金的那部分存款，可自主支配。中央银行可以通过调整法定存款准备金率来调控实缴法定存款准备金的多少，以控制和改变商业银行的信用创造能力，从而间接调控社会货币供给量。法定存款准备金率越高，货币乘数就越小，银行体系创造派生货币的能力就越小，整个信用规模相应就会变小，货币供应量就越小。反之，货币供应量就越大。存款准备金利率是指中央银行对金融机构缴存的准备金予以计息所使用的利率，通常法定存款准备金的利率比超额准备金的利率高一些。

为了方便沙盘推演，本教程设定法定存款准备金率以及法定存款准备金利率、备付金利率均采取固定比率的形式，由"00号"确定，并于每年度模拟推演前发布，供各团队执行。

4. 再贷款。再贷款是商业银行从中央银行获得的资金。中国人民银行发放的再贷款分为流动性再贷款、信贷政策支持再贷款、金融稳定再贷款、专项政策性再贷款四类。其中，信贷政策支持再贷款包括支农再贷款、支小再贷款和扶贫再贷款，主要是发挥引导优化信贷结构的作用，支持商业银行扩大对"三农"、小微企业、贫困地区等国民经济重点领域和薄弱环节的信贷投放，期限为 3 个月、6 个月、1 年。再贷款业务实行授信管理，即任何时点再贷款余额不得超过既定授信额，且各类再贷款均有相应的授信额，相互间不得串用。再贷款利率由中国人民银行确定，通常略低于同期货币市场利率。

为了方便沙盘推演，本教程设定再贷款为 1 年期支农再贷款。再贷款授信额和利率均由"00 号"确定，并于每年度模拟推演前发布，供各团队参考执行。

5. 不同行业贷款的利率和不良贷款率。不良贷款率是指商业银行的不良贷款占各项贷款的比例。商业银行形成不良贷款主要受宏观经济因素、行业因素以及银行自身经营管理等因素影响。单从行业因素而言，商业银行投放到不同行业的贷款可能会出现不同的不良贷款率。商业银行会结合市场资金供求、不良贷款率等因素，合理确定相应的贷款利率。

为了方便沙盘推演，本教程设定不同行业的贷款执行不同的利率，存在不同的不良贷款率，均采用固定比例的形式由"00 号"确定，并于每年度模拟推演前发布，供各团队参考执行。

3.2.2 市场管理政策

1. 目标 GDP 增长率和目标 CPI。GDP，即国内生产总值，是指一个国家领土内某一时期（通常为一季度或一年）内所生产的全部最终产品和所提供的全部服务的价值总和，是衡量经济增长的一个常用指标，通常用年度 GDP 增长率来反映经济增长情况。CPI，即消费价格指数，是以消费者的日常消费为对象，反映居民消费所购买的商品和服务价格水平变化情况，以具有代表性的若干产品和服务为样本，根据当年价格计算的商品总价值与根据基年价格得到的商品总价值之比，是反映通货膨胀或通货紧缩程度的主要指标。我国每年的目标 GDP 增长率和目标 CPI 通常是在全国两会的政府工作报告中公布，实际 GDP 增长率和实际 CPI 通常是由国家统计局定期公布。

为了方便沙盘推演，本教程设定年度目标 GDP 增长率和目标 CPI 均由"88 号"确定，并于每年度模拟推演前发布，供各团队参考执行。

2. 产业政策。产业政策是由国家制定，以引导产业发展方向，推动产业结构升级，协调国家产业结构，促使国民经济健康可持续发展的政策，主要包括制定国民经济计划、产业结构调整计划、产业扶持计划、财政投融资、货币手段、项目审批等。国家或地方针对经济发展的实际情况，采取重点倾斜、优先扶持某些产业的措施，促进其优先发展，以期带动其他产业的共同发展，实现整体经济发展。在产业选择上，可以扶持已具备一定产业技术发展基础及竞争力、产业关联度大的产业，也可以扶持市场需求潜力大、成长性好的产业，还可以扶持关系国家经济安全、面临严重挑战的产业。

为了促进地方金融尤其是农村金融和中小企业的创新发展，各级地方政府会根据产业政策以及经济发展需要，出台种种措施以鼓励商业银行加大对地方的信贷支持力度。这些措施主要有：财政奖补、税收优惠、风险补偿和财政担保等。在财政奖补方面，包括对商业银行按贡献度进行考核奖励、对新设金融机构进行补贴、对涉农贷款进行补贴以及财政贴息等措施。其中，财政贴息就是财政部门对于商业银行发放符合产业政策的贷款，向借款企业按贷款利率的一定比例或一定金额给予补助。2020 年初，为抗击新冠肺炎疫情和支持经济社会发展，有关部门首次实施了专项再贷款与财政贴息捆绑发力的政策，就是由财政部门对企业按照贷款利率的 50% 进行贴息，以确保抗疫重点企业融资成本低于 1.6%。

为了方便沙盘推演，本教程设定，"88 号"根据经济发展需要，可以采取财政贴息的扶持措施，对于商业银行团队新发放的农业或制造业贷款，给予一定的利率补贴，并于每年度模拟推演前发布，供各团队参考执行。

3. 国债投资。国债即中央政府债券，是中央政府发行的借款凭证，由财政部发行，发行计划与财政政策密切相关。国债分为储蓄类国债、记账式贴现国债和记账式附息国债。储蓄类国债是面向个人投资者，为吸收存款而设置的不可流通的记名国债。记账式贴现国债是低于面值贴现发行、到期按面值还本的短期国债。记账式附息国债是我国目前债券市场最主要的组成部分，发行票面为 100 元，到期还本付息。按期限长短分，1 年以内的国债为短期国债，是商业银行流动性管理的重要工具；2～10 年为中期国债；10 年以上为长期国债。短期国债具有期限短、风险低、流动性强等特点，通常是商业银行证券投资的首选，素有"金边证券"之称。财政部根据相关法律规定和国家预算要求，每年初公布债券发行计划，由和财政部签订过国债承销协议的承销商向各机构投资者销售。

为了方便沙盘推演，本教程设定，1 年期国债发行规模和票面利率，均由

"88 号"确定，并于每年度模拟推演前发布，供各团队参考认购。

4. 存贷款市场资金供求预测。通常，经济增长需要加快时，金融政策会比较宽松，货币供应量将增加，银行的贷款量、存款量也会随之增加；经济增长需要放慢脚步时，金融政策会相对紧缩，货币供应量将相对减少，银行的贷款量、存款量也会随之减少。结合我国近年来经济社会发展实际，有研究结果表明：M_2 增长率与存款总量、贷款总量的增长比例之间总体上呈正相关关系。

为了方便沙盘推演，本教程设定，存贷款总量的增长比例均由"88 号"确定，并于每年度模拟推演前发布，供各团队参考执行。

第 4 章　沙盘模拟推演步骤

> **本章主要内容**：结合图示，对沙盘推演的全过程按次序分步骤进行介绍。一是介绍商业银行团队年度例会的推演步骤。二是依次介绍商业银行团队负债业务、资产业务、财务会计业务的推演步骤。

本教程设定，各团队从新的一年起，分别接管了同一家经营中的商业银行。该银行上年末的业务开展情况构成这个团队模拟经营的初始内部状况。各团队在这个同一起点上，连续经营 5 个年度，最后取得不同的经营成果。本章模拟商业银行几项基础性核心业务的办理流程，以 1 个年度经营管理活动的全过程为例，介绍模拟推演的步骤。各年度的推演均比照进行。

4.1　年度经营管理例会推演步骤

各团队基于上年度业务经营状况表（见表 2.1）、经营指标监测表（见表 2.2）中的数据，结合本年度"00 号"发布的金融管理政策一览表（见表 2.3）以及"88 号"发布的市场管理政策一览表（见表 2.4）中的数据及相关信息，召开由全体成员参加的年度经营管理工作例会，分析当前各项经营指标的完成情况，讨论研究本年度工作安排。会议由董事长主持，各业务总监介绍职责范围内的业务开展情况，并提出本年度工作打算，最后由行长确定本年度工作计划。

4.1.1 董事长主持会议

董事长主持召开年度经营管理例会，分析当前本团队经营管理状况，结合 "00 号" "88 号" 发布的本年度金融管理政策和市场管理政策，研究确定本年度业务发展策略。本团队全体人员对上年度业务经营状况表（见表2.1）、上年度经营指标监测表（见表2.2）、本年度金融管理政策一览表（见表2.3）、本年度市场管理政策一览表（见表2.4）中的相关数据和信息进行分析研究。然后，各业务总监分别介绍职责范围内的业务开展情况，并提出本年度打算。最后，由行长确定本年度工作计划。

根据 "88 号" 发布的市场管理政策，本年度目标 GDP 增长率为____%，比上年度提高（降低）____个百分点；目标 CPI 为____%，比上年度提高（降低）____个百分点。预计市场各项存款供给总量同比增长____%，比上年度提高（降低）____个百分点；各项贷款需求总量同比增长____%，比上年度提高（降低）____个百分点。1 年期国债计划发行总额为____亿元，比上年度增加（减少）____亿元；票面利率为____%，比上年度上升（下降）____个百分点。"88 号" 对各团队当年新增农业（制造业）贷款给予____个百分点的利率补贴，比上年度提高（降低）____个百分点。

根据 "00 号" 发布的金融管理政策，本年度目标 M_2 增长率为____%，比上年度提高（降低）____个百分点。活期存款、1 年定期存款、2 年定期存款、3 年定期存款的利率分别为____%、____%、____%、____%，比上年度分别上升（下降）____、____、____、____个百分点。法定存款准备金率为____%，比上年度提高（降低）____个百分点；法定存款准备金、备付金的利率分别为____%、____%，比上年度分别提高（降低）____、____个百分点。1 年期央行再贷款利率为____%，比上年度提高（降低）____个百分点。再贷款可用授信额为____亿元，比上年度增加（减少）____亿元。1 年期农业贷款、2 年期制造业贷款、3 年期房地产业贷款的利率分别为____%、____%、____%，比上年度分别提高（降低）____、____、____个百分点；不良率分别为____%、____%、____%，比上年度分别增加（减少）____、____、____个百分点。

与上年度相比，本年度经济金融政策相对宽松（紧缩），市场资金供需总量将会增加（减少）。本团队应顺应经济金融发展形势，加快（放缓）发展速度，扩大（巩固）业务规模。下面，请各位总监分别介绍职责范围内的业务开展情况，并提出本年度工作计划。

4.1.2 负债业务总监介绍情况

负债业务总监按照上年度业务经营状况表（见表2.1）中负债项下各科目的期末贷方余额，对应填写本年度业务经营状况表中负债项下各科目的期初贷方余额，并结合沙盘道具摆设情形，填写本年度存款结构变动情况表（见表4.1）中活期存款、1年定期存款、2年定期存款、3年定期存款的期初余额及期限分布数据。介绍本团队负债业务开展情况，分析负债总量及结构，预测负债到期归还情况。参考金融管理政策和市场管理政策，按照市场各项存款供给增长比例，并结合推演规则和本团队业务取向，提出本年度负债业务工作计划，在本年度业务经营计划表（见表4.2）中填写各负债项目的期末余额，提交会议讨论研究。

表4.1 _____商业银行团队第____年度存款结构变动情况表 单位：万元

存款项目	期初余额	第1年	第2年	第3年	新增金额	期末余额
活期存款		—	—	—		
1年定期存款			—	—		
2年定期存款				—		
3年定期存款						

表4.2 _____商业银行团队第____年度业务经营计划表 单位：万元

负债项目	期末余额	资产项目	期末余额	损益核算项目	期末余额
活期存款		1年期农业正常贷款		利息收入	
1年定期存款		2年期制造业正常贷款		中间业务收入	
2年定期存款		3年期房地产业正常贷款		利息支出	
3年定期存款		不良贷款		业务及管理费	
1年期央行再贷款		1年期国债投资			
1年期同业拆入资金		1年期同业拆出资金			

1. 截至上年末，本团队各项负债余额____万元，其中，各项存款余额____万元，占各项负债余额比例____%；1年期央行再贷款余额____万元，占比____%；1年期同业拆入资金余额____万元，占比____%。各项存款中，活期存款余额____万元，占各项存款余额比例____%；1年定期存款余额____万

元，占比____%；2 年定期存款余额____万元，占比____%；3 年定期存款余额____万元，占比____%。

2. 预计本年度应支付活期存款利息____万元，应支付 1 年定期存款本金____万元、利息____万元，应支付 2 年定期存款本金____万元、利息____万元，应支付 3 年定期存款本金____万元、利息____万元，应支付 1 年期央行再贷款本金____万元、利息____万元，应支付 1 年期同业拆入资金本金____万元、利息____万元。故本年度共计应支付负债项下本金____万元、利息____万元。

3. 结合"00 号""88 号"发布的金融管理政策和市场管理政策，根据本团队发展需要，计划本年度各项存款期末余额达____万元，其中活期存款期末余额达____万元，1 年定期存款期末余额达____万元，2 年定期存款期末余额达____万元，3 年定期存款期末余额达____万元；1 年期央行再贷款期末余额达____万元；1 年期同业拆入资金期末余额达____万元。

4.1.3 资产业务总监介绍情况

资产业务总监按照上年度业务经营状况表（见表 2.1）中资产项下各有关科目的期末借方余额，对应填写本年度业务经营状况表中资产项下各有关科目的期初借方余额，并结合沙盘道具摆设情形，填写本年度正常贷款结构变动情况表（见表 4.3）中 1 年期农业正常贷款、2 年期制造业正常贷款、3 年期房地产业正常贷款的期初余额及期限分布数据，填写本年度不良贷款变动情况表（见表 4.4）中农业不良贷款、制造业不良贷款、房地产业不良贷款的期初余额。介绍当前本团队资产业务开展情况，分析资产总量及结构，预测资产到期收回情况。参考金融管理政策和市场管理政策，按照市场各项贷款需求增长比例，并结合推演规则和本团队业务取向，提出本年度资产业务工作计划，在本年度业务经营计划表（见表 4.2）中填写各资产项目的期末余额，提交会议讨论研究。

1. 截至上年末，本团队各项资产余额____万元，其中，各项贷款余额____万元，占各项资产余额比例____%；法定存款准备金余额____万元，占比____%；备付金余额____万元，占比____%；1 年期国债投资余额____万元，占比____%；1 年期同业拆出资金余额____万元，占比____%。

2. 各项贷款中，正常贷款余额＿＿＿万元，占比＿＿＿％；不良贷款余额＿＿＿万元，占比＿＿＿％。正常贷款中，1年期农业正常贷款余额＿＿＿万元，占比＿＿＿％；2年期制造业正常贷款余额＿＿＿万元，占比＿＿＿％；3年期房地产业正常贷款余额＿＿＿万元，占比＿＿＿％。不良贷款中，农业不良贷款余额＿＿＿万元，占比＿＿＿％；制造业不良贷款余额＿＿＿万元，占比＿＿＿％；房地产业不良贷款余额＿＿＿万元，占比＿＿＿％。

3. 预计本年度大约收回1年期农业正常贷款本金＿＿＿万元、利息＿＿＿万元；大约收回2年期制造业正常贷款本金＿＿＿万元、利息＿＿＿万元；大约收回3年期房地产业正常贷款本金＿＿＿万元、利息＿＿＿万元；收回1年期国债投资本金＿＿＿万元、利息＿＿＿万元；收回1年期同业拆出资金本金＿＿＿万元、利息＿＿＿万元；收到法定存款准备金和备付金的利息分别为＿＿＿万元、＿＿＿万元。故本年度预计大约共收回资产项下本金＿＿＿万元、利息＿＿＿万元。

4. 结合"00号""88号"发布的金融管理政策和市场管理政策，根据本团队发展需要，本年度计划各项贷款期末余额达＿＿＿万元，不良贷款期末余额不超过＿＿＿万元，正常贷款期末余额达＿＿＿万元。其中，1年期农业正常贷款期末余额达＿＿＿万元，2年期制造业正常贷款期末余额达＿＿＿万元，3年期房地产业正常贷款期末余额达＿＿＿万元。计划1年期国债投资期末余额达＿＿＿万元，1年期同业拆出资金期末余额达＿＿＿万元。

5. 本年度继续保持法定存款准备金足额缴存、备付金余额适度，努力把不良贷款率控制在1%或0.5%以下。

表4.3　＿＿＿＿商业银行团队第＿＿＿年度正常贷款结构变动情况表　单位：万元

贷款项目		1年期农业正常贷款	2年期制造业正常贷款	3年期房地产业正常贷款
期初余额				
期限分布情况	第1年			
		调整（+/-）：		
	第2年	—		
			调整（+/-）：	
	第3年	—	—	
				调整（+/-）：

续表

贷款项目	1年期农业正常贷款	2年期制造业正常贷款	3年期房地产业正常贷款
到期收回金额			
新增金额			
期末余额			

表4.4　　　　　**商业银行团队第____年度不良贷款变动情况表**　单位：万元

不良贷款分类	期初余额	变动项目	增加额	减少额	期末余额
农业不良贷款		不良贷款认定			
		核销不良贷款	—		
制造业不良贷款		不良贷款认定			
		核销不良贷款	—		
房地产业不良贷款		不良贷款认定			
		核销不良贷款	—		

4.1.4　财务会计总监介绍情况

财务会计总监按照上年度业务经营状况表（见表2.1）中资产项下贷款损失准备科目的期末贷方余额，对应填写本年度业务经营状况表中资产项下贷款损失准备科目的期初贷方余额，以及盘面资产业务中心贷款损失准备分户账（见表4.12）的期初贷方余额。按照上年度业务经营状况表中所有者权益项下各科目的期末贷方余额，对应填写本年度业务经营状况表中所有者权益项下各科目的期初贷方余额，以及盘面所有者权益管理中心实收资本分户账（见表4.21）、一般风险准备分户账（见表4.22）、未分配利润分户账（见表4.20）的期初贷方余额。

财务会计总监将本年度业务经营状况表中损益核算项下利息收入、中间业务收入、营业外收入、净利润科目的期初贷方余额，以及盘面损益核算中心利息收入分户账（见表4.10）、中间业务收入分户账（见表4.14）、营业外收入分户账（见表4.16）、净利润分户账（见表4.19）的期初贷方余额全部填为0；将利息支出、业务及管理费、贷款减值损失、营业外支出、所得税科目的期初借方余额，以及损益核算中心利息支出分户账（见表4.5）、业务及管理费分户账（见表4.15）、贷款减值损失分户账（见表4.11）、营业外支出分户账（见表4.17）、所得税分户账（见表4.18）的期初借方余额全部填为0。

财务会计总监按照上年度经营指标监测表（见表2.2）中各项经营指标的期末完成值，对应填写本年度经营指标监测表中各项经营指标的期初值。分析当前本团队财务收支情况以及经营指标执行情况，结合资产负债业务的计划，预测本年度财务收支情况以及经营指标的完成情况，提出工作意见，并填写本年度业务经营计划表（见表4.2）中各损益核算项目的期末余额，以及经营指标监测表中各项经营指标的期末目标值，一并提交会议讨论研究。

1. 上年度，本团队实现各项收入共计____万元，其中利息收入____万元，占比____%；中间业务收入____万元，占比____%；营业外收入____万元，占比____%。各项支出共计____万元，其中利息支出____万元，占比____%；业务及管理费支出____万元，占比____%；贷款减值损失计提____万元，占比____%，贷款损失准备计提余额达____万元；营业外支出____万元，占比____%；所得税支出____万元，占比____%。实现净利润____万元。

2. 截至上年末，本团队所有者权益合计达____万元，比初始年增加____万元。其中，实收资本____万元，仍维持不变；一般风险准备余额____万元，符合不低于风险加权资产余额1.5%的计提标准，比初始年增加____万元；累计未分配利润达____万元，比初始年增加____万元。

3. 截至上年末本团队各项经营指标的执行情况。盈利性方面，资产利润率____%，成本收入比____%，净息差率____%，未分配利润增加值达____万元，盈利能力尚可。流动性方面，流动性比例____%，备付金率____%，存贷比____%，流动性充足。安全性方面，资本充足率____%，不良贷款率____%，拨备覆盖率____%，风险防控能力较强。业务发展能力方面，利润增长率____%，资产增长率____%，存款增长率____%，保持着良好的发展势头。

4. 预计本年度利息收入大约____万元，中间业务收入大约____万元，利息支出____万元，业务及管理费支出大约____万元。在这种情况下，根据本团队财务收支分布特点，如无意外的大额财务支出，预计各项财务收入可以覆盖各项财务支出，并有盈余。

5. 当前本团队财务收支相对平稳、所有者权益相对稳定，本年度计划以提高资产利润率为抓手，持续增加利息收入，严格控制营业外支出，确保贷款损失准备、一般风险准备足额计提，在满足监管要求的前提下，不断提高盈利水平。

4.1.5 合规管理总监提出意见

合规管理总监持本年度业务经营计划表（见表 4.2）和经营指标监测表（见表 2.2），根据负债、资产、财务会计三位业务总监对当前各项业务开展情况的分析以及工作计划，从合规管理的角度提出以下意见：

1. 合规经营是一个持续的、全覆盖的概念，需要本团队全体成员共同努力。确保各项业务依法合规地开展，严格遵守沙盘推演的各项规则，避免被"00 号"处罚。

2. 合理安排信贷投放，确保宏观审慎评估的结果为 B 档及以上。按规定比例缴存法定存款准备金。按规定开展同业资金拆借业务。按规定开展反洗钱审查并设置合规标识。严格遵守审慎经营规则和各项监管规定，确保不良贷款率、拨备覆盖率、资本充足率、流动性比例、备付金率、成本收入比、资产利润率等指标符合监测标准。按规定制作相关报表，确保报表数据的准确性和完整性，保持报表数据与沙盘盘面道具摆设情形的一致性。

3. 密切关注"00 号""88 号"发布的金融管理政策和市场管理政策，科学合理地安排各项业务的开展，以实现经营目标。

4.1.6 行长确定工作计划

本团队模拟的是中国特色社会主义市场经济体制下一家独立核算、自负盈亏的商业银行，既要抓好经营管理，也要履行好相关社会责任。同意各位总监的意见。现确定本年度业务经营计划如下：

1. 各项存款期末余额同比增长____%，达____万元，其中，活期存款期末余额达____万元，1 年定期存款期末余额达____万元，2 年定期存款期末余额达____万元，3 年定期存款期末余额达____万元。1 年期央行再贷款期末余额达____万元。

2. 根据"00 号""88 号"发布的金融管理政策和市场管理政策，尤其是宏观审慎管理的要求，本年度计划各项贷款期末余额同比增长____%，达＿＿万元左右，不良贷款期末余额不超过＿＿万元，正常贷款期末余额达＿＿万元。其中，1年期农业正常贷款期末余额达＿＿万元，2年期制造业正常贷款期末余额达＿＿万元，3年期房地产业正常贷款期末余额达＿＿万元。适度核销不良贷款，将不良贷款率控制在1%或0.5%以下，具体核销金额视推演情形再定。

3. 确保法定存款准备金足额缴存，保持合理的备付金余额，保持良好的流动性，保障经营活动所必需的各项财务支出。要将可用资金尽可能多地运用于生息能力强的资产。计划申购1年期国债＿＿万元。

4. 根据本团队流动性状况及市场资金成本，适时安排同业资金拆借业务。如果备付金充足且市场拆借利率相对较高，则安排1年期拆出资金＿＿万元；如果备付金并不充足且市场拆借利率相对较低，则安排1年期拆入资金＿＿万元。

5. 坚持依法合规经营，严格按照规则进行推演，杜绝违规行为的发生。

4.2 负债业务推演步骤

4.2.1 负债逐步到期业务

指1年定期存款、2年定期存款、3年定期存款、1年期央行再贷款、1年期同业拆入资金逐步到期。

摆放在负债业务中心"1年定期存款""2年定期存款""3年定期存款""1年期央行再贷款""1年期同业拆入资金"字样右侧的各塑料桶，每过一个年度，就要向右移动一格。负债业务总监负责移动这些塑料桶。

例如：尚有2年到期的3年定期存款，相应的塑料桶与硬币组合应摆放在"3年定期存款"字样右侧"第2年"标识处。过一个年度，则要向右移动一格，即移至"第3年"标识处。再过一个年度，则再要向右移动一格，即移至"到期"标识处。当然，摆放位置的移动不影响该存款始终为3年定期存款。

负债逐步到期业务的资金变动如图4.1所示。

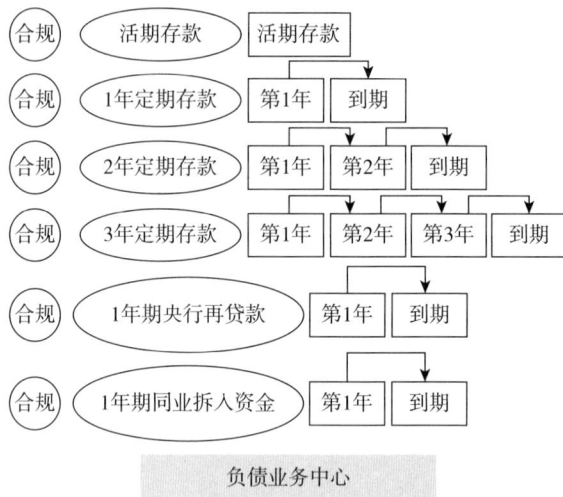

图 4.1　负债逐步到期业务的资金变动图

4.2.2　存款还本付息业务

指各项存款按年付息和 1 年定期存款、2 年定期存款、3 年定期存款到期利随本清。

第 1 步，负债业务总监用本年度业务经营状况表（见表 2.1）中活期存款科目的期初贷方余额，乘以上年度活期存款利率，计算应支付的活期存款利息。用 1 年定期存款科目的期初贷方余额，乘以上年度 1 年定期存款利率，计算应支付的 1 年定期存款利息。用 2 年定期存款科目的期初贷方余额，乘以上年度 2 年定期存款利率，计算应支付的 2 年定期存款利息。用 3 年定期存款科目的期初贷方余额，乘以上年度 3 年定期存款利率，计算应支付的 3 年定期存款利息。汇总后向财务会计总监申请利息支付。

第 2 步，财务会计总监审核后同意支付利息，从资产业务中心"准备金"字样右侧"备付金"标识处的塑料桶中取出相应数量的硬币，放入待付资金中心"待付'88 号'资金"标识处的塑料桶中，代表将各项存款的应付利息暂时存放待集中支付；并在损益核算中心"利息支出"标识处的利息支出分户账（见表 4.5）中，分别填写活期存款利息支出、1 年定期存款利息支出、2 年定期存款利息支出、3 年定期存款利息支出科目的借方发生额和期末余额。

表 4.5　　　　商业银行团队第＿＿年度利息支出分户账　　单位：万元

科目	期初余额		本期发生额		期末余额	
	借方	贷方	借方	贷方	借方	贷方
活期存款利息支出	—	—	—	—	—	—
1 年定期存款利息支出	—	—	—	—	—	—
2 年定期存款利息支出	—	—	—	—	—	—
3 年定期存款利息支出	—	—	—	—	—	—
1 年期央行再贷款利息支出	—	—	—	—	—	—
1 年期同业拆入资金利息支出	—	—	—	—	—	—
利息支出合计	—	—	—	—	—	—

第 3 步，负债业务总监从负债业务中心"1 年定期存款"字样右侧"到期"标识处的塑料桶中取出全部硬币，放入待付资金中心"待付'88 号'资金"标识处的塑料桶中，代表将到期的 1 年定期存款的本金暂时存放待集中支付，并将空出的塑料桶置于其左侧"第 1 年"标识处，代表等待新增 1 年定期存款的存放。从"2 年定期存款"字样右侧"到期"标识处的塑料桶中取出全部硬币，放入"待付'88 号'资金"标识处的塑料桶中，代表将到期的 2 年定期存款的本金暂时存放待集中支付，并将空出的塑料桶置于其左侧"第 1 年"标识处，代表等待新增 2 年定期存款的存放。从"3 年定期存款"字样右侧"到期"标识处的塑料桶中取出全部硬币，放入"待付'88 号'资金"标识处的塑料桶中，代表将到期的 3 年定期存款的本金暂时存放待集中支付，并将空出的塑料桶置于其左侧"第 1 年"标识处，代表等待新增 3 年定期存款的存放。

第 4 步，负债业务总监从"待付'88 号'资金"标识处的塑料桶中取出全部硬币，凭本年度存款结构变动情况表（见表 4.1）和利息支出分户账，请"88 号"对活期存款的应付利息和 1 年定期存款、2 年定期存款、3 年定期存款的应付本息进行复核。经复核一致，负债业务总监将硬币交给"88 号"，代表向市场资金供给者支付了活期存款的利息和 1 年定期存款、2 年定期存款、3 年定期存款的本息。

第 5 步，根据上述推演结果，财务会计总监在本年度备付金收支登记表（见表 4.6）中登记存款还本付息项下备付金支出金额；负债业务总监填写本年度业务经营状况表中活期存款、1 年定期存款、2 年定期存款、3 年定期存款科目的借方发生额，以及各项存款科目的借方发生额。

表 4.6 _____商业银行团队第____年度备付金收支登记表 单位：万元

收支顺序	收支项目	收入金额	支出金额
1	存款还本付息项下，备付金支出	—	
2	1 年期央行再贷款还本付息项下，备付金支出	—	
3	1 年期同业拆入资金还本付息项下，备付金支出	—	
4	备付金余额调整项下，备付金收入或支出		
5	法定存款准备金缴存项下，备付金收入或支出		
6	准备金收利息项下，备付金收入		—
7	贷款收回本息项下，备付金收入		—
8	新增贷款项下，备付金支出	—	
9	1 年期国债投资收回本息项下，备付金收入		—
10	新增 1 年期国债投资项下，备付金支出	—	
11	1 年期同业拆出资金收回本息项下，备付金收入		—
12	新增 1 年期同业拆出资金项下，备付金支出	—	
13	中间业务收入项下，备付金收入		—
14	业务及管理费项下，备付金支出	—	
15	营业外收入项下，备付金收入		—
16	营业外支出项下，备付金支出	—	
17	缴纳所得税项下，备付金支出	—	
合计	——		

存款还本付息业务的资金变动如图 4.2 所示。

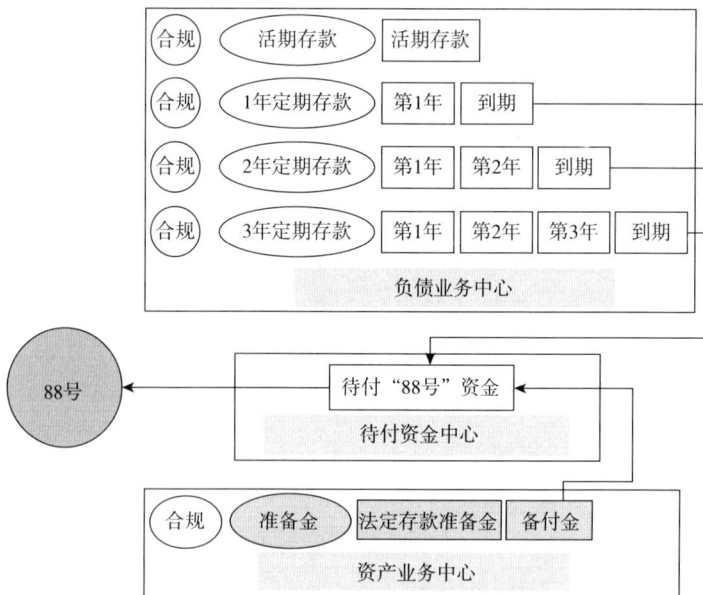

图 4.2 存款还本付息业务的资金变动图

4.2.3　新增存款业务

指新增活期存款和 1 年定期存款、2 年定期存款、3 年定期存款。

第 1 步，负债业务总监用本年度业务经营计划表（见表 4.2）中活期存款、1 年定期存款、2 年定期存款、3 年定期存款项目的期末余额合计数，减去本年度业务经营状况表（见表 2.1）中各项存款科目的期初贷方余额，再加上借方发生额，得出新增存款的需求数并到"88 号"登记。

第 2 步，"88 号"根据"00 号"提供的市场各项存款上年末余额[①]、本年度预测增长比例以及各团队上年度各项贷款新增金额、业务及管理费支出金额，结合各团队本年度新增存款需求数，经沙盘推演应用程序运算，生成各团队本年度各项存款新增金额总量，再按该金额向各团队交付相应数量的硬币。

第 3 步，负债业务总监从"88 号"领取相应数量的硬币，提请合规管理总监进行反洗钱审查。合规管理总监向全体人员介绍反洗钱工作相关规定：根据《反洗钱法》及相关规定，我国商业银行要按规定做好客户身份识别、客户身份资料及交易记录保存、大额和可疑交易报告等工作，防止洗钱分子通过金融体系进行洗钱活动。审查通过后，将 4 个合规标识交给负债业务总监。

第 4 步，负债业务总监参照存款计划，从领回的硬币中取出相应数量的硬币，放入负债业务中心"活期存款"字样右侧"活期存款"标识处的塑料桶中，代表新增活期存款，再将 1 个合规标识置于其左侧的合规标识处，代表开展了活期存款的反洗钱审查工作。取出相应数量的硬币，放入"1 年定期存款"字样右侧"第 1 年"标识处的塑料桶中，代表新增 1 年定期存款，再将 1 个合规标识置于其左侧的合规标识处，代表开展了 1 年定期存款的反洗钱审查工作。取出相应数量的硬币，放入"2 年定期存款"字样右侧"第 1 年"标识处的塑料桶中，代表新增 2 年定期存款，再将 1 个合规标识置于其左侧的合规标识处，代表开展了 2 年定期存款的反洗钱审查工作。取出相应

---

① 市场各项存款上年末余额，指各团队上年末各项存款余额的汇总数，代表上年末市场存款总量。

数量的硬币，放入"3年定期存款"字样右侧"第1年"标识处的塑料桶中，代表新增3年定期存款，再将1个合规标识置于其左侧的合规标识处，代表开展了3年定期存款的反洗钱审查工作。

第5步，根据上述推演结果，负债业务总监在本年度存款结构变动情况表（见表4.1）中填写活期存款、1年定期存款、2年定期存款、3年定期存款项目的新增金额和期末余额，并填写本年度业务经营状况表中活期存款、1年定期存款、2年定期存款、3年定期存款科目的贷方发生额和期末余额，以及各项存款科目的贷方发生额和期末余额。

新增存款业务的资金变动如图4.3所示。

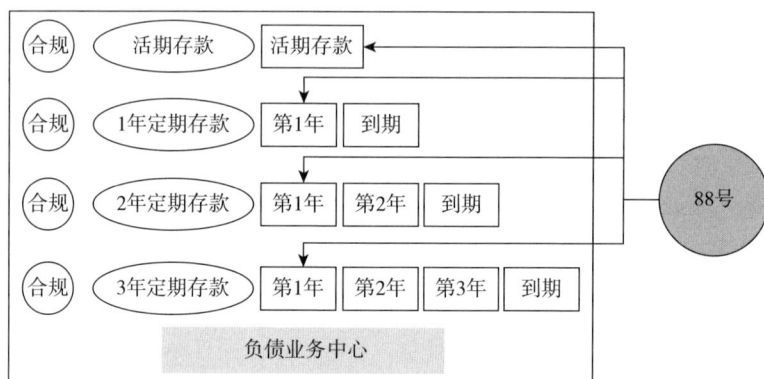

图4.3　新增存款业务的资金变动图

4.2.4　再贷款还本付息业务

指借入的1年期央行再贷款到期还本付息。

第1步，负债业务总监用本年度业务经营状况表（见表2.1）中1年期央行再贷款科目的期初贷方余额，乘以上年度再贷款利率，计算应支付的再贷款利息，向财务会计总监申请利息支付。

第2步，财务会计总监审核后同意支付利息，从资产业务中心"准备金"字样右侧"备付金"标识处的塑料桶中取出相应数量的硬币，放入待付资金中心"待付'00号'资金"标识处的塑料桶中，代表将1年期央行再贷款的应付利息暂时存放待集中支付；并在损益核算中心"利息支出"标识处的利息支出分户账（见表4.5）中，填写1年期央行再贷款利息支出科目的借方发生额和期末余额。

第3步，负债业务总监从负债业务中心"1年期央行再贷款"字样右侧"到期"标识处的塑料桶中取出全部硬币，放入"待付'00号'资金"标识处的塑料桶中，代表将1年期央行再贷款的本金暂时存放待集中支付；并将空出的塑料桶置于其左侧"第1年"标识处，代表等待新增央行再贷款的存放。

第4步，负债业务总监从"待付'00号'资金"标识处的塑料桶中取出全部硬币，持本年度业务经营状况表和利息支出分户账，请"00号"对到期的1年期央行再贷款的本金和应付利息进行复核。经复核一致，负债业务总监将硬币交给"00号"，代表向中央银行支付了再贷款本息。

第5步，根据上述推演结果，财务会计总监在本年度备付金收支登记表（见表4.6）中，登记1年期央行再贷款还本付息项下备付金支出金额；负债业务总监填写本年度业务经营状况表中1年期央行再贷款科目的借方发生额。

再贷款还本付息业务的资金变动如图4.4所示。

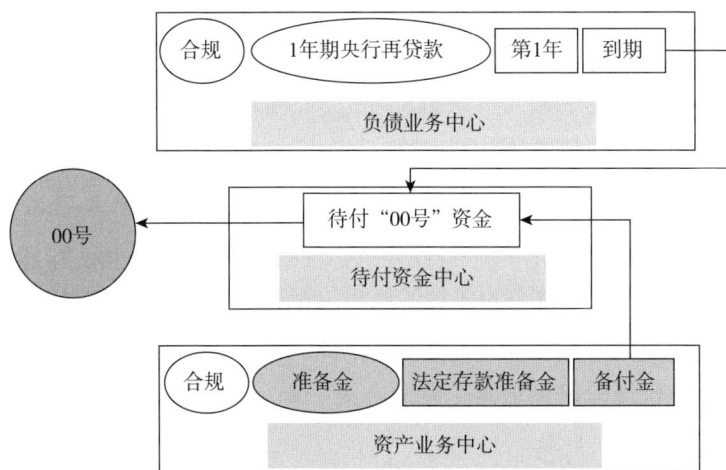

图4.4 再贷款还本付息业务的资金变动图

4.2.5 新增再贷款业务

指新增 1 年期央行再贷款。

第 1 步，负债业务总监统计上年末涉农贷款余额，计算涉农贷款占比。根据推演规则，如果占比大于 50%，则用本年度业务经营计划表（见表 4.2）中 1 年期央行再贷款项目的期末余额，减去本年度业务经营状况表（见表 2.1）中 1 年期央行再贷款科目的期初贷方余额，再加上借方发生额，得出拟申请的再贷款金额，持再贷款申请表（见表 4.7）向"00 号"申请 1 年期央行再贷款。"00 号"审查同意后，将相应数量的硬币交给负债业务总监，代表发放了 1 年期央行再贷款。

表 4.7　　　　　　　　　商业银行团队再贷款申请表

申请团队填写	申请团队	_____团队	申请时间	第___年度
	申请金额	_____万元	行长签字	
"00 号"填写	发放再贷款	发放 1 年期央行再贷款_____万元，第___年度到期。		
				"00 号"签字：

第 2 步，负债业务总监领取硬币后，提请合规管理总监进行合规审查。合规管理总监向全体人员介绍有关再贷款管理的相关规定：再贷款是中央银行为了实现货币政策目标向金融机构发放的贷款，遵循"限额控制、循环使用、结构引导、流动性调节"的原则，通过调整再贷款总量和利率，调节基础货币总量，引导金融机构向特定领域发放贷款，以调整优化信贷结构。审查通过后，将 1 个合规标识交给负债业务总监。

第 3 步，负债业务总监将领回的硬币全部放入负债业务中心"1 年期央行再贷款"字样右侧"第 1 年"标识处的塑料桶中，代表新增 1 年期央行再贷款；并将 1 个合规标识置于其左侧的合规标识处，代表开展了央行再贷款的合规审查工作。

第 4 步，根据上述推演结果，负债业务总监填写本年度业务经营状况表中 1 年期央行再贷款科目的贷方发生额和期末余额。

新增再贷款业务的资金变动如图 4.5 所示。

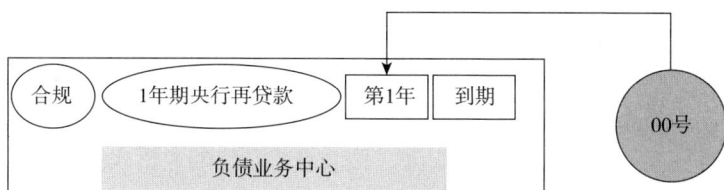

图 4.5　新增再贷款业务的资金变动图

4.2.6　拆入资金还本付息业务

指 1 年期同业拆入资金到期还本付息。

第 1 步，负债业务总监结合本年度业务经营状况表（见表 2.1）中 1 年期同业拆入资金科目的期初贷方余额，用上年度同业拆借资金登记表（见表4.8）中登记的拆入资金金额，对应乘以上年度商定的拆借资金利率，计算应支付的 1 年期同业拆入资金的利息，向财务会计总监申请利息支付。

表4.8　　　　　　商业银行团队第＿＿＿年度同业拆借资金登记表　　单位：万元

	顺序号	拆入金额	利率	拆出团队
拆入资金	1			
	2			
	…			
	总金额			
	顺序号	拆出金额	利率	拆入团队
拆出资金	1			
	2			
	…			
	总金额			

第 2 步，财务会计总监审核后同意支付利息，从资产业务中心"准备金"字样右侧"备付金"标识处的塑料桶中取出相应数量的硬币，放入待付资金中心"待付同业资金"标识处的塑料桶中，代表将 1 年期同业拆入资金的应付利息暂时存放待集中支付；并在损益核算中心"利息支出"标识处的利息支出分户账（见表4.5）中，填写 1 年期同业拆入资金利息支出科目的借方发生额和期末余额。

第3步，负债业务总监从负债业务中心"1年期同业拆入资金"字样右侧"到期"标识处的塑料桶中取出全部硬币，放入"待付同业资金"标识处的塑料桶中，代表将1年期同业拆入资金的本金暂时存放待集中支付；并将空出的塑料桶置于其左侧"第1年"标识处，代表等待新增同业拆入资金的存放。

第4步，负债业务总监从"待付同业资金"标识处的塑料桶中取出全部硬币，凭上年度同业拆借资金登记表，逐笔请拆出资金团队资产业务总监对到期的1年期拆入资金的本金和应付利息进行复核。经复核一致，负债业务总监将相应数量的硬币对应交给拆出资金团队的资产业务总监。拆出资金团队资产业务总监取出对应的上年度同业拆借资金借据（见表4.9），交还给负债业务总监，代表资金拆借双方完成了拆借资金本息的归还。

第5步，根据上述推演结果，财务会计总监在本年度备付金收支登记表（见表4.6）中，登记1年期同业拆入资金还本付息项下备付金支出金额；负债业务总监在本年度业务经营状况表中，填写1年期同业拆入资金科目的借方发生额。

表4.9 　　　　　　　　商业银行团队同业拆借资金借据　　　　　单位：万元

拆入资金团队	_____团队	拆出资金团队	_____团队
拆借资金金额		拆借利率	
拆借起始时间	第____年度起，第____年度止。		
拆入资金团队行长签字：			

拆入资金还本付息业务的资金变动如图4.6所示。

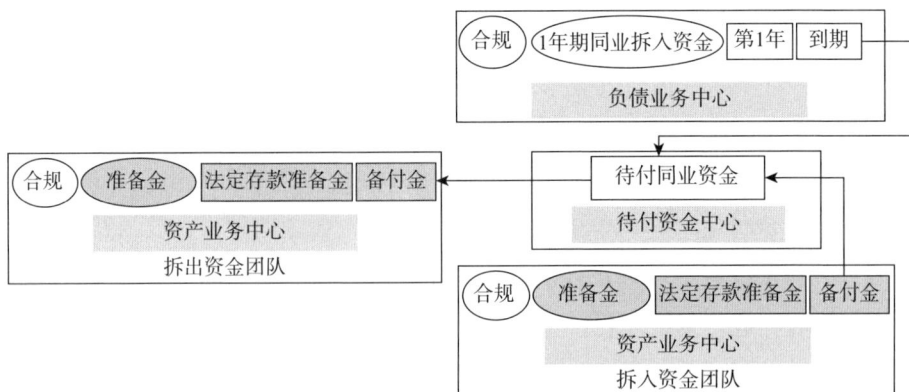

图4.6 拆入资金还本付息业务的资金变动图

4.2.7　新增同业拆入资金业务

指新增 1 年期同业拆入资金。

第 1 步，负债业务总监用本年度业务经营计划表（见表 4.2）中 1 年期同业拆入资金项目的期末余额，减去本年度业务经营状况表（见表 2.1）中 1 年期同业拆入资金科目的期初贷方余额，再加上借方发生额，得出拟拆入的资金金额，在"00 号"限定的时间内，通过拆借资金业务微信群，与拆出资金团队的资产业务总监洽谈拆借资金金额和利率，并制作同业拆借资金借据（见表 4.9）。

第 2 步，负债业务总监将同业拆借资金借据交给拆出资金团队资产业务总监。拆出资金团队资产业务总监将相应数量的硬币交给负债业务总监，代表资金拆借双方拆借资金的交付。

第 3 步，负债业务总监提请合规管理总监进行合规审查。合规管理总监向全体人员介绍同业拆借资金管理的相关规定：同业拆借是金融机构经中央银行批准，通过全国统一的银行间同业拆借市场进行的无担保资金融通行为，同业拆借交易遵循公平自愿、诚信自律、风险自担的原则，实施限额管理，在符合相关规定的前提下，同业拆借的资金量、期限、利率由交易双方商定。审查通过后，将 1 个合规标识交给负债业务总监。

第 4 步，负债业务总监将取得的硬币放入负债业务中心"1 年期同业拆入资金"字样右侧"第 1 年"标识处的塑料桶中，代表新增了 1 年期同业拆入资金；并将 1 个合规标识置于其左侧的合规标识处，代表开展了同业拆入资金的合规审查工作。

第 5 步，根据上述推演结果，负债业务总监在本年度同业拆借资金登记表（见表 4.8）中逐笔登记拆入金额、利率以及拆出团队，并汇总共拆入的同业资金，再填写本年度业务经营状况表中 1 年期同业拆入资金科目的贷方发生额和期末余额。

新增同业拆入资金业务的资金变动如图 4.7 所示。

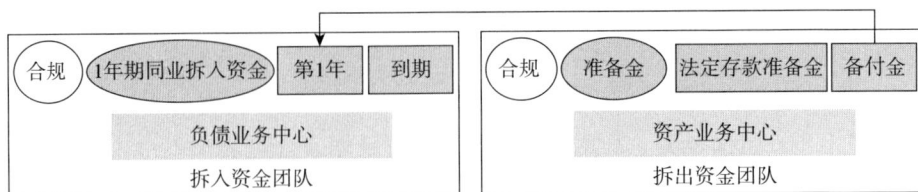

图 4.7　新增同业拆入资金业务的资金变动图

4.2.8　负债科目数据试算平衡

指对本年度业务经营状况表中负债项下各科目数据试算平衡。

第 1 步，负债业务总监汇总填写本年度业务经营状况表中各项负债科目的借方发生额、贷方发生额和期末贷方余额。

第 2 步，负债业务总监分别计算活期存款、1 年定期存款、2 年定期存款、3 年定期存款科目的期初贷方余额、借方发生额、贷方发生额、期末贷方余额的汇总数，与各项存款科目的期初贷方余额、借方发生额、贷方发生额、期末贷方余额进行核对，确保一致。用公式表示为：各项存款 = 活期存款 +1 年定期存款 +2 年定期存款 +3 年定期存款。

第 3 步，负债业务总监分别计算各项存款、1 年期央行再贷款、1 年期同业拆入资金科目的期初贷方余额、借方发生额、贷方发生额、期末贷方余额的汇总数，与各项负债科目的期初贷方余额、借方发生额、贷方发生额、期末贷方余额进行核对，确保一致。用公式表示为：各项负债 = 各项存款 +1 年期央行再贷款 +1 年期同业拆入资金。

第 4 步，负债业务总监分别用各项负债、各项存款、活期存款、1 年定期存款、2 年定期存款、3 年定期存款、1 年期央行再贷款、1 年期同业拆入资金科目的期初贷方余额，减去各自借方发生额，再加上各自贷方发生额，与各自期末贷方余额进行核对，确保一致。用公式表示为：期末贷方余额 = 期初贷方余额 − 借方发生额 + 贷方发生额。

4.3 资产业务推演步骤

4.3.1 备付金余额调整业务

上一节推演负债业务中，相关负债项目余额发生了变化，但未相应调整相关资产项目余额，可能造成资产负债关系不平衡。本教程设定，资产业务总监在各项负债业务推演完成以后，要相应调整备付金余额，以维系资产负债平衡。

第 1 步，资产业务总监用本年度业务经营状况表（见表 2.1）中各项负债科目的贷方期末余额，与期初余额进行比较，计算出轧差数，作为本年度备付金余额应调增或调减的金额，并持本年度业务经营状况表，请"00 号"进行复核。

第 2 步，经复核正确，如果期末余额大于期初余额，则应调增备付金余额，资产业务总监按照轧差数从"00 号"领取相应数量的硬币，放入资产业务中心"准备金"字样右侧"备付金"标识处的塑料桶中。如果小于期初余额，则应调减备付金余额，资产业务总监按照轧差数从"备付金"标识处的塑料桶中，取出相应数量的硬币交给"00 号"。如果两者相等，则说明资产负债关系已平衡，无须调增或调减备付金余额。

第 3 步，根据上述推演结果，财务会计总监在本年度备付金收支登记表（见表 4.6）中，登记备付金余额调整项下备付金收入或支出金额。

备付金余额调整业务的资金变动如图 4.8 所示。

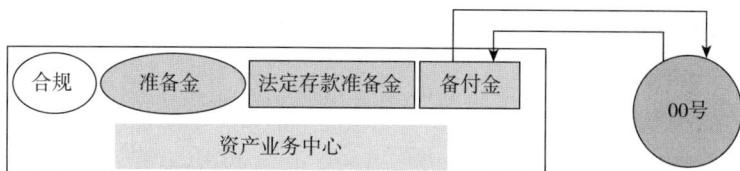

图 4.8 备付金余额调整业务的资金变动图

4.3.2　法定存款准备金缴存业务

指缴存法定存款准备金。

第1步，资产业务总监用本年度业务经营状况表（见表2.1）中各项存款科目的期末贷方余额，乘以本年度法定存款准备金率，计算应缴存的法定存款准备金金额，提请合规管理总监进行审核。合规管理总监介绍有关法定存款准备金管理的相关规定：中央银行规定银行业金融机构必须按照法定存款准备金率，将吸收存款的一部分缴存中央银行；央行通过提高或降低法定存款准备金率，控制银行业金融机构创造存款货币的能力，借以调节货币供应量。审核通过后，将1个合规标识交给资产业务总监。

第2步，资产业务总监用本年度业务经营状况表中法定存款准备金科目的期初借方余额，与本年度应缴存法定存款准备金金额进行比较，计算出应调增或调减金额。

第3步，如果应缴存金额大于法定存款准备金科目的期初借方余额，则应调增缴存金额。资产业务总监从资产业务中心"准备金"字样右侧"备付金"标识处的塑料桶中取出相应数量的硬币，放入其左侧"法定存款准备金"标识处的塑料桶中，代表法定存款准备金缴存增加。如果小于期初借方余额，则应调减缴存金额。资产业务总监从"法定存款准备金"标识处的塑料桶中取出相应数量的硬币，放入其右侧"备付金"标识处的塑料桶中，代表法定存款准备金缴存减少。如果两者相等，代表已足额缴存法定存款准备金，无须调增或调减。

如果已足额缴存法定存款准备金，资产业务总监将1个合规标识置于"准备金"字样左侧的合规标识处，代表开展了法定存款准备金缴存业务的合规审查工作。如果将"备付金"标识处塑料桶中的硬币，全部取出并放入"法定存款准备金"标识处的塑料桶中，仍不能足额缴存法定存款准备金，说明已发生法定存款准备金欠缴的违规行为，则由行长及时报告"00号"，接受处罚，并继续推演后续业务。待推演"4.3.11 同业拆出资金收回本息业务"后，再从"备付金"标识处的塑料桶中取出相应数量的硬币，放入"法定存款准备金"标识处的塑料桶中，以保证法定存款准备金的足额缴存。

第 4 步，根据上述推演结果，财务会计总监在本年度备付金收支登记表（见表 4.6）中登记法定存款准备金缴存项下备付金收入或支出金额。

第 5 步，如果调增了法定存款准备金，资产业务总监填写本年度业务经营状况表中法定存款准备金科目的借方发生额和期末余额，并将贷方发生额填为 0。如果调减了法定存款准备金，资产业务总监填写法定存款准备金科目的贷方发生额和期末借方余额，并将借方发生额填为 0。

法定存款准备金调整业务的资金变动如图 4.9 所示。

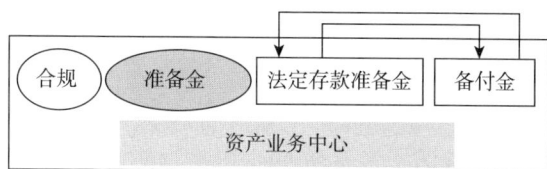

图 4.9　法定存款准备金调整业务的资金变动图

4.3.3　准备金计收利息业务

指缴存的法定存款准备金和备付金计收利息。

第 1 步，资产业务总监用本年度业务经营状况表（见表 2.1）中法定存款准备金科目的期初借方余额，乘以上年度法定存款准备金利率，计算法定存款准备金的应收利息；用备付金科目的期初借方余额，乘以上年度备付金利率，计算备付金的应收利息。汇总后提请财务会计总监审核。

第 2 步，财务会计总监审核确认后，持本年度业务经营状况表，请"00 号"进行复核。经复核正确，从"00 号"领取相应数量的硬币，带回后放入资产业务中心"准备金"字样右侧"备付金"标识处的塑料桶中，代表收到了法定存款准备金和备付金的应收利息。

第 3 步，根据上述推演结果，财务会计总监在损益核算中心"利息收入"标识处的利息收入分户账（见表 4.10）中，分别填写法定存款准备金利息收入、备付金利息收入科目的贷方发生额和期末余额，并在本年度备付金收支登记表（见表 4.6）中登记准备金计收利息项下备付金收入金额。

表 4.10　　　　　　　商业银行团队第____年度利息收入分户账　　单位：万元

科目	期初余额		本期发生额		期末余额	
	借方	贷方	借方	贷方	借方	贷方
法定存款准备金利息收入	—	—	—	—	—	—
备付金利息收入	—	—	—	—	—	—
1 年期农业正常贷款利息收入	—	—	—	—	—	—
2 年期制造业正常贷款利息收入	—	—	—	—	—	—
3 年期房地产业正常贷款利息收入	—	—	—	—	—	—
1 年期国债投资利息收入	—	—	—	—	—	—
1 年期同业拆出资金利息收入	—	—	—	—	—	—
利息收入合计						

准备金计收利息业务的资金变动如图 4.10 所示。

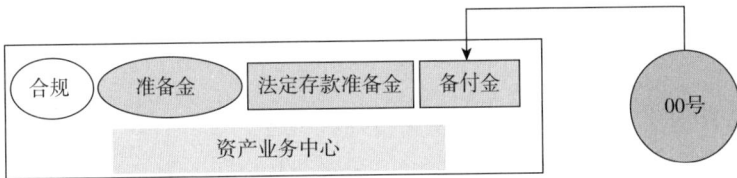

图 4.10　准备金计收利息业务的资金变动图

4.3.4　不良贷款认定业务

指对农业贷款、制造业贷款、房地产业贷款中的不良贷款进行重新认定。

第 1 步，资产业务总监用本年度业务经营状况表（见表 2.1）中 1 年期农业正常贷款、农业不良贷款科目的期初借方余额之和，乘以本年度农业贷款不良率，计算农业贷款中的不良贷款金额。用 2 年期制造业正常贷款、制造业不良贷款科目的期初借方余额之和，乘以本年度制造业贷款不良率，计算制造业贷款中的不良贷款金额。用 3 年期房地产业正常贷款、房地产业不良贷款科目的期初借方余额之和，乘以本年度房地产业贷款不良率，计算房地产业贷款中的不良贷款金额。

第 2 步，资产业务总监用本年度不良贷款变动情况表（见表 4.4）中农业不良贷款的期初余额，与计算出的农业贷款中的不良贷款金额做比较。如果后者大于前者，则按照轧差额填写不良贷款认定项下的增加额，将减少额填写为 0，并在正常贷款结构变动情况表（见表 4.3）中 1 年期农业正常贷款的调整项填写减少该金额；再从资产业务中心"1 年期农业正常贷款"字样右侧"第 1 年"标识处的塑料桶中，按照轧差额取出相应数量的硬币，放入"不良贷款"字样右侧"农业不良贷款"标识处的塑料桶中，代表经重新认定，部分农业正常贷款转化为不良贷款，导致农业不良贷款增加。

如果后者小于前者，资产业务总监按照轧差额填写不良贷款变动情况表中不良贷款认定项下的减少额，将增加额填写为 0，并在正常贷款结构变动情况表中 1 年期农业正常贷款的调整项填写增加该金额；再从资产业务中心"不良贷款"字样右侧"农业不良贷款"标识处的塑料桶中，按照轧差额取出相应数量的硬币，放入"1 年期农业正常贷款"字样右侧"第 1 年"标识处的塑料桶中，代表经重新认定，部分农业不良贷款转化为正常贷款，导致农业不良贷款减少。如果两者相等，资产业务总监即认定农业不良贷款余额不变。

第 3 步，资产业务总监用本年度不良贷款变动情况表中制造业不良贷款的期初余额，与计算出的制造业贷款中的不良贷款金额做比较。如果后者大于前者，则按照轧差额填写不良贷款认定项下的增加额，将减少额填写为 0，并在正常贷款结构变动情况表中 2 年期制造业正常贷款的调整项填写减少该金额；再从资产业务中心"2 年期制造业正常贷款"字样右侧"第 2 年"标识处的塑料桶中，按照轧差额取出相应数量的硬币，放入"不良贷款"字样右侧"制造业不良贷款"标识处的塑料桶中，代表经重新认定，部分制造业正常贷款转化为不良贷款，导致制造业不良贷款增加。

如果后者小于前者，资产业务总监按照轧差额填写不良贷款变动情况表中不良贷款认定项下的减少额，将增加额填写为 0，并在正常贷款结构变动情况表中 2 年期制造业正常贷款的调整项填写增加该金额；再从资产业务中心"不良贷款"字样右侧"制造业不良贷款"标识处的塑料桶中，按照轧差额取出相应数量的硬币，放入"2 年期制造业正常贷款"字样右侧"第 2 年"

标识处的塑料桶中，代表经重新认定，部分制造业不良贷款转化为正常贷款，导致制造业不良贷款减少。如果两者相等，资产业务总监即认定制造业不良贷款余额不变。

第4步，资产业务总监用本年度不良贷款变动情况表中房地产业不良贷款的期初余额，与计算出的房地产业贷款中的不良贷款金额做比较。如果后者大于前者，则按照轧差额填写不良贷款认定项下的增加额，将减少额填写为0，并在正常贷款结构变动情况表中3年期房地产业正常贷款的调整项填写减少该金额；再从资产业务中心"3年期房地产业正常贷款"字样右侧"第3年"标识处的塑料桶中，按照轧差额取出相应数量的硬币，放入"不良贷款"字样右侧"房地产业不良贷款"标识处的塑料桶中，代表经重新认定，部分房地产业正常贷款转化为不良贷款，导致房地产业不良贷款增加。

如果后者小于前者，资产业务总监按照轧差额填写不良贷款变动情况表中不良贷款认定项下的减少额，将增加额填写为0，并在正常贷款结构变动情况表中3年期房地产业正常贷款的调整项填写增加该金额；再从资产业务中心"不良贷款"字样右侧"房地产业不良贷款"标识处的塑料桶中，按照轧差额取出相应数量的硬币，放入"3年期房地产业正常贷款"字样右侧"第3年"标识处的塑料桶中，代表经重新认定，部分房地产业不良贷款转化为正常贷款，导致房地产业不良贷款减少。如果两者相等，资产业务总监即认定房地产业不良贷款余额不变。

第5步，资产业务总监提请合规管理总监对不良贷款认定业务进行合规审查。合规管理总监向全体人员介绍关于不良贷款的管理规定：商业银行次级类、可疑类和损失类贷款均为不良贷款；商业银行要真实、准确、客观地统计和反映不良贷款情况，依法合规地管理和处置不良贷款，按照贷款损失程度对不良贷款提取风险准备，对形成的不良贷款落实责任认定和追究。审查通过后，合规管理总监说明，待不良贷款核销业务审查通过后，再交付1个合规标识。

不良贷款认定业务的资金变动如图4.11所示。

4.3.5　贷款损失准备计提业务

指为应对不良贷款的损失，足额计提贷款损失准备。

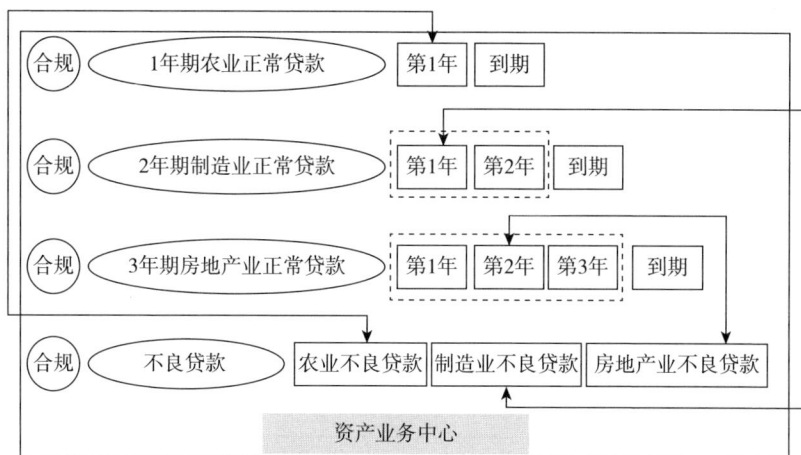

图 4.11　不良贷款认定业务的资金变动图

第 1 步，基于不良贷款认定结果，资产业务总监根据本年度贷款投放计划以及期末不良贷款率不得超过 1% 或 0.5% 的推演规则，推算应核销的不良贷款金额以及核销后的不良贷款期末余额。

第 2 步，资产业务总监根据推算的不良贷款期末余额，按照不少于 150% 的比例，计算本年度贷款损失准备的应计提余额，加上应核销的不良贷款金额，与本年度业务经营状况表（见表 2.1）中贷款损失准备科目的期初贷方余额做比较。如果前者大于后者，代表贷款损失准备应增加计提。如果前者小于后者或者两者相等，代表贷款损失准备已足额计提。资产业务总监提请合规管理总监进行合规审查，并提请财务会计总监审核。

第 3 步，合规管理总监向全体人员介绍贷款损失准备计提的相关规定：根据中国银保监会相关规定，贷款损失准备是商业银行计提的从成本中列支、用以抵御贷款风险的准备金，不包括从利润分配中计提的一般风险准备；当期应计提的贷款损失准备，为期末贷款的账面价值与其预计未来可收回金额的现值之间的差额；不承担风险的委托贷款等不计提贷款损失准备。审查通过后，将 1 个合规标识交给财务会计总监。

第 4 步，经审核同意，如果贷款损失准备计提应增加，财务会计总监在损益核算中心"贷款减值损失"标识处的贷款减值损失分户账（见表 4.11）中，按照应增加金额填写借方发生额和期末余额，并在资产业务中心"贷款损失准备"标识处的贷款损失准备分户账（见表 4.12）中填写贷方发生额。如果贷款损失准备已足额计提，财务会计总监将贷款减值损失分户账的借方发生额、期末余额以及贷款损失准备分户账的贷方发生额均填写为 0。再将 1个合规标识置于"贷款损失准备"标识左侧的合规标识处，代表对贷款损失准备计提业务进行了合规审查。

第 5 步，根据上述推演结果，财务会计总监填写本年度业务经营状况表中贷款减值损失科目的借方发生额和期末余额，以及贷款损失准备科目的贷方发生额。

表 4.11　　　　　　　商业银行团队第____年度贷款减值损失分户账　　单位：万元

科目	期初余额		本期发生额		期末余额	
	借方	贷方	借方	贷方	借方	贷方
贷款减值损失		—		—		—

表 4.12　　　　　　　商业银行团队第____年度贷款损失准备分户账　　单位：万元

科目	期初余额		本期发生额		期末余额	
	借方	贷方	借方	贷方	借方	贷方
贷款损失准备	—				—	

4.3.6　不良贷款核销

根据推演规则，各团队推演期间不良贷款率不得超过 1%，推演结束时不良贷款率不得超过 0.5%。

第 1 步，财务会计总监将资产业务总监推算的本年度应核销的不良贷款金额，报告行长并提请合规管理总监进行合规审查。审查通过后，合规管理总监将 1 个合规标识交给财务会计总监。

第 2 步，经行长同意后，财务会计总监和资产业务总监共同研究确定农业不良贷款、制造业不良贷款、房地产业不良贷款的核销金额。资产业务总监在本年度不良贷款变动情况表（见表 4.4）中，分别填写农业不良贷款、制造业不良贷款、房地产业不良贷款核销不良贷款项下的减少金额；并按照核销总金额，在资产业务中心"贷款损失准备"标识处的贷款损失准备分户账（见表 4.12）中填写借方发生额，再计算填写贷方期末余额。

第 3 步，资产业务总监按照研究确定的农业不良贷款、制造业不良贷款、房地产业不良贷款的核销金额，分别从资产业务中心"不良贷款"字样右侧"农业不良贷款""制造业不良贷款""房地产业不良贷款"标识处的塑料桶中，取出相应数量的硬币，连同本年度不良贷款变动情况表和贷款损失准备分户账，一并提请"00 号"审核。经审核确认，将全部硬币交给"00 号"，代表用贷款损失准备核销了不良贷款。

第 4 步，资产业务总监汇总本年度不良贷款变动情况表中农业不良贷款的增加金额、减少金额，计算填写期末余额，并按照增加金额填写本年度业务经营状况表（见表 2.1）中农业不良贷款科目的借方发生额，按照减少金额填写贷方发生额，再填写借方期末余额。汇总制造业不良贷款的增加金额、减少金额，计算填写期末余额，并按照增加金额填写制造业不良贷款科目的借方发生额，按照减少金额填写贷方发生额，再填写借方期末余额。汇总房地产业不良贷款的增加金额、减少金额，计算填写期末余额，并按照增加金额填写房地产业不良贷款科目的借方发生额，按照减少金额填写贷方发生额，再填写借方期末余额。最后，计算填写不良贷款科目的借方发生额、贷方发生额和期末借方余额。

第 5 步，财务会计总监按照不良贷款核销总额，填写本年度业务经营状况表中贷款损失准备科目的借方发生额，并计算填写期末贷方余额。再将 1 个合规标识置于资产业务中心"不良贷款"字样左侧的合规标识处，代表对不良贷款的认定业务和核销业务进行了合规审查。

不良贷款核销业务的资金变动如图 4.12 所示。

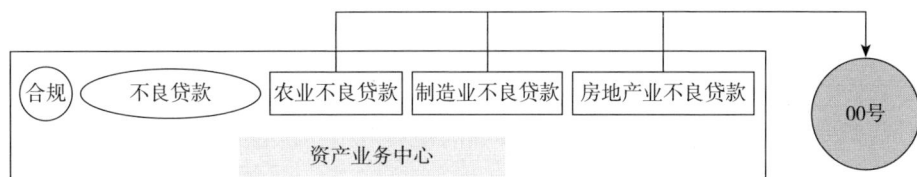

图 4.12　不良贷款核销业务的资金变动图

4.3.7 贷款收回本息业务

指 1 年期农业正常贷款、2 年期制造业正常贷款、3 年期房地产业正常贷款按年结息和到期利随本清业务。

第 1 步，资产业务总监用本年度正常贷款结构变动情况表（见表 4.3）中 1 年期农业正常贷款的期初余额，加上调整金额，再乘以上年度农业贷款利率，计算农业贷款的应收利息。用 2 年期制造业正常贷款的期初余额，加上调整金额，再乘以上年度制造业贷款利率，计算制造业贷款的应收利息。用 3 年期房地产业正常贷款的期初余额，加上调整金额，再乘以上年度房地产业贷款利率，计算房地产业贷款的应收利息。汇总得出各项贷款的应收利息，提请财务会计总监审核。

第 2 步，财务会计总监审核确认后，持本年度正常贷款结构变动情况表，请"88 号"复核。经复核无误，从"88 号"领取相应数量的硬币，放入资产业务中心"准备金"字样右侧"备付金"标识处的塑料桶中，代表收到各项贷款的利息；并在损益核算中心"利息收入"标识处的利息收入分户账（见表 4.10）中，填写 1 年期农业正常贷款利息收入、2 年期制造业正常贷款利息收入、3 年期房地产业正常贷款利息收入科目的贷方发生额和期末余额。

第 3 步，资产业务总监将摆放在资产业务中心"1 年期农业正常贷款""2 年期制造业正常贷款""3 年期房地产业正常贷款"字样右侧的各塑料桶，向右移动一格。

第 4 步，资产业务总监用本年度正常贷款结构变动情况表中 1 年期农业正常贷款的第 1 年金额，加上调整金额，计算填写 1 年期农业正常贷款的到期收回金额，并与资产业务中心"1 年期农业正常贷款"字样右侧"到期"标识处塑料桶中的硬币数量进行核对。核对一致后，取出全部硬币并放入"准备金"字样右侧"备付金"标识处的塑料桶中，代表收回到期的 1 年期农业正常贷款本金，再将该塑料桶置于其左侧的"第 1 年"标识处，代表等待新增 1 年期农业正常贷款的发放。

第 5 步，资产业务总监用 2 年期制造业正常贷款的第 2 年金额，加上调整金额，计算填写 2 年期制造业正常贷款的到期收回金额，并与资产业务中心"2 年期制造业正常贷款"字样右侧"到期"标识处塑料桶中的硬币数量进行核对。核对一致后，取出全部硬币并放入"准备金"字样右侧"备付金"标识处的塑料桶中，代表收回到期的 2 年期制造业正常贷款本金，再将该塑料桶置于其左侧的"第 1 年"标识处，代表等待新增 2 年期制造业正常贷款的发放。

第 6 步，资产业务总监用 3 年期房地产业正常贷款的第 3 年金额，加上调整金额，计算填写 3 年期房地产业正常贷款的到期收回金额，并与资产业务中心"3 年期房地产业正常贷款"字样右侧"到期"标识处塑料桶中的硬币数量进行核对。核对一致后，取出全部硬币并放入"准备金"字样右侧"备付金"标识处的塑料桶中，代表收回到期的 3 年期房地产业正常贷款本金，再将该塑料桶置于其左侧的"第 1 年"标识处，代表等待新增 3 年期房地产业正常贷款的发放。

第 7 步，根据上述推演结果，财务会计总监在本年度备付金收支登记表（见表 4.6）中登记贷款收回本息项下备付金收入金额。

第 8 步，经重新认定，如果部分农业正常贷款转化为不良贷款，或者农业正常贷款金额不变，资产业务总监按照本年度正常贷款结构变动情况表中 1 年期农业正常贷款的期初余额，填写本年度业务经营状况表（见表 2.1）中 1 年期农业正常贷款科目的贷方发生额。如果部分农业不良贷款转化为正常贷款，则用 1 年期农业正常贷款的期初余额，加上调整金额，填写 1 年期农业正常贷款科目的贷方发生额。

如果部分制造业正常贷款转化为不良贷款，或者制造业正常贷款金额不变，资产业务总监按照本年度正常贷款结构变动情况表中 2 年期制造业正常贷款的期初余额，填写本年度业务经营状况表中 2 年期制造业正常贷款科目的贷方发生额。如果部分制造业不良贷款转化为正常贷款，则用 2 年期制造业正常贷款的期初余额，加上调整金额，填写 2 年期制造业正常贷款科目的贷方发生额。

如果部分房地产业正常贷款转化为不良贷款，或者房地产业正常贷款金额不变，资产业务总监按照本年度正常贷款结构变动情况表中 3 年期房地产业正常贷款的期初余额，填写本年度业务经营状况表中 3 年期房地产业正常贷款科目的贷方发生额。如果部分房地产业不良贷款转化为正常贷款，则用 3 年期房地产业正常贷款的期初余额，加上调整金额，填写 3 年期房地产业正常贷款科目的贷方发生额。

第9步，根据上述推演结果，资产业务总监计算填写本年度业务经营状况表中正常贷款科目的贷方发生额。

贷款收回本息业务的资金变动如图4.13所示。

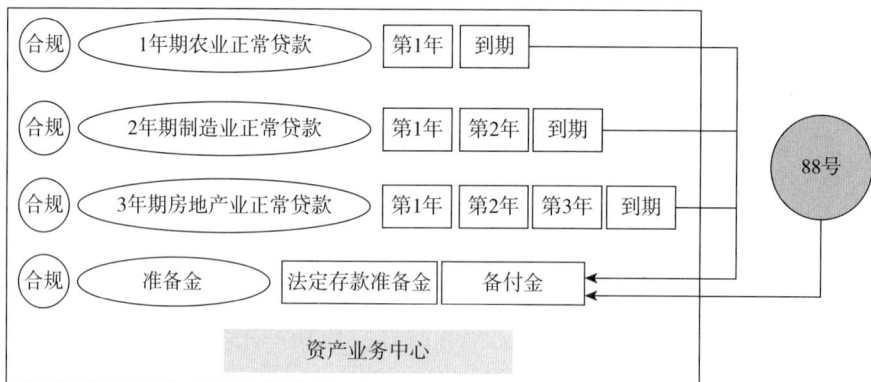

图4.13　贷款收回本息业务的资金变动图

4.3.8　新增贷款业务

指新增1年期农业正常贷款、2年期制造业正常贷款、3年期房地产业正常贷款。

第1步，资产业务总监用本年度业务经营计划表（见表4.2）中1年期农业正常贷款、2年期制造业正常贷款、3年期房地产业正常贷款项目的期末余额之和，加上本年度业务经营状况表（见表2.1）中正常贷款科目的贷方发生额，再减去期初借方余额，计算得出本年度计划新增贷款数并到"88号"登记。

第2步，"00号"根据宏观审慎管理需要，基于各团队上年度报表数据开展宏观审慎评估，并结合本年度贷款需求增长计划，向"88号"提供各团队当年新增贷款总量的调控目标。"88号"根据"00号"的意见，结合各团队本年度计划新增贷款数，经沙盘推演应用程序运算，生成各团队新增贷款的参考总量，并告知各团队。

第3步，资产业务总监在"88号"提供的可发放贷款参考总量内，结合新增贷款计划，分别安排新增 1 年期农业正常贷款、2 年期制造业正常贷款、3 年期房地产业正常贷款的发放金额，提请合规管理总监进行合规审查。合规管理总监介绍关于贷款管理的有关规定：我国商业银行要根据国民经济和社会发展的需要，在国家产业政策的指导下按规定开展贷款业务；要建立贷款授权授信管理体制，实施审贷分离、分级审批和贷款管理责任制，做好贷前调查、贷时审查和贷后检查工作，在大力支持经济社会发展的同时，积极维护信贷资产的安全。审查通过后，将 3 个合规标识交给资产业务总监。

第 4 步，资产业务总监从资产业务中心"准备金"右侧"备付金"标识处的塑料桶中取出相应数量的硬币，放入"1 年期农业正常贷款"字样右侧"第 1 年"标识处的塑料桶中，代表新增了 1 年期农业正常贷款；并将 1 个合规标识置于其左侧的合规标识处，代表对 1 年期农业正常贷款业务进行了合规审查。取出相应数量的硬币，放入"2 年期制造业正常贷款"字样右侧"第 1 年"标识处的塑料桶中，代表新增了 2 年期制造业正常贷款；并将 1 个合规标识置于其左侧的合规标识处，代表对 2 年期制造业正常贷款业务进行了合规审查。取出相应数量的硬币，放入"3 年期房地产业正常贷款"字样右侧"第 1 年"标识处的塑料桶中，代表新增了 3 年期房地产业正常贷款；并将 1 个合规标识置于其左侧的合规标识处，代表对 3 年期房地产业正常贷款业务进行了合规审查。

第 5 步，资产业务总监在本年度正常贷款结构变动情况表（见表 4.3）中，分别填写 1 年期农业正常贷款、2 年期制造业正常贷款、3 年期房地产业正常贷款的新增金额，再计算填写期末余额；财务会计总监在本年度备付金收支登记表（见表 4.6）中，登记新增贷款项下备付金支出金额。

第 6 步，经重新认定，如果部分农业正常贷款转化为不良贷款，或者农业正常贷款金额不变，资产业务总监按照本年度正常贷款结构变动情况表中 1 年期农业正常贷款的新增金额，填写本年度业务经营状况表中 1 年期农业正常贷款科目的借方发生额；如果部分农业不良贷款转化为正常贷款，则用 1 年期农业正常贷款的新增金额，加上调整金额，填写 1 年期农业正常贷款科目的借方发生额。再计算填写期末余额。

如果部分制造业正常贷款转化为不良贷款，或者制造业正常贷款金额不变，资产业务总监按照本年度正常贷款结构变动情况表中 2 年期制造业正常贷款的新增金额，填写本年度业务经营状况表中 2 年期制造业正常贷款科目的借方发生额；如果部分制造业不良贷款转化为正常贷款，则用 2 年期制造业正常贷款的新增金额，加上调整金额，填写 2 年期制造业正常贷款科目的借方发生额。再计算填写期末余额。

如果部分房地产业正常贷款转化为不良贷款，或者房地产业正常贷款金额不变，资产业务总监按照本年度正常贷款结构变动情况表中 3 年期房地产业正常贷款的新增金额，填写本年度业务经营状况表中 3 年期房地产业正常贷款科目的借方发生额；如果部分房地产业不良贷款转化为正常贷款，则用 3 年期房地产业正常贷款的新增金额，加上调整金额，填写 3 年期房地产业正常贷款科目的借方发生额。再计算填写期末余额。

第 7 步，根据上述推演结果，资产业务总监计算填写正常贷款科目的借方发生额和期末余额，以及各项贷款科目的借方发生额、贷方发生额和期末借方余额。

新增贷款业务的资金变动如图 4.14 所示。

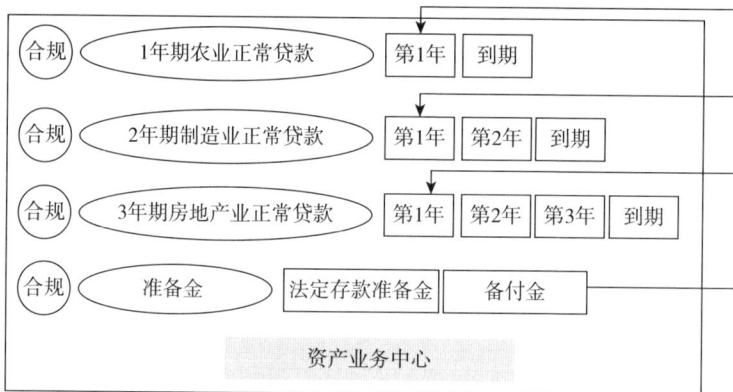

图 4.14 新增贷款业务的资金变动图

4.3.9 1 年期国债投资收回本息业务

指 1 年期国债投资到期收回本息。

第 1 步，资产业务总监将摆放在资产业务中心"1 年期国债投资"字样右侧"第 1 年"标识处的塑料桶，向右挪至"到期"标识处。

第 2 步，资产业务总监用本年度业务经营状况表（见表 2.1）中 1 年期国债投资科目的期初借方余额，乘以上年度 1 年期国债票面利率，计算 1 年期国债投资的应收利息，提请财务会计总监审核。

第 3 步，财务会计总监审核确认后，取出上年度 1 年期国债申购确认表（见表 4.13），请"88 号"复核。经复核无误，从"88 号"领取相应数量的硬币，放入资产业务中心"准备金"字样右侧"备付金"标识处的塑料桶中，代表收到了 1 年期国债的利息。

表 4.13　　　　　　　第＿＿＿＿＿年度 1 年期国债申购确认表

申购团队填写	申购团队	＿＿＿＿＿团队	申购时间	第＿＿年度
	申购金额	＿＿＿＿＿万元	行长签字	
"88 号"填写	确认该团队认购 1 年期国债＿＿＿＿＿万元，票面利率＿＿＿%，第＿＿＿年度到期。 "88 号"签字：			

第 4 步，资产业务总监从资产业务中心"1 年期国债投资"字样右侧"到期"标识处的塑料桶中取出全部硬币，放入"准备金"字样右侧"备付金"标识处的塑料桶中，代表收回了到期的 1 年期国债投资的本金，再将该塑料桶置于其左侧的"第 1 年"标识处，代表等待新增 1 年期国债的申购确认。

第 5 步，根据上述推演结果，财务会计总监在损益核算中心"利息收入"标识处的利息收入分户账（见表 4.10）中，填写 1 年期国债投资利息收入科目的贷方发生额和期末余额，在本年度备付金收支登记表（见表 4.6）中登记 1 年期国债投资收回本息业务项下备付金收入金额；资产业务总监填写本年度业务经营状况表中 1 年期国债投资科目的贷方发生额。

1 年期国债投资收回本息业务的资金变动如图 4.15 所示。

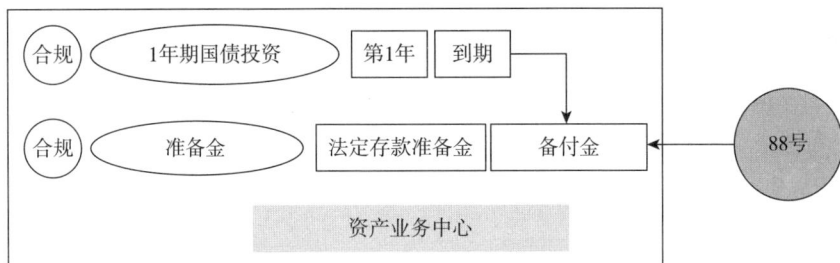

图 4.15　1 年期国债投资收回本息业务的资金变动图

4.3.10　新增 1 年期国债投资业务

指新增 1 年期国债投资。

第 1 步，资产业务总监用本年度业务经营计划表（见表4.2）中 1 年期国债投资项目的期末余额，加上本年度业务经营状况表（见表2.1）中 1 年期国债投资科目的贷方发生额，再减去期初借方余额，计算计划新增 1 年期国债投资金额，填写本年度 1 年期国债申购确认表（见表4.13），提请合规管理总监进行合规审查。

第 2 步，合规管理总监介绍关于商业银行证券投资的相关规定：为了保持流动性，提高资产质量和收益，商业银行根据有关规定，可以通过银行间市场等交易场所，投资或交易政府债券、金融债券、公司债券等有价证券。商业银行开展证券投资业务应按照审慎展业原则，严格遵守金融管理部门的相关规定。审查通过后，将 1 个合规标识交给资产业务总监。

第 3 步，资产业务总监持本年度 1 年期国债申购确认表，向"88 号"申购 1 年期国债。"88 号"在本年度 1 年期国债发行计划内，按照市场供求基本原理，向各团队发行 1 年期国债，并对应填写各团队 1 年期国债申购确认表中认购国债的确认金额，再交还给各团队。

第 4 步，资产业务总监按照认购的国债金额，从资产业务中心"准备金"字样右侧"备付金"标识处的塑料桶中取出相应数量的硬币，放入"1 年期国债投资"字样右侧"第 1 年"标识处的塑料桶中，代表新增了 1 年期国债投资；并将 1 个合规标识置于其左侧的合规标识处，代表对 1 年期国债投资业务进行了合规审查。

第 5 步，根据上述推演结果，财务会计总监在本年度备付金收支登记表（见表4.6）中，登记 1 年期国债投资项下备付金支出金额；资产业务总监填写本年度业务经营状况表中 1 年期国债投资科目的借方发生额和期末余额。

新增 1 年期国债投资业务的资金变动如图 4.16 所示。

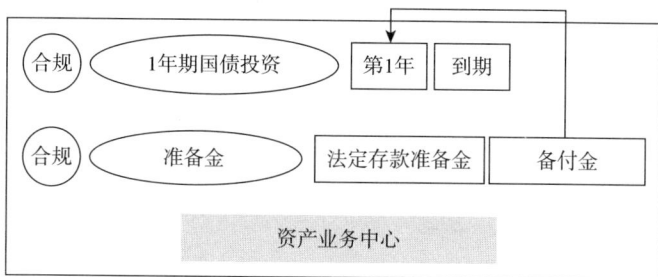

图 4.16 新增 1 年期国债投资业务的资金变动图

4.3.11 同业拆出资金收回本息业务

指 1 年期同业拆出资金到期收回本息。

第 1 步，资产业务总监将资产业务中心"1 年期同业拆出资金"字样右侧"第 1 年"标识处的塑料桶，向右挪至"到期"标识处。

第 2 步，资产业务总监结合本年度业务经营状况表（见表 2.1）中 1 年期同业拆出资金科目的期初借方余额，用上年度同业拆借资金登记表（见表 4.8）中记录的拆出资金金额，逐笔乘以对应的拆借资金利率，计算 1 年期同业拆出资金的应收利息；并从资产业务中心"1 年期同业拆出资金"字样右侧"到期"标识处的塑料桶中，取出上年度同业拆借资金借据（见表 4.9），逐笔请拆入资金团队负债业务总监对拆借资金的本息进行复核。

第 3 步，经复核一致，拆入资金团队的负债业务总监取出相应数量的硬币交给资产业务总监，资产业务总监将拆借资金借据交还给拆入资金团队的负债业务总监，代表资金拆借双方完成了拆借资金本息的交还。资产业务总监将收取的硬币全部放入资产业务中心"准备金"字样右侧"备付金"标识处的塑料桶中，代表收回了到期的拆借资金本息。

第 4 步，根据上述推演结果，财务会计总监在损益核算中心"利息收入"标识处的利息收入分户账（见表 4.10）中，填写 1 年期同业拆出资金利息收入科目的贷方发生额和期末余额，并在本年度备付金收支登记表（见表 4.6）中，登记 1 年期同业拆出资金收回本息项下备付金收入金额；资产业务总监填写本年度业务经营状况表中 1 年期同业拆出资金科目的贷方发生额。

同业拆出资金收回本息业务的资金变动如图 4.17 所示。

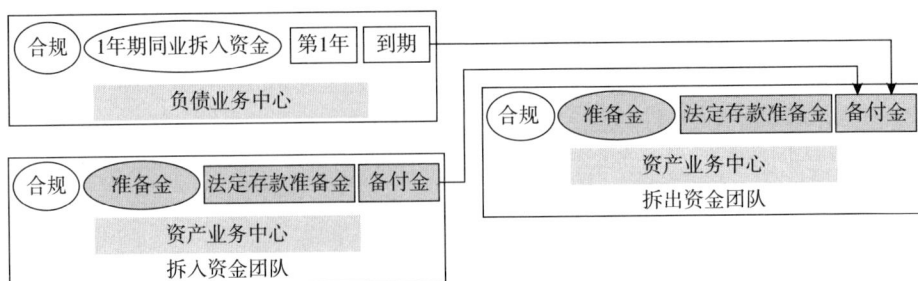

图 4.17　同业拆出资金收回本息业务的资金变动图

4.3.12　新增同业拆出资金业务

指新增 1 年期同业拆出资金。

第 1 步，资产业务总监用本年度业务经营计划表（见表 4.2）中 1 年期同业拆出资金项目的期末余额，减去本年度业务经营状况表（见表 2.1）中 1 年期同业拆出资金科目的期初借方余额，再加上贷方发生额，计算计划新增 1 年期同业拆出资金的金额，提请合规管理总监审查。合规管理总监向全体人员介绍同业拆借资金管理的相关规定：同业拆借是金融机构经中央银行批准，通过全国统一的银行间同业拆借市场进行的无担保资金融通行为，同业拆借交易遵循公平自愿、诚信自律、风险自担的原则，实施限额管理，在符合相关规定的前提下，同业拆借的资金量、期限、利率由交易双方商定。审查通过后，将 1 个合规标识交给资产业务总监。

第 2 步，在"00 号"限定的时间内，资产业务总监通过拆借业务微信群与拆入资金团队的负债业务总监洽谈拆借资金金额和利率。

第 3 步，资产业务总监从资产业务中心"准备金"字样右侧"备付金"标识处的塑料桶中取出相应数量的硬币，交给拆入资金团队的负债业务总监；拆入资金团队的负债业务总监将拆借资金借据交给资产业务总监，代表资金拆借双方拆借资金的交付。资产业务总监将拆借资金借据放入资产业务中心"1 年期同业拆出资金"字样右侧"第 1 年"标识处的塑料桶中，代表新增同业拆出资金，并将 1 个合规标识置于其左侧的合规标识处，代表对新增 1 年期同业拆出资金业务进行了合规审查。

第 4 步，根据上述推演结果，财务会计总监在本年度备付金收支登记表

（见表4.6）中，登记1年期同业拆出资金项下备付金支出金额；资产业务总监在本年度同业拆借资金登记表（见表4.8）中逐笔登记拆出金额、利率以及拆入团队，再汇总共拆出的同业资金，并填写本年度业务经营状况表中1年期同业拆出资金科目的借方发生额和期末余额。

新增同业拆出资金业务的资金变动如图4.18所示。

图4.18　新增同业拆出资金业务的资金变动图

4.4　财务会计业务推演步骤

4.4.1　损益核算业务推演

1. 利息收入。指推演利息收入合计金额的统计汇总业务。

财务会计总监汇总损益核算区域"利息收入"标识处的利息收入分户账（见表4.10）中法定存款准备金利息收入、备付金利息收入、1年期农业正常贷款利息收入、2年期制造业正常贷款利息收入、3年期房地产业正常贷款利息收入、1年期国债投资利息收入、1年期同业拆出资金利息收入科目的贷方发生额和期末余额，填写利息收入合计科目的贷方发生额和期末余额，并在本年度业务经营状况表（见表2.1）中填写利息收入科目的贷方发生额和期末余额。

2. 利息支出。指推演利息支出合计金额的统计汇总业务。

财务会计总监汇总损益核算区域"利息支出"标识处的利息支出分户账（见表4.5）中活期存款利息支出、1年定期存款利息支出、2年定期存款利息支出、3年定期存款利息支出、1年期央行再贷款利息支出、1年期同业拆入资金利息支出科目的借方发生额和期末余额，填写利息支出合计科目的借方发生额和期末余额，并在本年度业务经营状况表（见表2.1）中填写利息支出科目的借方发生额和期末余额。

3. 中间业务收入。指推演中间业务收入的核算业务。

第1步，财务会计总监根据推演规则确定的公式：中间业务收入 =（各项资产期初余额 + 各项资产期末余额[①] + 各项负债期初余额 + 各项负债期末余额）×50% ×1.4‰，计算本年度可取得的中间业务收入金额。

第2步，财务会计总监持本年度业务经营状况表（见表2.1），提请"88号"进行复核。经复核一致，从"88号"领取相应数量的硬币，放入资产业务中心"准备金"字样右侧"备付金"标识处的塑料桶中。

第3步，财务会计总监在损益核算中心"中间业务收入"标识处的中间业务收入分户账（见表4.14）中填写贷方发生额和期末余额，在本年度备付金收支登记表（见表4.6）中登记中间业务收入项下备付金收入金额，在本年度业务经营状况表中填写中间业务收入科目的贷方发生额和期末余额。

表4.14　　　　　　商业银行团队第____年度中间业务收入分户账 单位：万元

科目	期初余额		本期发生额		期末余额	
	借方	贷方	借方	贷方	借方	贷方
中间业务收入	—		—		—	

中间业务收入业务的资金变动如图4.19所示。

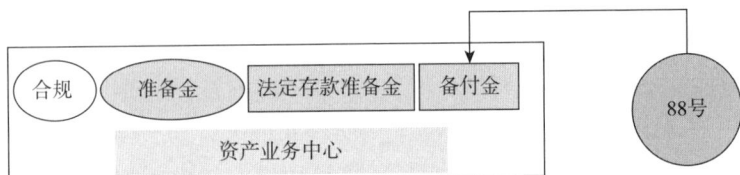

图4.19　中间业务收入业务的资金变动图

4. 业务及管理费。指推演业务及管理费支出的核算。

第1步，考虑到成本收入比不得大于35%的要求，财务会计总监根据推演规则确定的公式：业务及管理费 =（各项资产期初余额 + 各项资产期末余

---

① 因沙盘推演的条件限制，各团队在推演中间业务收入、业务及管理费的核算业务时，须估算各项资产期末余额，可按以下公式计算确定：各项资产期末余额 = 各项资产期初余额 × （1 + 本年度各项贷款需求增长比例）。

额＋各项负债期初余额＋各项负债期末余额）×50%×［3.8‰，4.8‰］，计算应支付的业务及管理费金额。

第2步，财务会计总监在损益核算中心"业务及管理费"标识处的业务及管理费分户账（见表4.15）中填写借方发生额和期末余额，再从资产业务中心"准备金"字样右侧"备付金"标识处的塑料桶中取出相应数量的硬币，连同本年度业务经营状况表（见表2.1）和业务及管理费分户账，一并提请"88号"进行复核。经复核一致，将全部硬币交给"88号"。

表4.15　　　　　　商业银行团队第　　年度业务及管理费分户账 单位：万元

科目	期初余额		本期发生额		期末余额	
	借方	贷方	借方	贷方	借方	贷方
业务及管理费		—		—		—

第3步，财务会计总监在本年度备付金收支登记表（见表4.6）中，登记业务及管理费项下备付金支出金额，在本年度业务经营状况表中填写业务及管理费科目的借方发生额和期末余额。

业务及管理费支付业务的资金变动如图4.20所示。

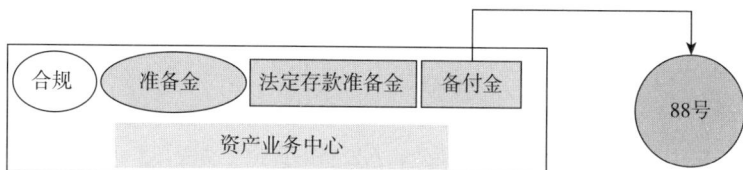

图4.20　业务及管理费支付业务的资金变动图

5. 贷款减值损失。指推演贷款减值损失计提的核对业务。

财务会计总监用本年度损益核算中心"贷款减值损失"标识处的贷款减值损失分户账（见表4.11）中的借方发生额和期末余额，与业务经营状况表（见表2.1）中贷款减值损失科目的借方发生额和期末余额进行核对；再与资产业务中心"贷款损失准备"标识处的贷款损失准备分户账（见表4.12）以及业务经营状况表中贷款损失准备科目的贷方发生额进行核对，确认本年度贷款减值损失的计提金额。

6. 营业外收入。指推演营业外收入的核算业务。

第1步，根据本年度"88号"发布的产业政策，财务会计总监计算可申请财政奖补的金额，持本年度业务经营状况表（见表2.1），请"88号"进行审核。经审核确认，从"88号"领取相应数量的硬币，放入资产业务中心"准备金"字样右侧"备付金"标识处的塑料桶中。

第2步，财务会计总监在损益核算中心"营业外收入"标识处的营业外收入分户账（见表4.16）中填写贷方发生额和期末余额，在本年度备付金收支登记表（见表4.6）中登记营业外收入项下备付金收入金额，并在本年度业务经营状况表中填写营业外收入科目的贷方发生额和期末余额。

表4.16 _____商业银行团队第____年度营业外收入分户账　单位：万元

科目	期初余额		本期发生额		期末余额	
	借方	贷方	借方	贷方	借方	贷方
营业外收入	—		—		—	

营业外收入业务的资金变动如图4.21所示。

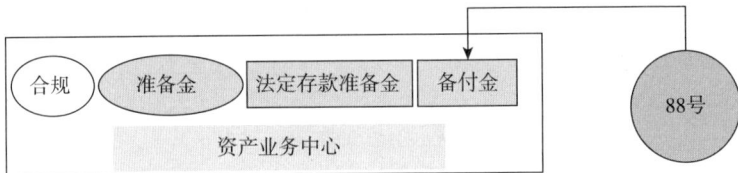

图4.21　营业外收入业务的资金变动图

7. 例外情形。指商业银行团队在模拟经营中因违反推演规则而被"00号"施以经济处罚的情况。

（1）未按规定比例缴存存款准备金。

第1步，"00号"发现某团队发生未足额缴存法定存款准备金的情况，及时做相关记录，责令其立即整改，并组织各团队继续推演。

第2步，违规团队按既定步骤继续推演其他业务。待推演"4.3.11 同业拆出资金收回本息业务"补充备付金后，再从"备付金"标识处的塑料桶中取出相应数量的硬币，放入"法定存款准备金"标识处的塑料桶，以足额缴存法定存款准备金。

第3步，违规团队待推演营业外支出业务时，接受"00号"经济处罚并缴纳罚款。

（2）违反规定同业拆借。

第1步，"00号"发现某团队同业拆借资金金额超过该团队上年末各项存款余额的8%，及时做相关记录，责令其立即整改，并组织各团队继续推演。

第2步，违规团队待推演营业外支出业务时，接受"00号"经济处罚并缴纳罚款。

（3）未按规定开展反洗钱审查。

第1步，"00号"发现某团队办理新增存款业务但未开展反洗钱审查或未在相关标识处摆放合规标识，及时做相关记录，责令其立即整改，并组织各团队继续推演。

第2步，违规团队待推演营业外支出业务时，接受"00号"经济处罚并缴纳罚款。

（4）严重违反审慎经营规则。

第1步，"00号"发现某团队发生未按推演规则在相关标识处摆放合规标识、擅自改变贷款用途、未准确划分贷款占用形态并认定不良贷款等行为，及时做相关记录，责令其立即整改，并组织各团队继续推演。

第2步，违规团队待推演营业外支出业务时，接受"00号"经济处罚并缴纳罚款。

（5）未按规定报送报表、被责令改正后再次违规。

第1步，"00号"发现某团队报送的业务经营状况表（见表2.1）中数据出错，或者报表数据与沙盘盘面道具摆设情形不一致，且责令改正后再次违规的，及时做相关记录，责令其立即整改，并组织各团队继续推演。

第2步，违规团队待推演营业外支出业务时，接受"00号"经济处罚并缴纳罚款。

8.营业外支出。指推演营业外支出的核算业务。

第1步，某团队违反推演规则，应由"00号"实施经济处罚的，应缴纳罚款。财务会计总监报经行长同意后，按照罚款金额，在损益核算中心"营业外支出"标识处的营业外支出分户账（见表4.17）中填写借方发生额和期末余额，再从资产业务中心"准备金"字样右侧"备付金"标识处的塑料桶中，取出相应数量的硬币交给"00号"，代表缴纳罚款。

表4.17　　　　　　商业银行团队第＿＿年度营业外支出分户账　　单位：万元

科目	期初余额		本期发生额		期末余额	
	借方	贷方	借方	贷方	借方	贷方
营业外支出		—		—		—

第2步，财务会计总监在本年度备付金收支登记表（见表4.6）中登记营业外支出项下备付金支出金额，在本年度业务经营状况表（见表2.1）中填写营业外支出科目的借方发生额和期末余额。

营业外支出业务的资金变动如图4.22所示。

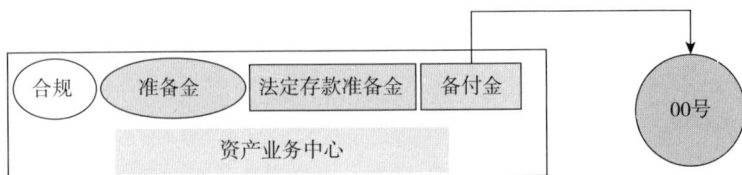

图4.22　营业外支出业务资金变动图

9.所得税。指推演所得税缴纳的核算业务。

第1步，财务会计总监在完成上述业务的推演后，按照推演规则确定的公式：所得税＝（利息收入＋中间业务收入＋营业外收入－利息支出－业务及管理费－贷款减值损失－营业外支出－1年期国债投资利息收入）×25%，计算应缴纳的所得税。

第2步，如为负数，代表当年经营亏损，则免缴所得税。财务会计总监在损益核算中心"所得税"标识处的所得税分户账中（见表4.18）将借方发生额和期末余额均填写为0，将本年度备付金收支登记表（见表4.6）中所得税缴纳项下备付金支出金额登记为0，并将本年度业务经营状况表（见表2.1）中所得税科目的借方发生额和期末余额均填写为0。

第3步，如为正数，财务会计总监在所得税分户账中填写借方发生额和期末余额，再从资产业务中心"准备金"字样右侧"备付金"标识处的塑料桶中，取出相应数量的硬币，连同本年度业务经营状况表和所得税分户账，一并提请"88号"进行复核。经复核无误，将全部硬币交给"88号"，代表缴纳所得税。财务会计总监在本年度备付金收支登记表中登记缴纳所得税项下备付金支出金额，并在本年度业务经营状况表中填写所得税科目的借方发生额和期末余额。

表 4.18　　　　　　商业银行团队第＿＿年度所得税分户账　　单位：万元

科目	期初余额		本期发生额		期末余额	
	借方	贷方	借方	贷方	借方	贷方
所得税		—		—		—

所得税缴纳业务的资金变动如图 4.23 所示。

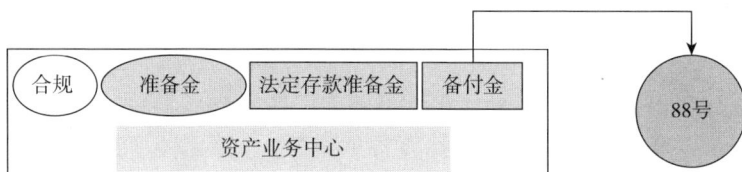

图 4.23　所得税缴纳业务的资金变动图

4.4.2　备付金余额核定

指推演备付金余额核定业务。

财务会计总监汇总填写本年度备付金收支登记表（见表 4.6）中合计收入金额和合计支出金额，以合计收入金额填写本年度业务经营状况表（见表 2.1）中备付金科目的借方发生额，以合计支出金额填写备付金科目的贷方发生额，并计算填写借方期末余额。

4.4.3　资产科目数据试算平衡

指对本年度业务经营状况表中资产项下各科目数据试算平衡。

第 1 步，资产业务总监计算填写本年度业务经营状况表中各项资产科目的借方发生额、贷方发生额、期末借方余额。

第 2 步，资产业务总监分别计算 1 年期农业正常贷款、2 年期制造业正常贷款、3 年期房地产业正常贷款科目的期初借方余额、借方发生额、贷方发生额、期末借方余额的汇总数，与正常贷款科目的期初借方余额、借方发生额、贷方发生额、期末借方余额进行核对，确保一致。用公式表示为：正常贷款＝1 年期农业正常贷款＋2 年期制造业正常贷款＋3 年期房地产业正常贷款。

第 3 步，资产业务总监分别计算农业不良贷款、制造业不良贷款、房地产业不良贷款科目的期初借方余额、借方发生额、贷方发生额、期末借方余额的汇总数，与不良贷款科目的期初借方余额、借方发生额、贷方发生额、期末借方余额进行核对，确保一致。用公式表示为：不良贷款 = 农业不良贷款 + 制造业不良贷款 + 房地产业不良贷款。

第 4 步，资产业务总监分别计算正常贷款、不良贷款科目的期初借方余额、借方发生额、贷方发生额、期末借方余额的汇总数，与各项贷款科目的期初借方余额、借方发生额、贷方发生额、期末借方余额进行核对，确保一致。用公式表示为：各项贷款 = 正常贷款 + 不良贷款。

第 5 步，资产业务总监分别计算各项贷款、贷款损失准备、法定存款准备金、备付金、1 年期国债投资、1 年期同业拆出资金科目的借方发生额、贷方发生额的汇总数，与各项资产科目的借方发生额、贷方发生额进行核对，确保一致。用公式表示为：各项资产 = 各项贷款 + 贷款损失准备 + 法定存款准备金 + 备付金 + 1 年期国债投资 + 1 年期同业拆出资金。

第 6 步，资产业务总监分别用各项贷款、法定存款准备金、备付金、1 年期国债投资、1 年期同业拆出资金科目的期初借方余额、期末借方余额的汇总数，减去贷款损失准备科目的期初贷方余额、期末贷方余额，与各项资产科目的期初借方余额、期末借方余额进行核对，确保一致。用公式表示为：各项资产 = 各项贷款 + 法定存款准备金 + 备付金 + 1 年期国债投资 + 1 年期同业拆出资金 − 贷款损失准备。

第 7 步，资产业务总监分别用各项资产、各项贷款、正常贷款、1 年期农业正常贷款、2 年期制造业正常贷款、3 年期房地产业正常贷款、不良贷款、农业不良贷款、制造业不良贷款、房地产业不良贷款、法定存款准备金、备付金、1 年期国债投资、1 年期同业拆出资金科目的期初借方余额，加上各自借方发生额，再减去各自贷方发生额，与各自期末借方余额核对，确保一致。用公式表示为：期末借方余额 = 期初借方余额 + 借方发生额 − 贷方发生额。

第 8 步，资产业务总监用贷款损失准备科目的期初贷方余额，减去借方发生额，再加上贷方发生额，与期末贷方余额核对，确保一致。用公式表示为：期末贷方余额 = 期初贷方余额 − 借方发生额 + 贷方发生额。

4.4.4　损益结转推演

指推演损益结转的核算业务。

第 1 步，财务会计总监将损益核算中心的利息收入、中间业务收入、营业外收入 3 本分户账的期末贷方余额之和，转入净利润分户账（见表 4.19）的贷方发生额；将利息支出、业务及管理费、贷款减值损失、营业外支出、所得税 5 本分户账的期末借方余额之和，转入净利润分户账的借方发生额，并计算填写期末贷方余额或借方余额。如为贷方余额，则将借方余额填写为 0；如为借方余额，则将贷方余额填写为 0。

表 4.19　　　　　　商业银行团队第____年度净利润分户账　　单位：万元

科目	期初余额		本期发生额		期末余额	
	借方	贷方	借方	贷方	借方	贷方
净利润	—					

第 2 步，根据上述推演结果，财务会计总监在本年度业务经营状况表（见表 2.1）中，分别填写净利润科目借方发生额、贷方发生额、期末借方余额、期末贷方余额。

第 3 步，如为贷方余额，财务会计总监将贷方余额转入未分配利润分户账（见表 4.20）的贷方发生额；如为借方余额，则将借方余额转入未分配利润分户账的借方发生额，并计算填写本年度业务经营状况表中未分配利润科目的借方或贷方发生额。

表 4.20　　　　　　商业银行团队第____年度未分配利润分户账　　单位：万元

科目	期初余额		本期发生额		期末余额	
	借方	贷方	借方	贷方	借方	贷方
未分配利润	—					

4.4.5　所有者权益管理业务推演

1. 实收资本。指推演实收资本管理业务。

本教程设定，在模拟经营期间各团队的实收资本保持不变。财务会计总监在所有者权益变动中心"实收资本"标识处的实收资本分户账（见

表4.21）中将借贷方发生额均填写为 0，按照贷方期初余额填写贷方期末余额；并在本年度业务经营状况表（见表2.1）中将实收资本科目的借贷方发生额均填写为 0，按照贷方期初余额填写贷方期末余额。

表 4.21   商业银行团队第____年度实收资本分户账   单位：万元

科目	期初余额		本期发生额		期末余额	
	借方	贷方	借方	贷方	借方	贷方
实收资本	—				—	

2. 一般风险准备。指推演一般风险准备计提的核算业务。

第 1 步，如果本年度业务经营状况表（见表2.1）中净利润科目为借方余额，则不计提一般风险准备。财务会计总监将所有者权益变动中心"一般风险准备"标识处的一般风险准备分户账（见表4.22）、本年度业务经营状况表中一般风险准备科目的借贷方发生额均填写为 0，并计算填写期末贷方余额。

第 2 步，如果净利润科目为贷方余额，财务会计总监计算本年度风险加权资产期末余额，并按照不低于风险加权资产期末余额的 1.5%，计算应计提的一般风险准备金额，与一般风险准备科目期初贷方余额做比较，再计算轧差数。

第 3 步，如果应计提金额大于已计提金额，表明应增加计提一般风险准备，财务会计总监按照轧差数，填写一般风险准备分户账的贷方发生额和期末余额，将借方发生额填写为 0；并在"未分配利润"标识处的未分配利润分户账（见表4.20）中，按照轧差数填写借方发生额。如果应计提金额小于或等于已计提金额，表明一般风险准备已足额计提，则将一般风险准备分户账的借贷方发生额均填写为 0，并计算填写期末余额，再将未分配利润分户账的借方发生额填写为 0。

表 4.22   商业银行团队第____年度一般风险准备分户账 单位：万元

科目	期初余额		本期发生额		期末余额	
	借方	贷方	借方	贷方	借方	贷方
一般风险准备	—				—	

第 4 步，如果增加计提，财务会计总监按照轧差数填写本年度业务经营

状况表中一般风险准备科目的贷方发生额，将借方发生额填写为 0，并计算填写贷方期末余额，再填写未分配利润科目的借方发生额。如果已足额计提，则将一般风险准备科目的借贷方发生额均填写为 0，并计算填写贷方期末余额，再将未分配利润科目的借方发生额填写为 0。

3. 未分配利润。指推演未分配利润的核算业务。

财务会计总监用未分配利润分户账（见表 4.20）的期初贷方余额，加上贷方发生额，减去借方发生额，计算填写期末贷方余额，并填写本年度业务经营状况表（见表 2.1）中未分配利润科目的期末贷方余额。

4.4.6　所有者权益核定

指推演所有者权益核定及所有者权益科目数据试算平衡。

第 1 步，财务会计总监汇总填写本年度业务经营状况表（见表 2.1）中所有者权益科目的借方发生额、贷方发生额、期末贷方余额。

第 2 步，财务会计总监分别计算实收资本、一般风险准备、未分配利润科目的期初贷方余额、借方发生额、贷方发生额、期末贷方余额的汇总数，与所有者权益科目的期初贷方余额、借方发生额、贷方发生额、期末贷方余额进行核对，确保一致。用公式表示为：所有者权益 ＝ 实收资本 ＋ 一般风险准备 ＋ 未分配利润。

第 3 步，财务会计总监分别用所有者权益、实收资本、一般风险准备、未分配利润科目的期初贷方余额，减去各自借方发生额，再加上各自贷方发生额，与各自期末贷方余额核对，确保一致。用公式表示为：期末贷方余额 ＝ 期初贷方余额 － 借方发生额 ＋ 贷方发生额。

4.4.7　年末账务盘点

财务会计总监会同负债业务总监、资产业务总监，对本年度业务经营状况表中各科目数据逐项开展账务盘点，核查报表数据以及沙盘盘面道具摆设情形的正确性和准确性，并计算填写本年度经营指标监测表（见表 2.2）中各项指标的期末完成值。

第 1 步，负债业务总监根据"期末贷方余额 ＝ 期初贷方余额 ＋ 贷方发生额 － 借方发生额"的计算公式，试算负债项下各科目数据平衡，并将各科目的期末余额，与盘面负债业务中心对应标识处摆放的塑料桶中硬币数量进行核对，确保一致。

以 3 年定期存款为例，业务经营状况表中 3 年定期存款科目的期末贷方余额，应与负债业务中心"3 年定期存款"字样右侧"第 1 年""第 2 年""第 3 年"标识处塑料桶中的硬币数量之和保持一致。

第 2 步，资产业务总监根据"期末借方余额 = 期初借方余额 + 借方发生额 – 贷方发生额"的计算公式，试算资产项下各有关科目数据平衡，并将各有关科目的期末余额，与盘面资产业务中心对应标识处摆放的塑料桶中硬币数量、拆借资金借据拆出资金汇总数进行核对，确保一致。根据"期末贷方余额 = 期初贷方余额 – 借方发生额 + 贷方发生额"的计算公式，试算贷款损失准备科目数据平衡，并将该科目的期末贷方余额，与负债业务中心"贷款损失准备"标识处摆放的贷款损失准备分户账的期末贷方余额进行核对，确保一致。

第 3 步，财务会计总监根据"期末贷方余额 = 期初贷方余额 + 贷方发生额 – 借方发生额"的计算公式，试算损益项下利息收入、中间业务收入、营业外收入、净利润科目的账务数据平衡。根据"期末借方余额 = 期初借方余额 + 借方发生额 – 贷方发生额"的计算公式，试算损益项下利息支出、业务及管理费、贷款减值损失、营业外支出、所得税科目的账务数据平衡。再将各科目的期末余额，与盘面损益核算中心对应标识处摆放的塑料桶中各分户账的期末余额进行核对，确保一致。

第 4 步，财务会计总监根据"期末贷方余额 = 期初贷方余额 + 贷方发生额 – 借方发生额"的计算公式，试算所有者权益项下各科目的账务数据平衡，并将各科目的期末余额，与盘面所有者权益管理中心对应标识处摆放的塑料桶中各分户账的期末余额进行核对，确保一致。

第 5 步，财务会计总监根据"各项资产期末借方余额 = 各项负债期末贷方余额 + 所有者权益期末贷方余额"的计算公式，试算并确认本年度业务经营状况表中各项资产、各项负债和所有者权益科目的账务数据平衡。

第 6 步，财务会计总监将确认的本年度业务经营状况表报送至"00 号"，并计算填写本年度经营指标监测表中各项指标的期末完成值。

第 7 步，财务会计总监撤出盘面损益核算中心、所有者权益管理中心的所有分户账，更换为新的空白分户账。合规管理总监撤出盘面所有合规标识。

第5章　沙盘模拟推演要点讲解

> **本章主要内容：** 结合沙盘推演流程，依次对年度经营管理例会、负债业务、资产业务、财务会计业务推演以及业务经营状况表填写的要点进行解释说明，帮助学员进一步加深对本教程设计理念的理解，以增强对商业银行经营管理的认识。

通过第4章的学习，学员基本掌握了本教程沙盘推演的整个流程和具体步骤。但这只是产生感性认知而已，学员未必都能了解推演活动的内在原理。本章对沙盘推演的一些要点和关键环节进行讲解，以便学员进一步加深对本教程设计理念的理解，增强对商业银行经营管理的认识，从而更加得心应手地开展模拟经营活动。

5.1　年度经营管理例会推演要点

根据沙盘推演的流程设计，每年度模拟经营前，董事长主持召开由全体成员参加的年度例会，分析当前本团队的经营管理状况，结合"00号""88号"发布的金融管理政策和市场管理政策，研究确定本年度业务发展策略。在模拟例会环节，首先，董事长简要分析宏观经济金融形势，明确本年度业务发展的总体思路。然后，各业务总监分别介绍职责范围内的业务开展情况，并提出本年度工作打算。最后，行长确定全年工作计划。

如此安排是仿照商业银行经营管理实际而设计的。通常，商业银行每年初都要对本年度的业务发展做出规划并设定目标，然后围绕目标，按计划逐步实施。其实，大到一个国家，小到一家企业，甚至一个自然人，都应该按照"先计划、后实施"的原则来处理各项事务。此外，根据本教程关于学员团队角色设置的安排，董事长主持制定业务发展战略和经营目标，所以主持例会的召开；行长主持日常经营管理活动，所以负责年度计划的最终确定；各位总监分别汇报职责范围内的业务开展情况，并提出本年度工作打算。这样的设计就是模仿现实工作中商业银行召开的相关会议。

例会的主要任务就是分析当前本团队的经营管理状况，并结合金融管理政策和市场管理政策，确定本年度业务发展目标。如此设计，既符合商业银行经营管理的实际，也是作者将宏观经济金融形势与商业银行微观个体的经营行为结合起来，并应用于教学活动的一种尝试。学员在推演中，能切实感受到微观个体的经营行为与外部宏观经济金融环境密切相关，应该适时根据外部环境的变化调整自身经营行为。

模拟年度例会环节的要点就是科学合理地制订好全年各项业务的发展计划，具体而言，就是制作业务经营计划表（见表4.2）。下面分项目介绍该表的填制。

5.1.1 负债项目计划

根据业务经营计划表的设计，对负债项目做出计划，就是填写活期存款、1年定期存款、2年定期存款、3年定期存款、1年期央行再贷款、1年期同业拆入资金项目的期末余额。其实，从业务经营状况表来看，在各负债项目的期初余额、借方发生额已确定的情况下，对期末余额做出计划，其目的就是计划好贷方发生额，即各负债项目的新增金额。当然，也可以把业务经营计划表设计成填写各负债项目新增金额的形式，但作者经过多次试验，发现填写期末余额有助于提高沙盘推演活动的效率。

1. 存款计划。应明确的是，一家商业银行的业务发展状况与全国银行业整体业务发展形势基本上应该是一致的。当然，有的银行发展得快一点，有的银行发展得慢一点，但这只是个体因素，如果把各家银行合并且视为一家的话，那么这家"巨无霸银行"的业务发展与全国银行业整体业务发展肯定是一致的。因此，为了保证各团队模拟经营有序进行，本教程要求各团队都

"按照市场各项存款供给增长比例"做存款计划，确切地说，就是要用本年度业务经营状况表中各项存款科目的期初贷方余额，乘以本年度"88 号"发布的各项存款供给增长比例，从而得出本年度计划的各项存款期末余额总数。当然，各团队初始经营状况相同，第 1 年度各项存款期末余额的计划数肯定相同，但由于各团队的业务取向不同，后续年度所做的存款计划的差别会越来越明显。

各项存款的期末余额总数计划好后，需要进行分割，即对活期存款、1 年定期存款、2 年定期存款、3 年定期存款的期末余额分别做出计划。这里，需要把握三点：一是要遵守"各团队活期存款、1 年定期存款、2 年定期存款、3 年定期存款的期末余额占比均不得低于 15%"的推演规则，对各存款项目的期末余额做出计划。二是从降低存款成本的角度考虑，利率低的存款项目相对多计划一些，利率高的存款项目相对少计划一些。三是要遵守"流动性比例≥25%"推演规则，合理安排活期存款的期末余额。因为如果活期存款余额过大，即使存款成本相对会降低，但可能会影响流动性比例不达标；如果活期存款余额过小，即使流动性比例达标，但存款成本相对会上升，所以各团队要统筹考虑。

2. 1 年期央行再贷款计划。应明确的是，本教程设定的 1 年期央行再贷款是支农再贷款，属于信贷政策支持再贷款的一种，带有明显的政策意图。如果本年度发布的金融管理政策表明再贷款授信额相对增加、再贷款利率相对下降，则说明"00 号"鼓励各团队申请再贷款并增加农业贷款的投放；如果市场管理政策表明对新增农业贷款给予一定的利率补助，而且补助力度相对更大，则说明"88 号"鼓励各团队申请再贷款并增加农业贷款的投放，那么各团队应该积极申请再贷款。因此，各团队在安排再贷款计划时，需要密切关注金融管理政策和市场管理政策，分析判断"00 号"和"88 号"的政策意图。

其次，遵守"上年度涉农贷款期末余额占各项贷款余额的比例不低于50%的团队可申请借入支农再贷款；各团队支农再贷款余额不得超过上年度所有者权益期末余额的 40%；支农再贷款必须用于发放农业贷款"的推演规则，需要考虑三个方面的因素：一是上年末涉农贷款占比。商业银行团队如果某年度涉农贷款余额占比小于 50%，则下一年度不得申请再贷款，因此各团队如果打算申请再贷款，就要于上一年度相对多安排一些涉农贷款的投放，以保证期末涉农贷款余额占比不低于50%。二是上年度所有者权益期末余额，各团队可借入的再贷款余额，以上年度所有者权益期末余额的40%为上限。三是本年度至少发放的农业贷款金额，即要确保本年度发放的农业贷款金额不小于借入的再贷款金额。

3.1年期同业拆入资金计划。本教程设计的各团队开展同业拆入资金业务，其主要目的，一是为了增加资金来源，以扩大资金运用，从而赚取利差；二是弥补流动性不足。因此，各团队制订1年期同业拆入资金业务计划时主要考虑，一是能否将拆借来的资金，以更高的利率运用出去；否则就不要拆入资金。二是如果流动性不足，那么即使市场拆借资金利率再高，也要拆入适当资金，以保证流动性指标达标。三是在拆入资金总量方面，要遵守"不超过本团队上年度各项存款期末余额的8%"的推演规则。

5.1.2 资产项目计划

与做好负债项目计划相类似，根据业务经营计划表的设计，对资产项目做出计划，就是填写1年期农业正常贷款、2年期制造业正常贷款、3年期房地产业正常贷款、不良贷款、1年期国债投资、1年期同业拆出资金的期末余额，其目的就是计划好各资产项目的新增金额。

1. 贷款计划。贷款计划包括正常贷款计划和不良贷款计划。与做好存款计划相类似，本教程要求各团队都"按照市场各项贷款需求增长比例"做贷款计划，确切地说，就是要用本年度业务经营状况表中各项贷款科目的期初借方余额，乘以本年度"88号"发布的各项贷款需求增长比例，从而得出本年度计划的各项贷款期末余额总数。当然，各团队初始经营状况相同，第1年度各项贷款期末余额的计划数肯定相同，但由于各团队的业务取向不同，后续年度所做的贷款计划的差别会越来越明显。

各项贷款的期末余额总数计划好后，需要进一步对正常贷款、不良贷款的期末余额分别做出计划。不良贷款计划其实就是不良贷款管控计划。做不良贷款计划要密切结合贷款计划，即根据本年度计划的各项贷款期末余额总数，按照"推演期间，不良贷款率超过1%的部分，须及时核销。推演结束时，不良贷款率不得超过0.5%"的推演规则，推算出期末不良贷款不得超过的金额，以确保不良贷款率达标。

不良贷款计划确定后，正常贷款期末余额计划显然也已经确定。接下来，将正常贷款期末余额计划分割成三个部分，即对 1 年期农业正常贷款、2 年期制造业正常贷款、3 年期房地产业正常贷款的期末余额分别做出计划。这里，各团队需要对下一年农业贷款、制造业贷款、房地产业贷款的利率和不良率的趋势做出预测。如果预测某项贷款的利率会相对上升多一些或下降少一些，或者不良率上升少一些或下降多一些，则可以多新增一些该项贷款，以有利于下一年度多收取一些贷款利息；如果预测某项贷款的利率会相对上升少一些或下降多一些，或者不良率上升多一些或下降少一些，则可以少新增一些该项贷款，以有利于下一年度少损失一些贷款利息。对此，各团队需要统筹把握。

此外，还有三个因素必须考虑：一是遵守"各团队农业贷款、制造业贷款、房地产业贷款的期末余额占比均不得低于 15%"的推演规则，即要对各项贷款都要做出适当的安排；二是要符合宏观审慎管理政策要求，确保宏观审慎评估的结果为 B 档及以上，即要少投放"00 号"不鼓励发放的贷款，多投放"00 号"鼓励发放的贷款；三是既要考虑贷款收益，也要"履行好社会责任"，对于"88 号"鼓励发展的行业要多投放贷款。

2. 1 年期国债投资计划。应明确的是，根据本教程设定，"88 号"制定并发布 1 年期国债计划是模仿政府有关部门履行经济宏观调控职能，有明显的政策意图。如果本年度 1 年期国债发行总额增加，则说明"88 号"鼓励各团队申购 1 年期国债。如果利率同时相对上调，那么各团队就应该积极申购 1 年期国债。因此各团队在做 1 年期国债申购计划时，首先要关注"88 号"发布的政策信息。

其次，各团队应考虑的是备付金期末余额的情况。因为申购 1 年期国债的资金来自备付金，即国债投资增加，则备付金减少，所以如果难以保证符合"流动性比例≥25%、备付金率≥2%"的推演规则时，则应适当控制申购金额；如果备付金充足，在确保流动性指标达标的情况下，可适当增加申购金额。

3. 1 年期同业拆出资金计划。本教程设计的各团队开展同业拆出资金业务，就是为了说明一些准备金水平较高的商业银行，在不影响自身支付能力的情况下可以及时地拆出资金，以获取更高的收益。因此，各团队制订 1 年期同业拆出资金业务计划时，需要考虑两个因素：一是要遵守"流动性比例≥25%、备付金率≥2%"的推演规则，因为同业拆出的资金也来自备付金，即拆出资金增加，则备付金减少，在确保流动性指标达标的情况下，尽可能地拆出资金，以获取更多的利润。二是要比较成本和收益，以盈利为目标，即确保拆出资金的利率大于各项负债的平均成本，尤其是对于那些既办理拆入业务又办理拆出业务的团队，则要确保拆出资金的利率大于拆入资金的利率。当然，如果流动性充足，备付金余额较大，那么即使拆出资金的利率不够高，但只要高于备付金利率，也要拆出资金。

5.1.3 损益核算项目计划

做好损益核算项目计划的原则是"量入为出"，即估算好本年度各项财务收入和支出，确保收入大于支出。当然，在例会召开环节，由于尚未正式模拟经营业务，有些项目暂时无法预测，如营业外支出；有些项目只能大致估算，难以准确计算，如利息收入、中间业务收入、贷款减值损失计提、业务及管理费支出以及营业外收入等。所以，本教程在业务经营计划表中只对几个收支金额比较大的损益项目做出计划，不考虑其他一些小的项目，因为这些项目不影响财务收支的总体状况。

1. 利息收入计划。1 年期国债投资、1 年期同业拆出资金、法定存款准备金、备付金的利息收入容易计算得出，只要用本年度业务经营状况表中 1 年期国债投资、1 年期同业拆出资金、法定存款准备金、备付金科目的期初借方余额，分别乘以上年度对应的利率即可。但各项贷款的利息收入难以准确计算，因为每年度各项目贷款的不良率会发生变化，引起存量不良贷款发生变化，从而导致各项目正常贷款的存量发生变化。因此只能大致估算利息收入：用本年度 1 年期农业正常贷款、2 年期制造业正常贷款、3 年期房地产业正常贷款科目的期初借方余额，分别乘以上年度对应的利率，再进行加总。这里，如果各项目贷款的不良率平均水平比上年度有所上升，则适当扣减一些；如果比上年度有所下降，则适当增加一些即可。

2. 中间业务收入计划。本教程设定的计算公式为：中间业务收入 =（各项资产期初余额 + 各项资产期末余额 + 各项负债期初余额 + 各项负债期末余额）×50%×1.4‰。但在例会召开环节尚未正式模拟经营业务，各项资产期末余额、各项负债期末余额尚不能确定，因此只能估算中间业务收入的金额。考虑到各项负债总额的变化趋势通常与各项存款保持一致，各项资产总额的变化趋势通常应与各项贷款保持一致，因此本教程设定，可以用各项存款的增长比例代替各项负债的增长比例，用各项贷款的增长比例代替各项资产的增长比例。这样，就可以把计算公式转换为：中间业务收入 =（各项资产期初余额 + 各项资产期初余额 × 本年度各项贷款需求增长比例 + 各项负债期初余额 + 各项负债期初余额 × 本年度各项存款供给增长比例）×50%×1.4‰。

3. 利息支出计划。利息支出的计划比较简单，只要用本年度业务经营状况表中活期存款、1 年定期存款、2 年定期存款、3 年定期存款科目的期初贷方余额，分别乘以上年度对应的利率，再加总即可。

4. 业务及管理费计划。与制订中间业务收入计划类似，将计算公式转换为：业务及管理费 =（各项资产期初余额 + 各项资产期初余额 × 本年度各项贷款需求增长比例 + 各项负债期初余额 + 各项负债期初余额 × 本年度各项存款供给增长比例）×50%×［3.8‰，4.8‰］。至于在 3.8‰ 与 4.8‰ 之间如何取值，做计划时可以先按中间值计算，后期在正式模拟经营环节结合成本收入比达标情况再做确定。

5.1.4 合规管理意见与行长确定年度工作计划

1. 合规管理总监提出意见。根据本教程的设定，合规管理总监在整个模拟经营中具体的任务只有两项：一是在召开例会时提出合规管理意见；二是在推演负债业务和资产业务期间，针对每一项业务的办理提出合规管理意见，并交付合规标识。如此安排，作者考虑的是：一是受模拟推演的条件制约，难以全面展示合规管理总监的职责履行，只能将合规意见融入各项业务的办理之中，将合规管理总监职责的履行体现为督促各项业务的合规办理；二是尽管合规管理总监的具体推演任务较少，但应体现其岗位职责的重要性，即不经过合规管理总监的审查，负债业务和资产业务不得办理；三是合规管理总监针对每一项业务提出的合规管理意见，实际上是办理这项业务最核心、最基本内容，起到了向学员普及金融管理知识的作用。

2. 行长确定年度工作计划。行长确定的工作计划实际上就是各位总监所提计划的汇总。这里，行长所介绍的是"本团队模拟的是中国特色社会主义市场经济体制下一家独立核算、自负盈亏的商业银行，既要抓好经营管理，也要履行好相关社会责任"。这句话实际上是本教程的核心，属"点睛之笔"，因为本教程设计的商业银行模拟经营活动，正是在这句话的基础上开展的。各位学员要认真体会。

5.2　负债业务推演要点

为了降低沙盘推演的复杂程度，本教程将负债业务设计得比较简单。负债业务中，存款业务是重点，下面介绍推演应把握的要点。

1. 存款结构变动情况表的填写。为了便于业务经营状况表中负债项下各存款科目数据的填写，作者设计了存款结构变动情况表（见表4.1）。由于本教程设定活期存款不支取，因此该表活期存款项目只需填写期初余额、新增金额和期末余额，定期存款项目的期初余额、新增金额和期末余额比照活期存款项目填写。

针对定期存款存在到期时间不同、到期金额不同的特点，作者在存款结构变动情况表中专门设计了"第1年""第2年""第3年"三列，供各团队按照沙盘盘面负债业务中心"1年定期存款""2年定期存款""3年定期存款"字样右侧"第1年""第2年""第3年"标识处塑料桶中的硬币数量，对应填写相应数据，以便将定期存款的期限与金额通过表格的形式表达出来，从而体现存款结构和总量的变化过程。具体而言，存款结构变动情况表中1年定期存款项目的第1年金额，与盘面"1年定期存款"字样右侧"第1年"标识处塑料桶中的硬币数量一致；2年定期存款项目的第1年、第2年金额，分别与盘面"2年定期存款"字样右侧"第1年""第2年"标识处塑料桶中的硬币数量一致；3年定期存款项目的第1年、第2年、第3年金额，分别与盘面"3年定期存款"字样右侧"第1年""第2年""第3年"标识处塑料桶中的硬币数量一致。

2. 负债项目的还本付息。负债到期归还的本金，即业务经营状况表中各负债科目的借方发生额，按以下方法分别计算：一是由于活期存款不支取，故到期归还的本金为0；二是1年定期存款到期归还的本金，等于存款结构变动情况表中 1 年定期存款项目的第 1 年金额；三是 2 年定期存款到期归还的本金，等于存款结构变动情况表中 2 年定期存款项目的第 2 年金额；四是 3 年定期存款到期归还的本金，等于存款结构变动情况表中 3 年定期存款项目的第 3 年金额；五是 1 年期央行再贷款、1 年期同业拆入资金到期归还的本金，分别等于业务经营状况表中负债项下 1 年期央行再贷款、1 年期同业拆入资金科目的期初贷方余额。

负债到期归还的利息计算比较简单，用本年度业务经营状况表中负债项下活期存款、1 年定期存款、2 年定期存款、3 年定期存款、1 年期央行再贷款、1 年期同业拆入资金科目的期初贷方余额，分别乘以上年度对应的利率，再汇总得出。

这里需要注意的是，2 年定期存款到期归还的本金，为存款结构变动情况表中 2 年定期存款项目的第 2 年金额，但计算利息不是用第 2 年金额乘以上年度 2 年定期存款的利率，而是用 2 年定期存款的全部金额，即本年度业务经营状况表中 2 年定期存款科目的期初贷方余额。3 年定期存款到期归还的本金，为存款结构变动情况表中 3 年定期存款项目的第 3 年金额，但计算利息不是用第 3 年金额乘以上年度 3 年定期存款的利率，而是用 3 年定期存款的全部金额，即本年度业务经营状况表中 3 年定期存款科目的期初贷方余额。如此设计的计算方法，是为了遵守"定期存款按年结息，到期后利随本清"的推演规则，其根本目的是为了方便沙盘推演。

3. 新增各项存款。新增存款业务是推演负债业务的重点内容。本教程设定，各团队参照存款计划，向"88 号"登记新增存款的需求数。"88 号"经沙盘推演应用程序运算，生成各团队本年度各项存款的新增金额，再按该金额向各团队交付相应数量的硬币。接下来，各团队参照存款计划，对各项存款的新增金额进行分割，计算出活期存款、1 年定期存款、2 年定期存款、3 年定期存款的新增金额，再将相应数量的硬币分别放入盘面负债业务中心"活期存款"标识处以及"1 年定期存款""2 年定期存款""3 年定期存款"字样右侧"第 1 年"标识处的塑料桶中。

需要注意的是，"88 号"确定的各团队各项存款新增金额，未必与各团队新增存款需求数相一致。如果出现差异，各团队可参照存款计划，在遵守推演规则和控制存款成本的原则下，对实际新增存款总数进行分割，以确定活期存款、1年定期存款、2年定期存款、3年定期存款的新增金额。

4. 1年期央行再贷款和1年期同业拆入资金业务。1年期央行再贷款业务的推演，参照计划执行即可。1年期同业拆入资金业务，基本上参照计划执行，只不过需要结合实际推演情形灵活掌握。

5. 同业拆借资金登记表的填写。根据本教程设计，商业银行团队办理资金拆借业务，既要交付或收取拆借资金借据，还要填写同业拆借资金登记表（见表4.8）。如此设计，作者主要考虑的是，拆借资金借据是资金拆出团队和拆入团队之间拆借业务关系的证明，只能体现"1对1"的关系。但是在模拟经营中，1个团队拆出、拆入资金的对象未必只有1个，也就是说实际推演中可能会出现"1对多"的情形。对于"1对多"关系的体现，可以在同业拆借资金登记表中做登记。因此，拆借资金借据代表的是资金，可以交付或收取；而同业拆借资金登记表是每一个团队用来统计资金拆出、拆入情况的表格，加总后便于直接填写业务经营状况表中对应科目的数据。

5.3 资产业务推演要点

与负债业务相比，本教程将资产业务设计得相对复杂一点，尤其是贷款业务。下面介绍推演要点的把握。

5.3.1 贷款业务推演要点

贷款业务的模拟经营是本教程推演流程最复杂的环节，最能体现各团队对经济金融环境的分析判断以及经营管理水平，涉及各项目不良贷款的核销、各项目贷款的发放、拨备覆盖率的把握等推演要点。具体来说，贷款业务包括不良贷款的重新认定、贷款损失准备计提、不良贷款核销、正常贷款的到期收回本息、新增贷款等多项业务。作者多次试验的结果表明，贷款业务是模拟推演出错的"高发地"。为了便于业务经营状况表中相关科目数据的填写，作者设计了正常贷款结构变动情况表（见表4.3）、不良贷款变动情况表（见表4.4）。正确填写这两张表，可以在推演过程中发挥重要作用。

1. 不良贷款的认定。首先需要明确的是，由于不同行业贷款的不良率每年都会发生变化，所以不良贷款存量也将发生变化。各团队用本年度业务经营状况表中 1 年期农业正常贷款、农业不良贷款科目的期初借方余额之和，乘以本年度农业贷款不良率，计算出农业贷款中的不良贷款金额。再用同样的方法，分别计算出制造业贷款和房地产业贷款中的不良贷款金额。这里，分别计算出的不良贷款金额，其业务含义是指在尚未核销不良贷款的情况下，农业贷款、制造业贷款、房地产业贷款中的不良贷款金额。

以农业不良贷款为例。用计算出的农业贷款中的不良贷款金额，与不良贷款变动情况表中农业不良贷款的期初余额做比较，并按照轧差额填写不良贷款认定项下的增加额或减少额，其业务含义是农业不良贷款相对于期初余额的增加金额或是减少金额。如是增加，各团队按照增加金额，从盘面资产业务中心"1 年期农业正常贷款"字样右侧"第 1 年"标识处的塑料桶中取出相应数量的硬币，放入"不良贷款"字样右侧"农业不良贷款"标识处的塑料桶中，代表部分农业正常贷款转化为不良贷款。如是减少，则按照减少金额，从"不良贷款"字样右侧"农业不良贷款"标识处的塑料桶中取出相应数量的硬币，放入"1 年期农业正常贷款"字样右侧"第 1 年"标识处的塑料桶中，代表部分农业不良贷款转化为正常贷款。

对于制造业不良贷款和房地产业不良贷款的推演，也使用类似方法。只不过，关于制造业不良贷款的推演，硬币挪动是在"2 年期制造业正常贷款"字样右侧"第 2 年"标识处的塑料桶和"不良贷款"字样右侧"制造业不良贷款"标识处的塑料桶之间进行；关于房地产业不良贷款的推演，硬币挪动是在"3 年期房地产业正常贷款"字样右侧"第 3 年"标识处的塑料桶和"不良贷款"字样右侧"房地产业不良贷款"标识处的塑料桶之间进行。如此设计，只是为了方便推演。

接下来，结合不良贷款的变动情况，相应填写正常贷款结构变动情况表，以确定不良贷款认定后的正常贷款情况。仍以农业不良贷款为例。如果农业不良贷款增加，各团队在正常贷款结构变动情况表中，将 1 年期农业正常贷款的调整项填写减少该金额，代表 1 年期农业正常贷款减少；如果农业不良贷款减少，则将该调整项填写增加该金额，代表 1 年期农业正常贷款增加。对于制造业不良贷款和房地产业不良贷款，也使用相同方法。

2. 贷款损失准备计提。首先要明确的是，核销不良贷款所使用的资金来自贷款损失准备，各团队只有在贷款损失准备充足的情况下，才有能力核销不良贷款。如果贷款损失准备不充足，则要先计提贷款减值损失，以补充贷款损失准备。由于贷款减值损失计提影响本年净利润的多少，因此在需要补充贷款损失准备的情况下，不良贷款核销越多，贷款减值损失计提就可能越多，本年度净利润可能就越少。相反，如果不良贷款核销越少，可能导致不良贷款率不达标，而且在保持一定拨备覆盖率的前提下，需要计提相对更多的贷款损失准备。可见，贷款损失准备和贷款减值损失的计提以及拨备覆盖率、不良贷款率、净利润这几个指标相互之间存在着一定的制约关系，各团队需要统筹把握。

各团队应根据本年度贷款投放计划以及期末不良贷款率不得超过 1% 或 0.5% 的推演规则，推算本年度应核销的不良贷款金额；再结合拨备覆盖率不得小于 150% 的推演规则，计算贷款损失准备的应计提余额；最后用贷款损失准备的应计提余额，与本年度业务经营状况表中贷款损失准备科目的期初贷方余额做比较，计算贷款损失准备应增加计提的金额，即贷款减值损失的计提金额。

这里，需要注意的是，各团队本年度贷款投放计划未必都能实现，因为按照推演流程，"00 号"根据宏观审慎管理需要，向"88 号"提供各团队当年贷款发放的调控目标；"88 号"根据"00 号"的意见，经沙盘推演应用程序运算，生成各团队新增贷款的参考总量，并告知各团队。这个参考总量可能与各团队本年度贷款投放计划并不相同。因此，各团队在推算应核销的不良贷款金额以及计提贷款减值损失时，要留有余地，以防止期末相关监测指标不达标。更进一步地说，既要防止期末不良贷款率不达标，也要考虑如果将不良贷款率降得太低，以影响本年净利润；既要保持拨备覆盖率达标，也要考虑如果将该指标升得太高，同样也会影响本年净利润。

3. 不良贷款核销。推演贷款损失准备计提业务时，各团队已经推算了本年度应核销的不良贷款金额。但是，这个金额只是不良贷款核销的总金额，并没有确定分项核销金额。接下来，各团队应分别确定农业不良贷款、制造业不良贷款、房地产业不良贷款的核销金额，也就是将核销总金额在这三项中进行分割。这里，各团队需要对下一年农业贷款、制造业贷款、房地产业贷款的利率和不良率的走势做出预测。如果预测某项贷款的利率会相对上升多一些或下降少一些，或者不良率上升少一些或下降多一些，则可以多核销一些该项不良贷款，以相对保留更多的该项正常贷款，从而有利于下一年多收取一些贷款利息；如果预测某项贷款的利率会相对上升少一些或下降多一些，或者不良率上升多一些或下降少一些，则可以少核销一些该项不良贷款，以相对保留更少的该项正常贷款，从而有利于下一年少损失一些贷款利息。对此，各团队需要统筹把握。

以农业不良贷款为例。确定农业不良贷款的核销金额后，各团队要按照该金额在不良贷款变动情况表中，填写农业不良贷款核销不良贷款项下的减少金额。接下来，各团队汇总不良贷款变动情况表中农业不良贷款的增加金额、减少金额，计算出期末余额，并按照增加金额填写业务经营状况表中农业不良贷款科目的借方发生额，按照减少金额填写贷方发生额，再填写借方期末余额。对于制造业不良贷款、房地产业不良贷款，也使用相同方法。

4. 贷款收回本息。首先明确的是，经重新认定，农业、制造业、房地产业不良贷款发生了变化，所对应的正常贷款也会发生变化。因此，到期收回的贷款金额不可能是本年度业务经营状况表中 1 年期农业正常贷款、2 年期制造业正常贷款、3 年期房地产业正常贷款科目的期初借方余额，由此带来计算利息的贷款本金也发生了变化。

关于各项正常贷款到期收回的本金。以农业贷款为例。用正常贷款结构变动情况表中 1 年期农业正常贷款的第 1 年金额，加上调整金额（如农业不良贷款增加，该金额为负数；反之，为正数），计算填写 1 年期农业正常贷款的到期收回金额，再与"1 年期农业正常贷款"字样右侧"到期"标识处塑料桶中的硬币进行核对。核对一致后，取出全部硬币并放入"准备金"字样右侧"备付金"标识处的塑料桶中。制造业正常贷款、房地产业正常贷款到期收回本金的推演，也使用类似方法，但区别在于：2 年期制造业正常贷款的到期收回金额，是用 2 年期制造业正常贷款的第 2 年金额加上调整金额，与"2 年期农业正常贷款"字样右侧"到期"标识处塑料桶中的硬币核对一致后确定；3 年期房地产业正常贷款的到期收回金额，是用 3 年期房地产业正常贷款的第 3 年金额加上调整金额，与"3 年期房地产业正常贷款"字样右侧"到期"标识处塑料桶中的硬币核对一致后确定。

关于各项正常贷款应收取的利息。仍以农业贷款为例。各团队用正常贷款结构变动情况表中 1 年期农业正常贷款的期初余额，加上调整金额（如农业不良贷款增加，该金额为负数；反之，为正数），再乘以上年度农业贷款利率，计算出 1 年期农业正常贷款的应收利息。2 年期制造业正常贷款、3 年期房地产业正常贷款收取利息的推演，也使用相同方法。

需要注意的是，2 年期制造业正常贷款的到期收回金额，为正常贷款结构变动情况表中 2 年期制造业正常贷款的第 2 年金额，加上调整金额；但计算利息不是用第 2 年金额加上调整金额，再乘以上年度 2 年期制造业正常贷款的利率，而是用 2 年期制造业正常贷款的期初余额加上调整金额。3 年期房地产业正常贷款的到期收回金额，为正常贷款结构变动情况表中 3 年期房地产业正常贷款的第 3 年金额，加上调整金额；但计算利息不是用第 3 年金额加上调整金额，再乘以上年度 3 年期房地产业正常贷款的利率，而是用 3 年期房地产业正常贷款的期初余额加上调整金额。这样的计算方法，是为了遵守"贷款按年结息，到期后利随本清"的推演规则，其根本目的是为了方便沙盘推演。

最后，填写业务经营状况表（见表 2.1）中 1 年期农业正常贷款、2 年期制造业正常贷款、3 年期房地产业正常贷款科目的贷方发生额。仍以农业贷款为例。如果经重新认定，部分农业正常贷款转化为不良贷款，或者农业正常贷款金额不变，资产业务总监按照本年度正常贷款结构变动情况表中 1 年期农业正常贷款的期初余额，填写本年度业务经营状况表中 1 年期农业正常贷款科目的贷方发生额。如果部分农业不良贷款转化为正常贷款，则用 1 年期农业正常贷款的期初余额，加上调整金额，填写 1 年期农业正常贷款科目的贷方发生额。2 年期制造业贷款、3 年期房地产业贷款的贷方发生额，也使用相同方法。

5. 新增贷款。由于本年度贷款投放计划未必都能实现，所以各团队需要按照"88 号"告知的新增贷款参考总量，参照贷款计划，在遵守推演规则和争取更多利润的原则下，对实际新增贷款总数进行分割，即重新安排 1 年期农业贷款、2 年期制造业贷款、3 年期房地产业贷款的新增金额。

确定各贷款项目的新增金额后，各团队需要填写本年度正常贷款结构变动情况中 1 年期农业正常贷款、2 年期制造业正常贷款、3 年期房地产业正常贷款项目的新增金额。接下来，填写本年度业务经营状况表 1 年期农业正常贷款、2 年期制造业正常贷款、3 年期房地产业正常贷款科目的借方发生额。

仍以农业贷款为例。如果经重新认定，部分农业正常贷款转化为不良贷款，或者农业正常贷款金额不变，资产业务总监按照本年度正常贷款结构变动情况表中 1 年期农业正常贷款的新增金额，填写本年度业务经营状况表中 1 年期农业正常贷款科目的借方发生额；如果部分农业不良贷款转化为正常贷款，则用 1 年期农业正常贷款的新增金额，加上调整金额，填写 1 年期农业正常贷款科目的借方发生额。2 年期制造业贷款、3 年期房地产业贷款科目的借方发生额，也使用相同方法。

5.3.2　其他资产业务推演要点

贷款以外的其他资产业务推演的关键是控制好备付金余额的多少，既要尽可能地扩大盈利能力强的资产，又要保持满足监测标准的流动性。

1. 备付金余额调整。本教程设计的沙盘，作者称之为挪币式沙盘，即采取以挪动硬币为主的推演方式。根据会计恒等式"资产 = 负债 + 所有者权益"，负债总额发生变化，在所有者权益不变的情况下，资产总额应该发生相应的变化。但由于沙盘模拟经营的条件限制，推演中难以在负债变化的同时反映出资产的变化。同时，为了减少类似推演手续的多次办理，避免每项负债业务的变化都反映相应资产的变化，本教程设定，所有负债业务办理结束，用本年度业务经营状况表中各项负债科目的期末贷方余额，减去期初贷方余额，以其差，作为调整备付金的金额。如果为正数，则相应增加备付金；如果为负数，则相应减少备付金。用备付金余额的变化来反映资产总额的变化，从而维系资产负债平衡。

2. 法定存款准备金缴存。推演法定存款准备金缴存业务应把握两个要点。一是要用本年度业务经营状况表中各项存款科目的期末贷方余额，乘以本年度"00 号"发布的法定存款准备金率，得出本年度应缴存的法定存款准备金金额；再用应缴存的法定存款准备金金额，减去法定存款准备金科目的期初借方余额，得出应增加或减少缴存的金额。二是根据法定存款准备金管理规定及本教程的设计，法定存款准备金不需多缴，多缴的部分不构成法定存款准备金，只能视为超额准备金；绝不可少缴，如有少缴，则构成法定存款准备金欠缴的违规行为。因此各团队，在确定法定存款准备金余额时，可以将计算出的法定存款准备金应缴存金额的尾数取整后进位，绝不可以简单地采取"四舍五入"的方法。

3. 准备金计收利息。推演准备金计收利息业务要注意的是，要用本年度业务经营状况表中法定存款准备金科目的期初借方余额，乘以上年度法定存款准备金利率；用备付金科目的期初借方余额，乘以上年度备付金利率。加总后，得出本年度计收的准备金利息。

4. 1年期国债投资业务。1年期国债投资的本金收回金额，等于本年度业务经营状况表中1年期国债投资科目的期初借方余额。利息收入金额，用本年度业务经营状况表中1年期国债投资科目的期初借方余额，乘以上年度1年期国债票面利率，计算得出。

关于新增1年期国债投资业务，各团队应在年初制订的1年期国债投资计划的基础上，密切关注备付金变化情况，确保备付金比例达标，即在确保留足备付金余额的情况下，尽可能地增加1年期国债投资的金额。

5. 1年期同业拆出资金业务。1年期同业拆出资金的本金收回金额，等于本年度业务经营状况表中1年期同业拆出资金科目的期初借方余额。利息收入金额，用本年度业务经营状况表中1年期同业拆出资金科目的期初借方余额，乘以上年度对应的同业拆出资金利率，计算得出。当然，如果是1个团队同时拆出资金给多个团队，则需要根据该团队同业拆借资金登记表填写的内容，分别计算从各拆入团队收取的本金和利息再加总得出。

关于新增1年期同业拆出资金业务，各团队应在年初制订的1年期同业拆出资金计划的基础上，密切关注备付金变化情况，确保备付金比例达标，即在确保留足备付金余额的情况下，视市场资金拆借行情确定拆出资金的金额。

5.4 财务会计业务推演要点

本教程，财务会计业务包括损益核算和所有者权益管理业务，推演方式主要是账务记载。其中，利息收入、利息支出统计汇总业务，需先做简单的数据加总，再记账；贷款减值损失计提核对、核算营业外支出、实收资本管理、核算未分配利润等业务，只需做好账务记载即可；核算中间业务收入、核算营业外收入、缴纳所得税等业务，只需按照既定的公式计算出结果，然后做好账务记载。这些业务的推演都比较简单。下面重点介绍核算业务及管理费、备付金余额核定、一般风险准备计提业务的推演。

1. 核算业务及管理费。例会推演环节已估算了本年度业务及管理费的支出金额，但实际支付金额还需进行调整，至少要考虑两个因素：一是期末成本收入比不能大于 35%，即业务及管理费支出不能过大，以符合监测指标的要求；二是业务及管理费支出不能过小，否则会影响下一年度存款的吸收。因为根据推演规则，各团队上一年度业务及管理费支出金额，与下一年度吸收存款总量正相关。为此，各团队需要进行试算，在 3.8‰ 与 4.8‰ 之间选择一个合适的值，在确保本年度成本收入比达标和争取下一年度更多存款两个方面进行统筹考虑，以确定合适的支出金额。

2. 备付金余额核定。备付金余额核定环节也是模拟推演出错的"高发地"。为了便于备付金收支金额的统计汇总以及业务经营状况表中备付金科目数据的填写，作者设计了备付金收支登记表（见表 4.6），按推演流程时记录资金收入、资金支出金额。该表列了 17 个资金收支项目，各团队需根据模拟业务开展情况，逐项认真填写，最后分别用收入和支出的汇总数，作为本年度业务经营状况表中备付金科目的借方和贷方发生额，再计算期末借方余额。

3. 损益结转及一般风险准备计提。商业银行会计期末办理损益结转，是将各项收入与利得类科目余额转入"本年利润"科目的贷方，将各项成本费用与损失类科目余额转入"本年利润"科目的借方；办理本年利润结转，即将"本年利润"科目的余额结转至"利润分配——未分配利润"科目。本教程为了方便模拟推演，将损益结转和利润结转的过程合并称为损益结转。

推演一般风险准备计提业务要注意两点：一是将计算出的一般风险准备应计提金额尾数取整后进位，不能简单地采取"四舍五入"的方法，以防止不符合"一般风险准备余额不得低于风险资产期末余额的 1.5%"的推演规则；二是根据本教程设定，计提一般风险准备的资金来自未分配利润，这与商业银行实际业务的办理并不相符，作者如此设计只是为了方便推演而做出的调整。

5.5　业务经营状况表填写要点

业务经营状况表中各科目借贷方发生额和余额，反映了各项业务的模拟经营过程和结果。正确填写并提交业务经营状况表是沙盘教学活动的基本要求。为此，各团队要把握好以下几点。

1. 严格按照本教程第 4 章的内容，结合沙盘推演各步骤，依次填写业务经营状况表中各科目数据。由于在课堂上，学员既动脑，又动手；既要在沙盘上推演，又要进行数据运算；既要在各种账表中做记录，还要处理各种型号硬币的交换，容易陷入"手忙脚乱"的境地，一不小心就会出现失误。因此，作者建议，各团队对于每一项业务的推演，在脑海里要形成明确的操作模式，比如，先办理资金收入，后记账；先记账，后办理资金支出；先在沙盘盘面上做相应硬币挪动或账务记载，后填写业务经营状况表。

2. 保持相关数据的一致性。比如，业务经营状况表中损益核算、所有者权益项下各科目以及贷款损失准备科目的数据，与对应分户账的记载应保持一致；业务经营状况表中资产、负债项下有关科目的余额，与盘面对应标识处各塑料桶中硬币数量保持一致。这种要求类似于商业银行会计工作应遵守的账账一致、账款一致、账表一致等原则。

3. 注意业务经营状况中相关数据的平衡关系。检查业务经营状况表是否正确的最简单的方法是，核对各项负债科目期末贷方余额和所有者权益科目期末贷方余额之和，是否等于各项资产科目期末借方余额。作者经历多次试验，形成了一个基本判断：一般来说，只要严格按照推演步骤进行，并保持相关数据的一致性，如果"各项负债科目期末贷方余额 + 所有者权益科目期末贷方余额 = 各项资产科目期末借方余额"，那么业务经营状况表就是正确的，各科目数据之间的关系都是平衡的。

4. 业务经营状况表数据不平的核查方法。包括重点核查和全面核查。如果发现业务经营状况表数据不平衡，各团队首先要重点检查两处出错"高发地"。

（1）备付金科目数据的填写。各团队要按照推演流程，逐笔核对该表记录的各项资金收入、资金支出金额，是否与推演情形一致。尤其需要注意的是，该表中有的项目是记录本金，如新增贷款项下备付金支出等；有的是记录利息，如存款还本付息项下备付金支出等；有的是记录本息合计，如贷款收回本息项下备付金收入等。因此，各团队在填写备付金收支登记表时，需要准确计算，认真填写。

（2）与贷款业务有关的各科目数据的填写。

一是各不良贷款科目借贷方发生额。该科目的借方发生额代表不良贷款的增加金额，与不良贷款变动情况表中不良贷款认定的增加额、正常贷款结构变动情况表中调整项金额的绝对值是相同的。这里，关于正常贷款结构变动情况表中的调整项。如果不良贷款增加，说明正常贷款减少，则该调整项金额应为负数；如果不良贷款减少，说明正常贷款增加，则该调整项金额应为正数。该科目的贷方发生额代表不良贷款的减少金额，包括经重新认定后不良贷款的减少金额和核销的不良贷款金额，分别对应不良贷款变动情况表中不良贷款认定项下的减少额和核销不良贷款项下的减少额。因此，本教程的推演步骤没有将不良贷款科目数据的填写设在不良贷款认定环节，而是设在核销不良贷款环节，就是为了方便在不良贷款核销以后各不良贷款科目借贷方发生额的填写。

二是各正常贷款科目贷方发生额。该科目的贷方发生额代表正常贷款的减少金额，包括贷款到期收回金额和经重新认定后正常贷款转化为不良贷款的金额。经重新认定，如果部分正常贷款转化为不良贷款，或者正常贷款金额不变，则按照正常贷款结构变动情况表中该项正常贷款的期初余额，填写业务经营状况表中该项正常贷款科目的贷方发生额。如果部分不良贷款转化为正常贷款，则用该项正常贷款的期初余额，加上调整金额，填写该项正常贷款科目的贷方发生额。

三是各正常贷款科目借方发生额。该科目的借方发生额代表正常贷款的增加金额，包括新增贷款和经重新认定后不良贷款转化为正常贷款的部分。因此，经重新认定，如果部分正常贷款转化为不良贷款，或者正常贷款金额不变，则按照正常贷款结构变动情况表中该项正常贷款的新增金额，填写业务经营状况表中该项正常贷款科目的借方发生额；如果部分不良贷款转化为正常贷款，则用该项正常贷款的新增金额，加上调整金额，填写该项正常贷款科目的借方发生额。

如果经重点检查，业务经营状况表仍然不平衡，则要对该表各科目数据逐项全面地开展核查，并将期末余额与沙盘盘面道具摆设情形进行核对。必要时，可结合相关账表的记载，通过复盘的方式查找问题所在。该表中损益核算项目的账务处理很简单，除净利润科目外，其他科目均保持借贷方发生额和期末借贷方余额一致，因此只要计算准确，一般来说，不会出现错误。下面重点介绍资产项目、负债项目以及所有者权益项目的核查方法。可以采取三种方法，作者形象地称之为纵向核查、横向核查、交叉核查。

（1）纵向核查。即从纵向看，核查业务经营状况表中各科目的期初借贷方余额、本期借贷方发生额、期末借贷方余额之间是否平衡，其原理就是分项之和应等于汇总项。用来核查的计算公式包括三类。

一是资产类核查公式。具体有：正常贷款 = 1 年期农业正常贷款 + 2 年期制造业正常贷款 + 3 年期房地产业正常贷款；不良贷款 = 农业不良贷款 + 制造业不良贷款 + 房地产业不良贷款；各项贷款 = 正常贷款 + 不良贷款；各项资产期初余额 = 各项贷款期初余额 + 法定存款准备金期初余额 + 备付金期初余额 + 1 年期国债投资期初余额 + 1 年期同业拆出资金期初余额 - 贷款损失准备期初余额；各项资产借贷方发生额 = 各项贷款借贷方发生额 + 贷款损失准备借贷方发生额 + 法定存款准备金借贷方发生额 + 备付金借贷方发生额 + 1 年期国债投资借贷方发生额 + 1 年期同业拆出资金借贷方发生额；各项资产期末余额 = 各项贷款期末余额 + 法定存款准备金期末余额 + 备付金期末余额 + 1 年期国债投资期末余额 + 1 年期同业拆出资金期末余额 - 贷款损失准备期末余额。

二是负债类核查公式。具体有：各项存款 = 活期存款 + 1 年定期存款 + 2 年定期存款 + 3 年定期存款；各项负债 = 各项存款 + 1 年期央行再贷款 + 1 年期同业拆入资金。

三是所有者权益类核查公式，即所有者权益 = 实收资本 + 一般风险准备 + 未分配利润。

（2）横向核查。即从横向看，核查业务经营状况表中各科目的期初借贷方余额、本期借贷方发生额和期末借贷方余额之间是否平衡。用来核查的计算公式包括三类。

一是资产类核查公式。对各项资产、各项贷款、正常贷款、1 年期农业正常贷款、2 年期制造业正常贷款、3 年期房地产业正常贷款、不良贷款、农业不良贷款、制造业不良贷款、房地产业不良贷款、法定存款准备金、备付金、1 年期国债投资、1 年期同业拆出资金科目而言，各科目期末借方余额 = 该科目期初借方余额 + 该科目借方发生额 - 该科目贷方发生额。对贷款损失准备科目而言，该科目期末贷方余额 = 该科目期初贷方余额 - 该科目借方发生

额 + 该科目贷方发生额。

二是负债类核查公式。对各项存款、活期存款、1 年定期存款、2 年定期存款、3 年定期存款、1 年期央行再贷款、1 年期同业拆入资金科目而言,各科目期末贷方余额 = 该科目期初贷方余额 - 该科目借方发生额 + 该科目贷方发生额。

三是所有者权益类核查公式。对所有者权益、实收资本、一般风险准备、未分配利润科目而言,各科目期末贷方余额 = 该科目期初贷方余额 - 该科目借方发生额 + 该科目贷方发生额。

(3) 交叉核查。即统筹核查业务经营状况表中各项资产、各项负债、所有者权益科目的期初、期末余额之间是否平衡。核查公式为:各项资产期初借方余额 = 各项负债期初贷方余额 + 所有者权益期初贷方余额;各项资产期末借方余额 = 各项负债期末贷方余额 + 所有者权益期末贷方余额。

第6章　指导老师操作流程

本章主要内容：一是介绍"00号"组织各商业银行团队模拟推演的操作流程；二是介绍"88号"协助"00号"组织模拟推演的操作流程；三是简要介绍沙盘推演应用程序的主要功能；四是介绍"00号"如何实施宏观审慎评估。

各商业银行团队在模拟经营的过程中，需要根据自身经营状况和外部环境的变化，及时调整经营策略。本教程采用"00号"和"88号"在模拟推演前发布相关政策的方式来介绍外部环境。"00号"扮演金融管理者的角色，在教学课堂上安排好各团队模拟推演的流程，组织沙盘教学的有序进行。"88号"扮演市场参与者和管理者的双重角色，主要是配合"00号"完成教学任务。各团队应按照"00号"和"88号"确定的操作流程进行模拟推演。

6.1　"00号"操作流程

在沙盘教学中，"00号"既是整个推演活动的组织者和管理者，也是配合各团队开展模拟经营的协助者。该角色由指导老师担任，主要任务是确保沙盘教学有条不紊地进行，明确推演任务，合理安排推演进程，并做好与各团队之间因业务往来而产生的硬币收付手续。

6.1.1　模拟推演前期准备

1. "00 号"提供给各团队的教学材料。

（1）三张表。在第 1 年度推演前，"00 号"需要给各团队提供三张表：一是初始年业务经营状况表（见表 2.1）；二是初始年经营指标监测表（见表 2.2）；三是第 1 年度金融管理政策一览表（见表 2.3）。后续年度推演前，"00 号"只提供本年度金融管理政策一览表。

初始年业务经营状况表主要反映商业银行团队初始年资产、负债、损益以及所有者权益项下的各科目数据，以便各团队了解模拟经营的初始条件，并按照该表各科目期末余额在沙盘盘面的相应标识处摆放各种道具。初始年经营指标监测表主要反映商业银行团队初始年各项经营指标的数值，以便各团队对照监测标准，对初始年各项经营指标的完成情况有所了解，并在此基础上设定本年度各项指标的期末目标值。这两张表由"00 号"于第 1 年度推演前提供，后续年度推演中不再提供，由各团队自行填制。

第 1 年度金融管理政策一览表，主要是反映模拟经营第 1 年度金融管理政策情况，以便各团队及时了解有关政策，判断经济金融发展趋势，便于制订本年度业务发展计划。该表由"00 号"于每年度推演前提供。

（2）全套沙盘模拟道具。根据沙盘教学需要，第 1 年度推演前，"00 号"给各团队发放一套沙盘模拟道具，具体包括：一张商业银行经营管理模拟教学沙盘盘面图、13 本分户账（详见表 4.5、表 4.10、表 4.11、表 4.12、表 4.14、表 4.15、表 4.16、表 4.17、表 4.18、表 4.19、表 4.20、表 4.21、表 4.22）、初始年 1 年期国债申购确认表（见表 4.13）以及相同数量的塑料空桶、硬币和合规标识。各团队对照初始年业务经营状况表各科目期末余额，将各分户账或一定数量的硬币分别放入 1 个塑料桶，摆放在沙盘盘面的相应标识处。1 年期国债申购确认表由财务会计总监保管，合规标识由合规管理总监保管，以备推演中使用。

（3）若干套备用空白表格。根据沙盘教学需要，第 1 年度推演前，"00 号"根据计划推演的次数，给各团队提供若干套空白表格，由财务会计总监保管，以备在整个模拟推演过程中使用。这些表格包括业务经营状况表、经营指标监测表、存款结构变动情况表（见表 4.1）、业务经营计划表（见表

4.2）、正常贷款结构变动情况表（见表 4.3）、不良贷款变动情况表（见表 4.4）、备付金收支登记表（见表 4.6）、再贷款申请表（见表 4.7）、同业拆借资金登记表（见表 4.8）、拆借资金借据（见表 4.9）、1 年期国债申购确认表等。

2. "00 号"自身准备工作。

（1）安装沙盘推演应用程序。沙盘教学开始前，"00 号"需要在教学电脑中安装沙盘推演应用程序（以下简称应用程序），以便使用计算机工具来提高模拟教学的效率。

（2）充足的备用沙盘模拟道具和空白表格。根据沙盘教学需要，"00 号"除了向各团队提供必要的沙盘模拟道具和空白表格外，还应保留充足的沙盘模拟道具和空白表格以备用。

（3）发起建立仅由"00 号"和各团队的负债业务总监、资产业务总监加入，专门用于拆借资金业务洽谈的微信群。

6.1.2 模拟推演期间操作

"00 号"需按照以下次序，组织各团队开展模拟经营。

1. 组织召开年度经营管理例会。在统一限定的时间内，组织各团队分别召开年度经营管理例会，分析当前经营管理状况，并结合金融管理政策、市场管理政策，研究确定本年度业务发展计划。

2. 组织推演负债逐步到期业务。在统一限定的时间内，组织各团队推演 1 年定期存款、2 年定期存款、3 年定期存款、1 年期央行再贷款、1 年期同业拆入资金逐步到期业务。

3. 组织推演存款还本付息业务。在统一限定的时间内，组织各团队依次推演各项存款按年付息和 1 年定期存款、2 年定期存款、3 年定期存款利随本清业务。

4. 组织推演新增存款业务。在统一限定的时间内，组织各团队依次推演新增活期存款、1 年定期存款、2 年定期存款、3 年定期存款业务。

"00 号"向"88 号"提供市场各项存款上年末余额、本年度预测增长比例以及各团队上年度各项贷款新增金额、业务及管理费支出金额等，以便"88 号"计算各团队本年度各项存款的新增金额总量。

5. 组织推演再贷款还本付息业务。在统一限定的时间内，组织各团队推演1年期央行再贷款到期还本付息业务。

"00号"经应用程序运算，复核各团队归还的再贷款本息并收取相应数量的硬币；登记再贷款收回本息情况，以及再贷款授信额使用情况。

6. 组织推演新增再贷款业务。在统一限定的时间内，组织各团队推演新增1年期央行再贷款业务。

第1步，"00号"审核各团队提交的再贷款申请表。结合各团队上年度业务经营状况表中的相关数据，经应用程序运算得出各自期末涉农贷款余额占比。对于不低于50%的团队，同意发放支农再贷款，并收取再贷款申请表。对于低于50%的团队，则不同意发放支农再贷款，并退回再贷款申请表。

第2步，同意发放支农再贷款的，按照不超过申请团队上年度所有者权益期末余额40%的标准，结合其申请金额以及在可使用的再贷款授信额内发放再贷款。在应用程序的再贷款管理模块中，登记再贷款发放对象、发放时间、到期时间、金额、利率等以及授信额的使用情况。如果多个团队同时申请再贷款，且申请总金额大于可使用授信额，则在可使用授信额内，采取按比例分配的方法，相应满足各团队的再贷款需求。

第3步，按照同意发放的再贷款金额，向申请团队交付相应数量的硬币。

7. 组织推演同业拆借资金还本付息业务。在统一限定的时间内，组织各团队推演1年期同业拆借资金的归还业务，办理拆借资金的本金归还和利息收付，相应地交付借据或硬币。

8. 组织推演新增同业资金拆借业务。在统一限定的时间内，组织各团队推演1年期同业拆借资金的拆出、拆入业务，通过资金拆借微信群洽谈资金拆出、拆入业务，相应交付借据或硬币。

9. 组织推演负债科目数据试算平衡。在统一限定的时间内，组织各团队对本年度业务经营状况表中负债项下各科目数据试算平衡。

10. 组织推演备付金余额调整业务。在统一限定的时间内，组织各团队推演备付金余额调整业务，收取或交付相应数量的硬币。

"00号"审核各团队本年度业务经营状况中各项负债科目的数据，复核各团队提出的备付金应调增或调减金额。如需调增，将相应数量的硬币交给对应团队。如需调减，则从对应团队收取相应数量的硬币。

11. 组织推演法定存款准备金缴存业务。在统一限定的时间内，组织各团队推演法定存款准备金缴存业务。通过应用程序的准备金管理模块，计算各团队应缴存的法定存款准备金金额。

12. 组织推演准备金计收利息业务。在统一限定的时间内，组织各团队依次推演法定存款准备金和备付金计收利息业务。

"00 号"通过应用程序的准备金管理模块，根据各团队本年度业务经营状况表，对法定存款准备金和备付金应付利息进行复核。经复核无误，将相应数量的硬币交给对应团队。

13. 组织推演不良贷款认定业务。在统一限定的时间内，组织各团队推演农业不良贷款、制造业不良贷款、房地产业不良贷款认定业务。

14. 组织推演贷款损失准备计提业务。在统一限定的时间内，组织各团队推演贷款损失准备计提业务。

15. 组织推演不良贷款核销业务。在统一限定的时间内，组织各团队推演不良贷款核销业务。

16. 组织推演贷款到期收回本息业务。在统一限定的时间内，组织各团队依次推演 1 年期农业正常贷款、2 年期制造业正常贷款、3 年期房地产业正常贷款按年结息和到期利随本清业务。

17. 组织推演新增贷款业务。在统一限定的时间内，组织各团队依次推演新增 1 年期农业正常贷款、2 年期制造业正常贷款、3 年期房地产业正常贷款业务。

"00 号"通过应用程序宏观审慎管理模块，生成对各团队的宏观审慎评估结果。向"88 号"提供市场各项贷款上年末余额、本年度预测增长比例以及各团队上年度宏观审慎评估结果、上年末各项贷款余额、本年度新增贷款的调控目标等，以便"88 号"计算各团队本年度新增贷款的参考总量。

18. 组织推演 1 年期国债还本付息业务。在统一限定的时间内，组织各团队推演 1 年期国债还本付息业务。

19. 组织推演新增 1 年期国债业务。在统一限定的时间内，组织各团队推演新增 1 年期国债业务。

20. 组织推演利息收入合计金额的统计汇总。在统一限定的时间内，组织各团队推演利息收入合计金额的统计汇总。

21. 组织推演利息支出合计金额的统计汇总。在统一限定的时间内，组织各团队推演利息支出合计金额的统计汇总。

22. 组织推演中间业务收入的核算业务。在统一限定的时间内，组织各团队推演中间业务收入的核算业务。

23. 组织推演业务及管理费支出的核算业务。在统一限定的时间内，组织各团队推演业务及管理费支出的核算业务。

24. 组织推演贷款减值损失计提的核算业务。在统一限定的时间内，组织各团队推演贷款减值损失计提的核算业务。

25. 组织推演营业外收入的核算业务。在统一限定的时间内，组织各团队推演营业外收入的核算业务。

26. 组织例外情形下的推演。

情形 1：对于不符合宏观审慎管理、微观审慎监管要求以及相关推演规则要求的团队，"00 号"应制作整改意见书（见表 6.1），交给相应团队并要求进行整改。

表 6.1　　　　　　　　　　　"00 号"整改意见书

	_____年度第___号	
_____商业银行团队：		
违规事由	□1. 不符合宏观审慎管理要求：_____。	
	□2. 不符合微观审慎监管要求：_____。	
	□3. 不符合相关推演规则要求：_____。	
整改意见	□1. 切实执行宏观审慎管理要求：_____。	
	□2. 切实执行微观审慎监管要求：_____。	
	□3. 切实满足相关推演规则要求：_____。	
	"00 号"签字：	

情形 2：对于未按规定比例缴存法定存款准备金、违反规定同业拆借、未按规定开展反洗钱审查、严重违反审慎经营规则以及未按规定提供报表且被责令改正后再次违规的团队，"00 号"应制作整改意见书和行政处罚决定书

（见表 6.2），交给相应团队，要求进行整改并接受行政处罚。

表 6.2   **"00 号"行政处罚决定书**

_____年度第____号	
_____商业银行团队：	
违规事由及处罚依据	□1. 未按规定比例缴存存款准备金的行为，依据《中华人民共和国商业银行法》相关规定进行处罚。
	□2. 违反规定同业拆借的行为，依据《中华人民共和国商业银行法》相关规定进行处罚。
	□3. 未按规定开展反洗钱审查的行为，依据《中华人民共和国反洗钱法》相关规定进行处罚。
	□4. 严重违反审慎经营规则的行为，依据《中华人民共和国银行业监督管理法》相关规定进行处罚。
	□5. 未按规定提供报表、被责令改正后再次违规的行为，依据《中华人民共和国银行业监督管理法》相关规定进行处罚。
处罚决定	□不适用减轻处罚，对你团队处以罚款_____万元。
	□适用减轻处罚，依据《中华人民共和国行政处罚法》相关规定，对你团队给予减轻处罚，罚款_____万元。
	<div align="right">"00 号"签字：</div>

27. 组织推演营业外支出的核算业务。在统一限定的时间内，组织各团队推演营业外支出的核算业务，按照罚款金额收取违规团队相应数量的硬币。

28. 组织推演所得税缴纳的核算业务。在统一限定的时间内，组织各团队推演所得税缴纳的核算业务。

29. 组织推演备付金余额核定业务。在统一限定的时间内，组织各团队推演备付金余额核定业务。

30. 组织推演资产项下各科目数据试算平衡业务。在统一限定的时间内，组织各团队对本年度业务经营状况表中资产项下各科目数据试算平衡。

31. 组织推演损益结转的核算业务。在统一限定的时间内，组织各团队推演损益结转的核算业务。

32. 组织推演实收资本的核算业务。在统一限定的时间内，组织各团队推演实收资本的核算业务。

33. 组织推演一般风险准备计提的核算业务。在统一限定的时间内，组织各团队推演一般风险准备计提的核算业务。

34. 组织推演未分配利润的核算业务。在统一限定的时间内，组织各团队推演未分配利润的核算业务。

35. 组织推演所有者权益核定及所有者权益科目数据试算平衡业务。在统一限定的时间内，组织各团队推演所有者权益核定业务，并对本年度业务经营状况表中所有者权益项下各科目数据试算平衡。

36. 组织推演年末账务盘点并报送报表。在统一限定的时间内，组织各团队推演年末账务盘点业务。

6.1.3　模拟推演后续安排

在每年度沙盘推演完成后，"00号"需分析处理各团队报送的业务经营状况表，为下一年度组织模拟推演做准备。

1. 审核各团队业务经营状况表。将各团队报送的本年度业务经营状况表导入应用程序，以审核报表数据的完整性和准确性。如不符合要求，则要求重新报送。

2. 组织实施微观审慎监管。通过应用程序的微观审慎监管模块，基于各团队业务经营状况表和推演进程开展微观审慎监管。对于不符合微观审慎监管要求以及相关推演规则要求的情形，应责令其整改，并采取相应措施；情形严重的，应暂停其新增负债、新增资产业务的推演。

第1步，经应用程序运算，生成各团队经营指标监测表中各项指标期末完成值。

第2步，对各团队经营指标完成情况开展监测分析。对于不符合微观审慎监管规则要求的情形，应做相应记录，并相应制作整改意见书（见表6.1），列明违规事由、整改意见。

第3步，对各团队未按规定比例缴存存款准备金、违反规定同业拆借、未按规定开展反洗钱审查、严重违反审慎经营规则以及未按规定提供报表且被责令改正后再次违规等情形，应做相应记录，并有针对性地制作整改意见书和行政处罚决定书（见表6.2），列明违规事由、整改意见、处罚依据、处罚决定等。

3. 组织实施宏观审慎管理。通过应用程序宏观审慎管理模块，基于各团

队业务经营状况表开展宏观审慎评估。对于不符合宏观审慎管理政策要求的
情形，应责令其整改，并采取相应措施；情形严重的，应暂停其新增负债、
新增资产业务的推演。

第 1 步，经应用程序运算，生成各团队的宏观审慎评估结果。

第 2 步，根据宏观审慎评估结果，对各团队确定不同的管理措施，并制
作宏观审慎管理意见书（见表6.3）。对评估结果为 A 档的团队，实施激励性
措施，如提高法定存款准备金利率、按优惠利率提供再贷款等。对评估结果
为 B 档的团队执行既定政策。对评估结果为 C 档的团队，可有选择地实施惩
罚性措施：一是提高法定存款准备金率、降低法定存款准备金利率；二是按
约束利率提供再贷款；三是采取约见谈话的方式，进行窗口指导，对其信贷
投放情况给予风险和预警提示，可有针对性地采取贷款集中度管理；四是取
消其申请再贷款、办理同业拆借业务的资格等。

表 6.3　　　　　"00 号" _____年度宏观审慎管理意见书

宏观审慎评估结果	团队名称	本年度采取的措施
A 类	_____团队	激励政策：
	_____团队	激励政策：
	……	激励政策：
B 类	_____团队	既定政策：
	_____团队	既定政策：
	……	既定政策：
C 类	_____团队	惩罚措施：
	_____团队	惩罚措施：
	……	惩罚措施：

6.2　"88 号"操作流程

在沙盘教学中，"88 号"是"00 号"的助手，兼有市场参与者和市场管
理者双重角色。该角色由指导老师担任，主要任务是协助"00 号"完成教学
任务，确保模拟推演顺利进行，并做好与各团队之间因业务往来而产生的硬
币收付手续。

6.2.1　模拟推演前期准备

1. "88 号"提供给各团队的教学材料。

每年度推演前，"88 号"向各团队提供本年度市场管理政策一览表（见表 2.4），主要是反映本年度市场管理政策，供其参考并制订业务发展计划。

2. "88 号"自身准备工作。

（1）安装应用程序。在沙盘教学过程中，"88 号"与"00 号"需要在教学电脑中安装同样的应用程序，但使用不同的功能模块。两台电脑协同工作，可以实现文档、信息、任务的相互传递。

（2）充足的备用沙盘模拟道具和空白表格。根据沙盘教学需要，"88 号"需保留充足的沙盘模拟道具和空白表格以备用。

6.2.2　模拟推演期间操作

1. 计收存款本息。审核各团队本年度存款结构变动情况表和利息支出分户账中相关数据，经应用程序运算，复核各项存款的应付利息和本金。经复核无误，收取各团队相应数量的硬币。

2. 提供新增存款。根据"00 号"提供的市场各项存款上年末余额、本年度预测增长比例以及各团队上年度各项贷款新增金额、业务及管理费支出金额等，结合本年度各团队登记的新增存款需求数，经应用程序运算，生成各团队本年度新增存款金额总量，并按该金额向各团队交付相应数量的硬币。

3. 办理不良贷款核销。审核各团队本年度不良贷款变动情况表和贷款损失准备分户账中相关数据，复核不良贷款的核销金额。经复核无误，收取各团队相应数量的硬币。

4. 支付贷款利息。审核各团队本年度正常贷款结构变动情况表中相关数据，经应用程序运算，复核各项贷款的应付利息。经复核无误，将相应数量的硬币交给各团队。

5. 提供新增贷款参考数。根据"00 号"提供的市场各项贷款上年末余额、本年度预测增长比例以及各团队上年度宏观审慎评估结果、上年末各项贷款余额、本年度新增贷款的调控目标等，结合各团队登记的本年度计划新增贷款数，经应用程序运算，生成各团队本年度新增贷款总量的参考金额，并告知各团队。

6. 支付 1 年期国债本息。根据各团队上年度 1 年期国债申购确认表，经应用程序运算，复核 1 年期国债的应付利息。经复核无误，将相应数量的硬币交给各团队。

7. 发行 1 年期国债。审核各团队提交的本年度 1 年期国债申购确认表，在本年度 1 年期国债发行计划内，按照市场供求基本原理，经应用程序运算，生成各团队本年度可认购的 1 年期国债金额，对应填写各团队 1 年期国债申购确认表中确认的认购金额及票面利率等，再交还给各团队。

8. 办理中间业务收入的支付。审核各团队本年度业务经营状况表和中间业务收入分户账中相关数据，经应用程序运算，复核各团队本年度应取得的中间业务收入。经复核无误，将相应数量的硬币交给各团队。

9. 办理业务及管理费的收取。审核各团队本年度业务经营状况表和业务及管理费支出分户账中相关数据，经应用程序运算，复核各团队本年度应支付的业务及管理费金额。经复核无误，收取各团队相应数量的硬币。

10. 办理营业外收入的支付。审核各团队本年度业务经营状况表和营业外收入分户账中相关数据，对照本年度产业政策，确认可以获得财政奖补的团队；经应用程序运算得出具体奖补金额，并将相应数量的硬币交付给相应团队。

11. 办理所得税的征收。审核各团队本年度业务经营状况表和所得税分户账中相关数据，经应用程序运算，复核各团队本年度应缴纳的所得税。经复核无误，收取各团队相应数量的硬币。

6.2.3 模拟推演后续安排

"88 号"协助"00 号"处理本年度模拟推演后续事宜，为下年度模拟推演做准备。

6.3 沙盘推演应用程序简介

在使用物理沙盘的背景下，为了提高课堂上指导老师与各团队之间往来业务处理和信息传递的效率，"00 号"和"88 号"需要在教学电脑中安装沙盘推演应用程序。尽管两个指导老师使用相同的应用程序，但使用不同的功能模块。两台电脑协同工作，可以实现文档、信息、任务的传递。该应用程序的主要功能包括：

1. 用户权限管理功能。该应用程序只有两个用户，即"00 号"和"88号"。两个指导老师使用该系统的不同功能模块。

2. 数据存储功能。该应用程序采用固定格式，将业务经营状况表、经营指标监测表、宏观审慎评估分析表、经营管理情况评价表等存储于数据库。

3. 数据校验功能。该应用程序可对各团队报送的业务经营状况表、经营指标监测表的正确性、准确性进行逻辑校验，并预警提示存在的问题。

4. 数据处理功能。该应用程序满足不同条件的数据处理要求，重点是数据输入、数据运算、数据输出功能。

一是数据输入功能。满足依据固定格式实现 Excel 数据的批量导入和手工录入。数据导入，是指将初始年业务经营状况表、初始年经营指标监测表以及各团队报送的各年度业务经营状况表等导入数据库。数据录入，是指对系统数据无法导入或导入出现问题时，提供数据手工录入功能。手工录入的数据包括：各年度金融管理政策一览表、市场管理政策一览表以及各团队存贷款需求、再贷款业务需求、国债投资业务需求等。

二是数据运算功能。实现对各团队报送的业务经营状况表中各项数据进行读取、计算、分析，并生成相应表格。主要包括：对各团队提出的与"00号""88 号"有关的资金收支金额进行计算、复核，如再贷款的应付利息等；实施微观审慎监管，生成各团队每年度经营指标监测表；实施宏观审慎管理，生成各团队每年度宏观审慎评估表；对各团队经营状况进行综合评价，生成各团队经营管理情况评价表。

三是输出功能。指经过系统运算，生成相关数据，打印后提供给各团队。主要包括：生成各团队本年度各项存款新增金额总量、再贷款新增金额、各项贷款新增金额总量、国债投资新增金额等；生成针对各团队出现例外情形而制作的整改意见书、行政处罚决定书、宏观审慎管理意见书等。

5. 数据查询、维护功能。

一是实现数据库内各种数据的多条件、多方式的查询，即查询推演期间任意商业银行团队任意时间段、时间点、业务项的单点数据或汇总数据。

二是实现对数据库数据的维护，包括数据删除、数据修改等；实现数据指标及相关系数的修改、增减等。

6.4 "00号"宏观审慎评估

实施宏观审慎评估（Macroprudential Assessment，简称MPA），是我国央行开展宏观审慎管理的一项重要内容，是强化逆周期调节、防范系统性金融风险的一个重要举措。

为了仿真构建商业银行经营的外部环境，作者将央行开展宏观审慎评估的基本要求融入本教程，作为"00号"履行金融宏观调控职能的一项内容。尽管"00号"实施的宏观审慎评估并不直接展示在各团队沙盘推演的台前，而是存在于模拟经营的幕后，但作者考虑，既然各团队推演资产业务时在很大程度上必须满足"00号"宏观审慎管理政策的要求，那么就有必要了解宏观审慎评估的基本要求。在沙盘教学中，宏观审慎评估的具体操作由指导老师通过应用程序进行，操作过程是："00号"根据各团队的业务经营状况表中相关数据，经应用程序运算，生成宏观审慎评估结果；再根据评估结果向"88号"提供针对各团队的信贷调控目标，以优化信贷投放；"88号"根据"00号"的意见，组织各团队发放贷款。

当前我国央行使用的宏观审慎评估体系基本指标主要包括资本和杠杆情况、资产负债情况、流动性情况、利率定价情况、资产质量情况、跨境融资风险情况、信贷政策执行情况等7大类。宏观审慎评估的结果分为A、B、C三档。对A档机构，人民银行可以采取一系列激励措施。对C档机构，则可以采取相应的约束措施。

为了便于沙盘教学活动，并基于数据的可得性，作者设计了一套"00号"宏观审慎评估（本教程称为MPA－ERP）的指标体系。具体包括资本充足情况、资产负债情况、流动性情况、资产质量情况、信贷政策执行情况5大类共8个指标（详见表6.4）。"00号"根据宏观调控需要，可以对指标的权重和相关参数以及评分方法进行调整。

表 6. 4   **MPA – ERP 评估指标体系及评分标准一览表**

类别	指标	分值
资本充足情况	宏观审慎资本充足率	100 分
资产负债情况	合意贷款	75 分
	同业拆入资金	25 分
流动性情况	法定存款准备金缴存情况	100 分
资产质量情况	不良贷款率	50 分
	拨备覆盖率	50 分
信贷政策执行情况	信贷政策执行情况	75 分
	央行资金运用情况	25 分

需要说明两点。一是各团队模拟经营主要是执行由"00 号"公布的相关利率，或者由资金拆借双方商定利率，没有涉及利率定价机制情况。二是本教程为了业务推演的简化，没有涉及跨境融资风险情况。所以，MPA – ERP 评估体系不包括对这两项的评估。

6. 4. 1   MPA – ERP 评估指标体系

MPA – ERP 评估指标体系主要包括 5 大类共 8 个指标。

1. 资本充足情况。MPA – ERP 考核的是宏观审慎资本充足率与实际资本充足率的差距。宏观审慎资本充足率 = K_i × （最低资本充足率 + 储备资本 + 系统重要性附加资本 + 逆周期缓冲资本）（i 指某团队）。如果宏观审慎资本充足率不大于实际资本充足率，则可得 100 分（满分）。如果宏观审慎资本充足率大于实际资本充足率，则得 0 分。

该公式中，各团队最低资本充足率均为 8%，储备资本均为 2.5%。参数 K 的基准值为 1，但如果某团队出现违规行为被"00 号"或"88 号"经济处罚或责令暂停 1 个年度推演的，可上调 0.1。

关于系统重要性附加资本。"00 号"将某团队作为参照团队并赋值为 1%，其他团队按与参照团队的资产规模比值相应赋值，基本公式为：团队 i 的系统重要性附加资本 = 0.5% + （1% – 0.5%）×团队 i 资产规模/参照团队资产规模。

关于逆周期资本缓冲。逆周期资本缓冲 = max ｛［团队 i 合意贷款增速 –

目标 M_2 增长率], 0}。合意贷款增速 = （当年末合意贷款余额/上年末合意贷款余额 - 1） ×100% 。合意贷款是指各项贷款乘以相应系数所计算出的贷款余额。计算公式为：当年合意贷款 = 1 年期农业贷款余额 × M_1 + 2 年期制造业贷款余额 × M_2 + 3 年期制造业贷款余额 × M_3，M_1、M_2、M_3 由 "00 号"根据宏观调控需要确定。目标 M_2 增长率为 "00 号"公布的当年目标 M_2 增长率。

2. 资产负债情况。具体包括两项指标。

一是合意贷款。MPA - ERP 考核的是各团队合意贷款增速与目标 M_2 增长率的偏离度。合意贷款增速不高于目标 M_2 增长率25 个百分点，则得 75 分。如果高于，则得 0 分。

二是同业拆入资金。MPA - ERP 考核的是各团队同业拆入资金增速与目标 M_2 增长率的偏离程度。同业拆入资金增速不超过目标 M_2 增长率30 个百分点，则得 25 分。如果超过目标 M_2 增长率30 个百分点但未超过33 个百分点，则得 15 ~ 25 分。如果超过目标 M_2 增长率33 个百分点，则得 0 分。

3. 流动性情况。MPA - ERP 以遵守准备金制度情况作为流动性考核指标。各团队每年末缴存的法定存款准备金余额与各项存款余额之比，不低于法定存款准备金率，则得满分；否则，得 0 分。

4. 资产质量情况。具体包括两项指标。

一是不良贷款率。MPA - ERP 考核的是各团队不良贷款余额与贷款余额的比例。不高于各团队平均不良贷款率的，得 50 分；高于各团队平均不良贷款率的，得 0 分。

二是拨备覆盖率。MPA - ERP 考核的是各团队贷款损失准备与不良贷款余额的比例。拨备覆盖率不低于150% 的，得 50 分；低于150% 的，得 0 分。

5. 信贷政策执行情况。具体包括两项指标。

一是信贷政策执行情况。MPA - ERP 考核的是各团队农业贷款和制造业贷款增幅情况。在农业贷款、制造业贷款增幅两项中，如果有 1 项大于各项贷款增幅，则得 75 分；如果 2 项都不大于各项贷款增幅，则得 0 分。

二是央行资金运用情况。MPA - ERP 考核的是各团队支农再贷款的使用情况。未使用支农再贷款的团队，得基础分 20 分。使用支农再贷款的团队，能按时足额偿还再贷款本息的，得 20 分，否则得 0 分。在借用支农再贷款期间累计发放的农业贷款金额不低于累计借用的支农再贷款金额的，得 5 分，否则得 0 分。

6.4.2　MPA - ERP 评估结果

1. MPA - ERP 评估结果的计算。"00 号"根据各团队上年度业务经营状况表中相关数据，结合金融宏观调控需要，设定相关参数，经应用程序运算生成对各行的评估结果。

2. MPA - ERP 评估标准。MPA - ERP 的评估结果分为 A、B、C 三档。A 档团队的评分标准为 5 大类指标均为优秀（优秀线为 90 分）。B 档团队是除 A 档和 C 档以外的团队。C 档团队是资本充足情况不达标或者资产负债情况、流动性情况、资产质量情况、信贷政策执行情况中任意 2 类及以上指标不达标（达标线为 60 分）。

6.4.3　MPA - ERP 评估相关激励约束措施

"00 号"可以根据 MPA - ERP 的评估结果，对各团队采取有区别的激励约束措施。

1. 存款准备金差别化管理。对 A 档团队实施激励措施，包括下调法定存款准备金率 1 ~ 2 个百分点、法定存款准备金利率按照既定法定存款准备金利率的 1.1 ~ 1.3 倍执行。对 C 档团队实施约束措施，包括上调法定存款准备金率 1 ~ 2 个百分点、法定存款准备金利率按照既定法定存款准备金利率的 0.7 ~ 0.9 倍执行。对 B 档团队执行"00 号"发布的当年既定管理政策。

2. 再贷款差别化管理。对 A 档团队按优惠利率提供再贷款，即按照既定再贷款利率的 0.7 ~ 0.9 倍执行。对 C 档团队实施约束性利率，即按照既定再贷款利率的 1.1 ~ 1.3 倍执行。对 B 档团队执行"00 号"发布的当年既定管理政策。

3. 对 C 档银行，"00 号"可组织对该团队全体成员谈话，进行窗口指导，对其信贷投放情况给予风险和预警提示，可有针对性地采取贷款集中度管理，亦可取消其申请再贷款、办理同业拆借业务的资格。

第7章 沙盘模拟实战演练

> **本章主要内容：**介绍各团队按照指导老师的要求，接续性完成 5 个年度的模拟业务推演。一是介绍沙盘模拟经营任务清单的使用；二是介绍各团队在同一起点上开展模拟经营实战。

沙盘模拟教学重在让学员亲自动手来完成推演全过程，从中学习、理解并运用商业银行经营管理的相关知识。本章由各团队结合所掌握的知识和规则要领，采取相应的经营举措，在同一起点上连续推演 5 个年度，最后取得不同的经营业绩。

7.1 沙盘模拟经营任务清单

为了保障沙盘推演有条不紊地进行，作者设计了模拟经营任务清单（见表 7.1）。本教程设定，各团队要按照模拟经营任务清单中的内容，依次开展模拟推演活动。任务清单设定了 50 项具体任务内容，明确了各团队模拟经营应遵守的总体流程。

董事长主持任务清单的执行，记录本团队模拟推演任务的完成情况。每完成一项任务，董事长都需要在任务清单中做记录。发生某项业务的推演，则在对应的完成情况栏中打"√"；没有发生某项业务的推演，则打"×"，"√"或"×"都代表该项任务已完成。如果某项业务推演发生了资金变动，则在任务内容栏对应空格处填写具体金额。

表 7.1 　_____商业银行团队第____年度模拟经营任务清单

任务类别	任务内容	完成情况
一、召开年度例会	1. 负债业务总监介绍负债业务开展情况并提出工作意见。	
	2. 资产业务总监介绍资产业务开展情况并提出工作意见。	
	3. 财务会计总监介绍损益核算及所有者权益管理情况并提出工作意见。	
	4. 合规管理总监介绍合规管理情况并提出工作意见。	
	5. 行长确定年度工作计划。	
二、负债业务推演	1. 依次推演 1 年定期存款、2 年定期存款、3 年定期存款、1 年期央行再贷款、1 年期同业拆入资金逐步到期业务。	
	2. 依次推演活期存款按年付息和 1 年定期存款、2 年定期存款、3 年定期存款到期还本付息业务。活期存款利息支出_____万元；1 年定期存款利息支出_____万元、本金支出_____万元；2 年定期存款利息支出_____万元、本金支出_____万元；3 年定期存款利息支出_____万元、本金支出_____万元。	
	3. 依次推演新增活期存款和 1 年定期存款、2 年定期存款、3 年定期存款业务。新增活期存款_____万元，新增 1 年定期存款_____万元，新增 2 年定期存款_____万元，新增 3 年定期存款_____万元。	
	4. 推演 1 年期央行再贷款到期还本付息业务。1 年期央行再贷款利息支出_____万元、本金支出_____万元。	
	5. 推演新增 1 年期央行再贷款业务。新增 1 年期央行再贷款_____万元。	
	6. 推演 1 年期同业拆入资金到期还本付息业务。1 年期同业拆入资金利息支出_____万元、本金支出_____万元。	
	7. 推演新增 1 年期同业拆入资金业务。新增 1 年期同业拆入资金_____万元。	
	8. 负债科目数据试算平衡。	
三、资产业务推演	1. 推演备付金余额调整业务。备付金调整（＋／－）_____万元。	
	2. 推演法定存款准备金缴存业务。法定存款准备金调整（＋／－）_____万元。	
	3. 推演缴存的法定存款准备金和备付金计收利息业务。法定存款准备金利息收入_____万元，备付金利息收入_____万元。	
	4. 依次推演对农业贷款、制造业贷款、房地产业贷款中的不良贷款进行重新认定。农业不良贷款调整（＋／－）_____万元，制造业不良贷款调整（＋／－）_____万元，房地产业不良贷款调整（＋／－）_____万元。	

续表

任务类别	任务内容	完成情况
三、资产业务推演	5. 推演贷款损失准备计提业务。贷款损失准备增加计提_____万元。	
	6. 不良贷款核销。核销不良贷款_____万元。	
	7. 依次推演 1 年期农业正常贷款、2 年期制造业正常贷款、3 年期房地产业正常贷款按年结息和到期利随本清业务。计收 1 年期农业正常贷款本金_____万元、利息_____万元，2 年期制造业正常贷款本金_____万元、利息_____万元，3 年期房地产业正常贷款本金_____万元、利息_____万元。	
	8. 依次推演新增 1 年期农业正常贷款、2 年期制造业正常贷款、3 年期房地产业正常贷款业务。新增 1 年期农业正常贷款_____万元，新增 2 年期制造业正常贷款_____万元，新增 3 年期房地产业正常贷款_____万元。	
	9. 推演 1 年期国债投资到期收回本息业务。计收 1 年期国债投资本金___万元、利息_____万元	
	10. 推演新增 1 年期国债投资业务。新增 1 年期国债投资_____万元。	
	11. 推演 1 年期同业拆出资金到期收回本息业务。计收 1 年期同业拆出资金本金_____万元、利息_____万元。	
	12. 推演新增 1 年期同业拆出资金业务。新增 1 年期同业拆出资金_____万元。	
四、财务核算及所有者权益管理业务推演	1. 推演利息收入的统计汇总。利息收入合计_____万元。	
	2. 推演中间业务收入的核算。中间业务收入_____万元。	
	3. 推演利息支出的统计汇总。利息支出合计_____万元。	
	4. 推演业务及管理费支出的核算。业务及管理费支出_____万元。	
	5. 推演贷款减值损失计提核对。计提贷款减值损失_____万元。	
	6. 推演营业外收入的核算。营业外收入_____万元。	
	7. 推演例外情形。	
	8. 推演营业外支出的核算。营业外支出_____万元。	
	9. 推演所得税缴纳的核算。缴纳所得税_____万元。	
	10. 推演备付金和各项资产科目数据的核定。	
	11. 推演损益结转。将各项收入和支出分户账结转至净利润分户账，实现净利润_____万元。	
	12. 推演实收资本的核算。实收资本余额_____万元。	
	13. 推演一般风险准备的计提。一般风险准备余额_____万元。	
	14. 推演未分配利润的核算。未分配利润余额_____万元。	

任务类别	任务内容	完成情况
四、财务核算及所有者权益管理业务推演	15. 推演所有者权益核定。	
	16. 推演年末账务盘点，报送报表并更新部分道具。	
五、合规管理业务推演	1. 推演对新增活期存款和 1 年定期存款、2 年定期存款、3 年定期存款业务进行反洗钱审查。	
	2. 推演对新增 1 年期央行再贷款业务进行合规审查。	
	3. 推演对新增 1 年期同业拆入资金业务进行合规审查。	
	4. 推演对法定存款准备金缴存业务进行合规审查。	
	5. 推演对贷款损失准备计提业务进行合规审查。	
	6. 推演对不良贷款认定业务和核销业务进行合规审查。	
	7. 推演对新增 1 年期农业正常贷款、2 年期制造业正常贷款、3 年期房地产业正常贷款业务进行合规审查。	
	8. 推演对新增 1 年期国债投资业务进行合规审查。	
	9. 推演对新增 1 年期同业拆出资金业务进行合规审查。	

7.2　模拟经营实战

7.2.1　分析内外部环境

董事长主持召开第 1 年度经营管理例会，分析当前本团队经营管理状况，并结合"00 号"提供的初始年业务经营状况表（见表7.2）、初始年经营指标监测表（见表7.3）、"00 号"提供的第 1 年度金融管理政策一览表（见表7.4）以及"88 号"提供的第 1 年度市场管理政策一览表①（见表7.5），研究确定第 1 年度业务发展策略，并制作第 1 年度业务经营计划表（见表7.6）。

---

①　为了保证沙盘教学的效果，本教程部分内容仅提供给指导老师，故模拟经营实战环节的金融管理政策一览表、市场管理政策一览表中没有填写具体数据和信息。

表 7.2 　　　　　　　　　　_____商业银行初始年业务经营状况表　　　　单位：万元

项目	科目	期初余额		本期发生额		期末余额	
		借方	贷方	借方	贷方	借方	贷方
资产	各项资产	5352360.00	—	8319095.00	7788711.00	5882744.00	—
	各项贷款	3980530.00	—	3171541.00	2813291.00	4338780.00	—
	正常贷款	3892960.00	—	3147100.00	2786320.00	4253740.00	—
	1 年期农业正常贷款	1875220.00	—	2049000.00	1875220.00	2049000.00	
	2 年期制造业正常贷款	1433800.00	—	849580.00	716700.00	1566680.00	
	3 年期房地产业正常贷款	583940.00	—	248520.00	194400.00	638060.00	
	不良贷款	87570.00	—	24441.00	26971.00	85040.00	—
	农业不良贷款	43340.00	—	10380.00	11630.00	42090.00	
	制造业不良贷款	33540.00	—	10480.00	11450.00	32570.00	
	房地产业不良贷款	10690.00		3581.00	3891.00	10380.00	
	减：贷款损失准备	—	131350.00	26971.00	48691.00	—	153070.00
	法定存款准备金	426440.00	—	381550.00	0.00	807990.00	—
	备付金	358300.00	—	4189033.00	4208289.00	339044.00	—
	1 年期国债投资	718440.00	—	550000.00	718440.00	550000.00	
	1 年期同业拆出资金	0.00	—	0.00	0.00	0.00	—
负债	各项负债		4946900.00	2672710.00	3162400.00	—	5436590.00
	各项存款		4896900.00	2622710.00	3112400.00		5386590.00
	活期存款		1369720.00	0.00	136970.00		1506690.00
	1 年定期存款		1987310.00	1987310.00	2186040.00		2186040.00
	2 年定期存款		736520.00	368200.00	441850.00		810170.00
	3 年定期存款		803350.00	267200.00	347540.00		883690.00
	1 年期央行再贷款		50000.00	50000.00	50000.00		50000.00
	1 年期同业拆入资金		0.00	0.00	0.00		0.00

续表

项目	科目	期初余额		本期发生额		期末余额	
		借方	贷方	借方	贷方	借方	贷方
所有者权益	所有者权益	—	405460.00	4050.00	44744.00	—	446154.00
	实收资本	—	100000.00	0.00	0.00	—	100000.00
	一般风险准备	—	42950.00	0.00	4050.00	—	47000.00
	未分配利润	—	262510.00	4050.00	40694.00	—	299154.00
损益核算	利息收入	—	0.00	—	203925.00	—	203925.00
	利息支出	0.00	—	71003.00	—	71003.00	—
	中间业务收入	—	0.00	—	15099.00	—	15099.00
	业务及管理费	0.00	—	49611.00	—	49611.00	—
	贷款减值损失	0.00	—	48691.00	—	48691.00	—
	营业外收入	—	0.00	—	0.00	—	0.00
	营业外支出	0.00	—	10.00	—	10.00	—
	所得税	0.00	—	9015.00	—	9015.00	—
	净利润	—	0.00	178330.00	219024.00	0.00	40694.00

表7.3 _____商业银行初始年经营指标监测表 单位：万元

类别	指标项目	期初值	期末目标值	监测标准	期末完成值
盈利性指标	资产利润率	—	—	≥0.6%	0.72%
	成本收入比	—	—	≤35%	33.52%
	净息差率	—	—	稳健发展	2.40%
	未分配利润增加值	—	—	稳健发展	36644.00
流动性指标	流动性比例	—	—	≥25%	22.50%
	备付金率	—	—	≥2%	6.29%
	存贷比	—	—	75%左右	80.55%
安全性指标	资本充足率	—	—	≥10.5%	14.32%
	不良贷款率	—	—	≤1%	1.96%
	拨备覆盖率	—	—	≥150%	180.00%
发展能力指标	利润增长率	—	—	稳健发展	13.96%
	资产增长率	—	—	稳健发展	9.91%
	存款增长率	—	—	稳健发展	10.00%

表 7.4　　　　　　　　**第 1 年度金融管理政策一览表**　　　　单位：亿元，%

政策概述：		
年度目标 M_2 增长率		
活期存款利率	1 年定期存款利率	
2 年定期存款利率	3 年定期存款利率	
—	比率	利率
法定存款准备金		
备付金	—	
支农再贷款	可用授信额	利率
—	利率	不良贷款率
1 年期农业贷款		
2 年期制造业贷款		
3 年期房地产业贷款		

表 7.5　　　　　　　　**第 1 年度市场管理政策一览表**　　　　单位：亿元，%

政策概述：		
宏观经济指标	年度目标 GDP 增长率	年度目标 CPI
产业政策		
1 年期国债发行计划	发行总额	票面利率
市场资金供需预测	各项存款供给增长比例	各项贷款需求增长比例

表 7.6　　　　_____**商业银行团队第 1 年度业务经营计划表**　　　单位：万元

负债项目	期末余额	资产项目	期末余额	损益核算项目	期末余额
活期存款		1 年期农业正常贷款		利息收入	
1 年定期存款		2 年期制造业正常贷款		中间业务收入	
2 年定期存款		3 年期房地产业正常贷款		利息支出	
3 年定期存款		不良贷款		业务及管理费	
1 年期央行再贷款		1 年期国债投资			
1 年期同业拆入资金		1 年期同业拆出资金			

7.2.2　模拟推演实战

各团队按照第 1 年度模拟经营任务清单（见表 7.7）中的内容，有序开展沙盘推演活动，完成 50 项具体任务。

董事长主持任务清单的执行，记录本团队推演任务的完成情况。每完成一项任务，董事长都要在任务清单中做记录。发生某项操作，则在完成情况栏中打"√"；没有发生某项操作，则在完成情况栏中打"×"，"√"或"×"都代表该项任务已完成。如果某项操作发生了资金变动，则在任务内容栏中填写具体金额。

各团队完成第 1 年度业务推演后，填写第 1 年度业务经营状况表（见表 7.8）和经营指标监测表（见表 7.9），并报送至"00 号"。

表 7.7　　　　　　　商业银行团队第 1 年度模拟经营任务清单

任务类别	任务内容	完成情况
一、召开年度例会	1. 负债业务总监介绍负债业务开展情况并提出工作意见。	
	2. 资产业务总监介绍资产业务开展情况并提出工作意见。	
	3. 财务会计总监介绍损益核算及所有者权益管理情况并提出工作意见。	
	4. 合规管理总监介绍合规管理情况并提出工作意见。	
	5. 行长确定具体工作计划。	
二、负债业务推演	1. 依次推演 1 年定期存款、2 年定期存款、3 年定期存款、1 年期央行再贷款、1 年期同业拆入资金逐步到期业务。	
	2. 依次推演活期存款按年付息和 1 年定期存款、2 年定期存款、3 年定期存款到期还本付息业务。活期存款利息支出＿＿＿＿万元；1 年定期存款利息支出＿＿＿＿万元、本金支出＿＿＿＿万元；2 年定期存款利息支出＿＿＿＿万元、本金支出＿＿＿＿万元；3 年定期存款利息支出＿＿＿＿万元、本金支出＿＿＿＿万元。	
	3. 依次推演新增活期存款和 1 年定期存款、2 年定期存款、3 年定期存款业务。新增活期存款＿＿＿＿万元，新增 1 年定期存款＿＿＿＿万元，新增 2 年定期存款＿＿＿＿万元，新增 3 年定期存款＿＿＿＿万元。	
	4. 推演 1 年期央行再贷款到期还本付息业务。1 年期央行再贷款利息支出＿＿＿＿万元、本金支出＿＿＿＿万元。	
	5. 推演新增 1 年期央行再贷款业务。新增 1 年期央行再贷款＿＿＿＿万元。	

续表

任务类别	任务内容	完成情况
二、负债业务推演	6. 推演 1 年期同业拆入资金到期还本付息业务。1 年期同业拆入资金利息支出_____万元、本金支出_____万元。	
	7. 推演新增 1 年期同业拆入资金业务。新增 1 年期同业拆入资金_____万元。	
	8. 负债科目数据试算平衡。	
三、资产业务推演	1. 推演备付金余额调整业务。备付金调整（+/-）_____万元。	
	2. 推演法定存款准备金缴存业务。法定存款准备金调整（+/-）_____万元。	
	3. 推演缴存的法定存款准备金和备付金计收利息业务。法定存款准备金利息收入_____万元，备付金利息收入_____万元。	
	4. 依次推演对农业贷款、制造业贷款、房地产业贷款中的不良贷款进行重新认定。农业不良贷款调整（+/-）_____万元，制造业不良贷款调整（+/-）_____万元，房地产业不良贷款调整（+/-）_____万元。	
	5. 推演贷款损失准备计提业务。贷款损失准备增加计提_____万元。	
	6. 不良贷款核销。核销不良贷款_____万元。	
	7. 依次推演 1 年期农业正常贷款、2 年期制造业正常贷款、3 年期房地产业正常贷款按年结息和到期利随本清业务。计收 1 年期农业正常贷款本金_____万元、利息_____万元，2 年期制造业正常贷款本金_____万元、利息_____万元，3 年期房地产业正常贷款本金_____万元、利息_____万元。	
	8. 依次推演新增 1 年期农业正常贷款、2 年期制造业正常贷款、3 年期房地产业正常贷款业务。新增 1 年期农业正常贷款_____万元，新增 2 年期制造业正常贷款_____万元，新增 3 年期房地产业正常贷款_____万元。	
	9. 推演 1 年期国债投资到期收回本息业务。计收 1 年期国债投资本金_____万元、利息_____万元。	
	10. 推演新增 1 年期国债投资业务。新增 1 年期国债投资_____万元。	
	11. 推演 1 年期同业拆出资金到期收回本息业务。计收 1 年期同业拆出资金本金_____万元、利息_____万元。	
	12. 推演新增 1 年期同业拆出资金业务。新增 1 年期同业拆出资金_____万元。	

任务类别	任务内容	完成情况
四、财务核算及所有者权益管理业务推演	1. 推演利息收入的统计汇总。利息收入合计_____万元。	
	2. 推演中间业务收入的核算。中间业务收入_____万元。	
	3. 推演利息支出的统计汇总。利息支出合计_____万元。	
	4. 推演业务及管理费支出的核算。业务及管理费支出_____万元。	
	5. 推演贷款减值损失计提核对。计提贷款减值损失_____万元。	
	6. 推演营业外收入的核算。营业外收入_____万元。	
	7. 推演例外情形。	
	8. 推演营业外支出的核算。营业外支出_____万元。	
	9. 推演所得税缴纳的核算。缴纳所得税_____万元。	
	10. 推演备付金和各项资产科目数据的核定。	
	11. 推演损益结转。将各项收入和支出分户账结转至净利润分户账，实现净利润_____万元。	
	12. 推演实收资本的核算。实收资本余额_____万元。	
	13. 推演一般风险准备的计提。一般风险准备余额_____万元。	
	14. 推演未分配利润的核算。未分配利润余额_____万元。	
	15. 推演所有者权益核定。	
	16. 推演年末账务盘点，报送报表并更新部分道具。	
五、合规管理业务推演	1. 推演对新增活期存款和 1 年定期存款、2 年定期存款、3 年定期存款业务进行反洗钱审查。	
	2. 推演对新增 1 年期央行再贷款业务进行合规审查。	
	3. 推演对新增 1 年期同业拆入资金业务进行合规审查。	
	4. 推演对法定存款准备金缴存业务进行合规审查。	
	5. 推演对贷款损失准备计提业务进行合规审查。	
	6. 推演对不良贷款认定业务和核销业务进行合规审查。	
	7. 推演对新增 1 年期农业正常贷款、2 年期制造业正常贷款、3 年期房地产业正常贷款业务进行合规审查。	
	8. 推演对新增 1 年期国债投资业务进行合规审查。	
	9. 推演对新增 1 年期同业拆出资金业务进行合规审查。	

表 7.8 _____商业银行团队第 1 年度业务经营状况表 单位：万元

项目	科目	期初余额		本期发生额		期末余额	
		借方	贷方	借方	贷方	借方	贷方
资产	各项资产	5882744.00	—				—
	各项贷款	4338780.00	—				—
	正常贷款	4253740.00	—				—
	1 年期农业正常贷款	2049000.00	—				—
	2 年期制造业正常贷款	1566680.00	—				—
	3 年期房地产业正常贷款	638060.00	—				—
	不良贷款	85040.00	—				—
	农业不良贷款	42090.00	—				—
	制造业不良贷款	32570.00	—				—
	房地产业不良贷款	10380.00	—				—
	减：贷款损失准备	—	153070.00			—	
	法定存款准备金	807990.00	—				—
	备付金	339044.00	—				—
	1 年期国债投资	550000.00	—				—
	1 年期同业拆出资金	0.00	—				—
负债	各项负债	—	5436590.00			—	
	各项存款	—	5386590.00			—	
	活期存款	—	1506690.00			—	
	1 年定期存款	—	2186040.00			—	
	2 年定期存款	—	810170.00			—	
	3 年定期存款	—	883690.00			—	
	1 年期央行再贷款	—	50000.00			—	
	1 年期同业拆入资金	—	0.00			—	
所有者权益	所有者权益	—	446154.00			—	
	实收资本	—	100000.00			—	
	一般风险准备	—	47000.00			—	
	未分配利润	—	299154.00			—	
损益核算	利息收入	—	0.00	—		—	
	利息支出	0.00	—		—		—
	中间业务收入	—	0.00		—		—

续表

项目	科目	期初余额		本期发生额		期末余额	
		借方	贷方	借方	贷方	借方	贷方
损益核算	业务及管理费	0.00	—	—		—	
	贷款减值损失	0.00	—	—		—	
	营业外收入	—	0.00	—		—	
	营业外支出	0.00	—	—		—	
	所得税	0.00	—	—		—	
	净利润	—	0.00				

表 7.9　　　　　　　商业银行团队第 1 年度经营指标监测表　　单位：万元，%

类别	指标项目	期初值	期末目标值	监测标准	期末完成值
盈利性指标	资产利润率	0.72		≥0.6	
	成本收入比	33.52		≤35	
	净息差率	2.40		稳健发展	
	未分配利润增加值	36644.00		稳健发展	
流动性指标	流动性比例	22.50		≥25	
	备付金率	6.29		≥2	
	存贷比	80.55		75 左右	
安全性指标	资本充足率	14.32		≥10.5	
	不良贷款率	1.96		≤1	
	拨备覆盖率	180.0		≥150	
发展能力指标	利润增长率	13.96		稳健发展	
	资产增长率	9.91		稳健发展	
	存款增长率	10.0		稳健发展	

　　至此，各团队完成了第 1 年度的模拟经营活动。财务会计总监撤出盘面相关标识处塑料桶中的分户账，并更换为新的空白分户账。合规管理总监撤出盘面所有合规标识。

　　后续各年度的模拟经营活动均比照上述内容循环进行。

第8章　沙盘模拟经营成果评价

> **本章主要内容：**介绍商业银行团队模拟经营成果的综合评价。一是介绍评价体系及评分方法；二是介绍针对每名学员的沙盘模拟课程成绩评定；三是介绍模拟经营总结报告的撰写。

　　本教程通过沙盘推演的方式，增强学员对商业银行经营管理活动的整体认识。为了提高教学过程的趣味性和学员的参与度，本章对各团队连续模拟经营5年的成果进行一次总结性的评价。这种评价是针对推演结果做出的分析，有助于学员发现问题，总结经验，加深对商业银行经营管理重点领域和关键环节的理解。

8.1　模拟经营成果评价体系

　　从评级主体来看，我国对商业银行经营状况的评价，可以分为外部评价和内部评价。外部评价，现阶段主要包括银行业监管机构做出的监管评级，以及中央银行做出的央行金融机构评级。内部评级，主要是商业银行自上而下对本单位各分支机构、职能部门做出的业绩考核。

　　中国银保监会实行"CAMELS＋"体系，对我国银行业机构进行监管评级，以科学评估和判断银行风险表现形态和内在风险控制能力。该评级体系采用了资本充足、资产质量、管理质量、盈利状况、流动性风险和市场风险6个核心风险要素及1个其他要素，根据这7个要素下的具体风险评级指标对商业银行进行具体的单项评级，再加权汇总得出综合评级，评级结果分 6 个等级。等级越高，表示机构的风险控制能力越强。

中国人民银行为了探索构建完善的宏观审慎评估框架，于 2017 年 12 月正式启动了央行金融机构评级工作，重点关注金融机构资本管理、资产质量、流动性、关联性、跨境业务和稳健性等宏观审慎管理要求。评级结果分为 10 个等级，等级越高，表示机构的风险控制能力越强。

各家商业银行为了落实监管要求和实现自身发展战略，建立了激励和约束相结合的内部考核体系，全面评价各分支机构及部门的经营业绩、风险状况以及内控管理情况，以效益为基础，以做大规模和优化客户群体结构为中心，以提升资产质量为重点，不断增强可持续发展能力和动力。通常，总行确定各项经营目标，然后层层分解、分配，定期进行考核，并根据考核结果进行资源配置和绩效分配。考核指标主要由效益指标和发展指标两部分构成。效益指标主要是指在符合各类监管要求的基础上，考核所创造的经济增加值。发展指标通常包括公司业务发展指标、零售业务发展指标、电子银行业务发展指标以及合规与风险管理指标等。

上述三种评价机制涉及的考核指标较多，考核工作较为复杂。为了仿真商业银行经营状况的内外部评价工作实际，作者参考这三种评价机制，基于沙盘推演涉及的经营管理活动，设计了一套适用于本教程的商业银行团队模拟经营成果的评价体系。在沙盘教学中，各团队经营成果的评价工作由指导老师通过沙盘推演应用程序进行，即"00 号"根据各团队第 5 年度业务经营状况表中相关数据，经应用程序运算，生成评价结果。为了便于沙盘教学，并基于数据的可得性，作者设计了商业银行团队模拟经营成果评价表（详见表 8.1）。

表 8.1　　　　　　　　商业银行团队模拟经营成果评价表

类别	指标	分值	
盈利性情况	资产利润率	10	40
	成本收入比	6	
	净息差率	4	
	未分配利润增加值	20	

续表

类别	指标	分值	
安全性情况	资本充足率	15	30
	不良贷款率	9	
	拨备覆盖率	6	
流动性情况	流动性比例	10	18
	备付金率	5	
	存贷比	3	
业务发展能力	利润增长率	2	6
	资产增长率	2	
	存款增长率	2	
合规性情况	执行"00号"宏观审慎管理政策情况	3	6
	执行"00号"微观审慎监管政策情况	3	

8.2 模拟经营成果评价指标及评分方法

本教程设计的商业银行团队模拟经营成果评价体系包括盈利性情况、安全性情况、流动性情况、业务发展能力以及合规性情况 5 大类共 15 个指标，各附有不同分值。

1. 盈利性情况。具体包括四项指标。

（1）资产利润率。资产利润率体现商业银行运用其全部资产获取利润的能力。资产利润率越大，说明其盈利能力越强。资产利润率越小，说明其盈利能力越弱。本教程设定，资产利润率 = 净利润/［（期初各项资产余额 + 期末各项资产余额）/2］×100%，且不得低于 0.6%。

评分方法：按各团队第 5 年度资产利润率从大到小的顺序排列，第 1 名得 10 分，每下降 1 个名次减 1 分，直至得 0 分；资产利润率小于 0.6%，得0分。

（2）成本收入比。成本收入比反映商业银行每一个单位的收入需要支出多少成本。该比率越低，说明单位收入的成本支出越低，商业银行获取收入的能力越强。本教程设定，成本收入比 = 业务及管理费/（利息收入 – 利息支出 + 中间业务收入）×100%，且不得高于 35%。

评分方法：按各团队第 5 年度成本收入比从小到大的顺序排列，第 1 名得 6 分，每下降 1 个名次减 0.5 分，直至得 0 分；成本收入比大于 35%，得 0 分。

（3）净息差率。净息差率反映财务管理的有效性。该比率越高，说明商业银行息差收入的增长幅度大于盈利资产的增长幅度，即在扩大资金运用、增加收入的同时，较好地控制了融资成本。本教程设定，净息差率 =（利息收入 – 利息支出）/［（期初生息资产总额 + 期末生息资产总额）/2］× 100%，生息资产总额 = 各项资产余额 – 不良贷款余额。

评分方法：按各团队第 5 年度净息差率从大到小的顺序排列，第 1 名得 4 分，每下降 1 个名次减 0.5 分，直至得 0 分。

（4）未分配利润增加值。这是作者为本教程创设的一个指标，反映期末未分配利润比期初未分配利润的净增加金额。这里，期末指模拟经营第 5 年末，期初指模拟经营初始年末。

由于贷款损失准备和一般风险准备的实际计提水平可能会高出推演规则既定标准，其高出的部分从某种意义上可以说是利润的转移，因此考虑到各团队的把握尺度不尽相同等因素，为了更加合理地进行评价，本教程设定，第 5 年度未分配利润增加值的计算公式为：未分配利润增加值 = 未分配利润期末余额 – 初始年未分配利润期末余额 + 期末贷款损失准备计提超过 150% 的部分 + 期末一般风险准备计提超过 1.5% 的部分。当然，如果期末贷款损失准备计提未超过 150%、一般风险准备计提未超过 1.5%，则要减去缺口部分。

评分方法：按各团队第 5 年度未分配利润增加值从大到小的顺序排列，第 1 名得 20 分，每下降 1 个名次减 2 分，直至得 0 分。

2. 安全性情况。具体包括三项指标。

（1）资本充足率。资本充足率是反映商业银行抵御风险能力的重要指标。资本充足率越高，说明抵御风险能力越强。本教程设定，资本充足率 =（实收资本 + 未分配利润 + 一般风险准备）/风险加权资产 × 100%，且不得低于 10.5%。

评分方法：按各团队第 5 年度资本充足率从大到小的顺序排列，第 1 名得 15 分，每下降 1 个名次减 1.5 分，直至得 0 分；资本充足率小于 10.5%，得 0 分。

（2）不良贷款率。不良贷款率是反映商业银行信贷资产安全状况的重要指标。不良贷款率越高，说明可能无法收回的贷款占总贷款的比例越大。本教程设定，不良贷款率 = 不良贷款余额/各项贷款余额 × 100%；推演期间，不良贷款率不得高于 1%；推演结束时，不良贷款率不得高于 0.5%。

评分方法：按各团队第 5 年度不良贷款率从小到大的顺序排列，第 1 名得 9 分，每下降 1 个名次减 1 分，直至得 0 分；不良贷款率大于 0.5%，得 0 分。

（3）拨备覆盖率。拨备覆盖率是商业银行贷款可能发生的呆坏账准备金的使用比例，在一定程度上反映了商业银行抵御信用风险的能力。该比率越高，说明商业银行抵御风险的能力越强。比率过低，说明商业银行拨备计提不足，存在较大风险或利润虚增的可能。本教程设定，拨备覆盖率 = 贷款损失准备余额/不良贷款余额 × 100%，且不得低于 150%。

评分方法：按各团队第 5 年度拨备覆盖率从大到小的顺序排列，第 1 名得 6 分，每下降 1 个名次减 0.5 分，直至得 0 分；拨备覆盖率小于 150%，得 0 分。

3. 流动性情况。具体包括三项指标。

（1）流动性比例。流动性比例是商业银行流动性监管核心指标之一。比例越高，反映商业银行流动性越充足，短期偿债能力越强，流动性风险越小。流动性比例越低，则反映商业银行流动性越短缺，短期偿债能力越弱，流动性风险越大。本教程设定，流动性比例 = 备付金余额/活期存款余额 × 100%，且不得低于 25%。

评分方法：按各团队第 5 年度流动性比例从大到小的顺序排列，第 1 名得 10 分，每下降 1 个名次减 1 分，直至得 0 分；流动性比例小于 25%，得 0 分。

（2）备付金率。备付金比例越高，商业银行的可用资金越多，流动性越充足，但可能影响盈利能力。如果备付金比例越低，商业银行随时可动用的资金相对越少，流动性就可能紧张，但整体资产的收益可能更高。本教程设定，备付金比例 = 备付金余额/各项存款余额 × 100%，且不得低于 2%。

评分方法：按各团队第 5 年度备付金比例从大到小的顺序排列，第 1 名得 5 分，每下降 1 个名次减 0.5 分，直至得 0 分；备付金比例小于 2%，得

0 分。

（3）存贷比。存贷比是监测商业银行流动性风险的重要参考指标。单从盈利角度看，存贷比越高越好，这意味着更多的贷款赢得收益。单从风险角度看，存贷比例不宜过高，因为如果存贷比过高，可能造成银行可用资金不足，从而导致支付危机。本教程设定，存贷比＝各项贷款余额/各项存款余额×100%，基本标准为75%，上下浮动不得超过10个百分点。

评分方法：各团队第 5 年度存贷比大于或等于 70%、小于或等于 80%，得 3 分；大于 80%，但小于或等于 85%，或者小于 70%，但大于或等于65%，得 1.5 分；大于 85%，或小于 65%，得 0 分。

4. 业务发展能力。具体包括三项指标。

（1）利润增长率。利润增长率反映商业银行的利润增长情况。该比例越高，说明商业银行的盈利能力越强。本教程设定，利润增长率＝（期末未分配利润/期初未分配利润－1）×100%。

评分方法：按各团队第 5 年度利润增长率从大到小的顺序排列，第 1 名得 2 分，每下降 1 个名次减 0.2 分，直至得 0 分。

（2）资产增长率。资产增长率反映商业银行的资产增长情况。该比例越高，说明商业银行资产增长的速度以及经营规模的扩张进度越快。本教程设定，资产增长率＝（期末各项资产余额/期初各项资产余额－1）×100%。

评分方法：按各团队第 5 年度资产增长率从大到小的顺序排列，第 1 名得 2 分，每下降 1 个名次减 0.2 分，直至得 0 分。

（3）存款增长率。存款增长率反映商业银行存款的吸收能力。该比例越高，说明银行吸收存款的能力越强，可用资金越多，后续发展的能力越强。本教程设定，存款增长率＝（期末各项存款余额/期初各项存款余额－1）×100%。

评分方法：按各团队第 5 年度存款增长率从大到小的顺序排列，第 1 名得 2 分，每下降 1 个名次减 0.2 分，直至得 0 分。

5. 合规性情况。具体包括两项指标。

（1）执行"00 号"宏观审慎管理政策情况。指"00 号"对各团队实施MPA－ERP 的评估结果，需要达到 B 档及以上。

评分方法：第 5 年度为 A 档，得 3 分基本分；B 档，得 1.5 分基本分；C档得 0 分。推演期间每得 1 次 C 档，减 0.2 分；每得 1 次 A 档，加 0.2 分。

最高得 3 分，最低得 0 分。

（2）执行"00 号"微观审慎监管政策情况。指各团队不得违反"00 号"实施的微观审慎监管政策。

评分方法：5 个年度均没有因违反推演规则而被"00 号"行政处罚的情况，得 3 分基本分；存在违反规则、但未被"00 号"实施经济处罚或暂停推演决定的情况，每出现 1 次，减 0.5 分，直至得 0 分；因违反规则被"00 号"实施经济处罚或暂停推演决定的情况，每出现 1 次，减 1 分，直至得 0 分。

指导老师根据上述各分项指标的得分情况，加总后，形成对各团队的综合评价得分。作者建议综合评价结果设 A、B、C 三档，在具体评价时，指导老师可以采取先确定各档团队数的方式进行，如结合模拟经营团队数，按照 25% 左右确定 A 档团队数，按照 50% 左右确定 B 档团队数，按照 25% 左右确定 C 档团队数。

8.3　沙盘模拟课程成绩评定

沙盘模拟课程结束后，各团队形成了各自的综合评价结果，但这个结果并不能充分反映每个学员的成绩。有的团队经营业绩并不理想，但成员可能一直积极参与推演，而且积累了很多宝贵的经验。为了相对客观、合理地确定每个学员的课程成绩，作者推荐一种较为合适的成绩评定方式：学员课程成绩 = 所在团队经营成果评价（50%）＋学员个人表现（20%）＋总结报告（30%）。

1. 所在团队经营成果评价。所在团队经营成果评价情况占学员成绩 50% 的权重。指导老师根据对各团队形成的综合评价得分，按照 50% 的权重，计算每个团队所有成员的经营成果评价项下的得分。

2. 学员个人表现。学员个人在教学课堂上的表现得分情况占学员成绩 20% 的权重。指导老师和所在团队的董事长各占 10%。学员按时出勤，各团队分工明确、各司其职、推演有条不紊、团队合作、学员积极参与，以及各类账表的填写正确性等因素，都作为团队学员的综合表现。

3. 总结报告。总结报告情况占学员成绩 30% 的权重，个人总结和团队总结各占 15%。个人总结是课程结束后每个学员上交的实训报告，是对自己参加本沙盘推演学习的体会和经验总结，也包括在沙盘推演中对理论知识认识的提高。个人总结要求：3000 字以上；理论分析与推演操作相结合；注重发现问题，分析问题，解决问题；观点明确，分析合理，数据充分，有说服力；具有创新思维，能对本沙盘推演提出建设性意见；感受和体会应实事求是。团队总结就是以各团队的名义上交的一份《商业银行经营管理沙盘模拟经营总结报告》，由各团队行长代表本团队面向全体学员汇报演讲。

8.4 模拟经营总结报告

总结报告是各团队在模拟经营商业银行业务中经验取得和教训归纳的书面小结，是集体智慧的结晶。其目的在于让学员将参与沙盘推演的实战经验和心得体会记录下来，从而进一步加深对本教程的理解。

由于教学时间安排十分紧张，推演步骤环环相扣，若不及时进行总结，学员的体会、收获和灵感可能会转瞬即逝，教学的效果也将大打折扣。撰写总结报告，有助于学员从烦琐的推演步骤和大量信息中提炼出模拟经营的方法、规律和技巧，在系统分析成功经验和挫折教训中，对推演过程和理论知识运用进行全面回顾。

总结报告侧重于介绍模拟经营的过程安排以及心得体会的真实表达。推演过程的安排方面可以包括但不限于以下内容：成员角色设定以及团队合作机制的安排；分析与判断经济金融形势并确定下一步经营策略；对负债和资产业务、财务和所有者权益的统筹管理；对完成经营目标和依法合规经营的统筹安排；对业务开展与政策规定的契合度安排。心得体会方面可以包括但不限于以下内容：经验的总结；教训的归纳；对本教程的意见和建议。作者对总结报告的内容作出以下提示。

1. 成员角色设定以及团队合作机制的安排方面。在成员角色设定上，注重人尽其才、用人所长，针对各成员的特长、经历确定其适合的角色。在团队合作机制上，注重集体研究，发挥团队智慧优势。

2. 分析与判断经济金融形势并确定下一步经营策略方面。注重对"00号"和"88号"发布的政策和信息的分析，判断经济金融形势，选择适合于自身的经营策略。

3. 对负债和资产业务、财务和所有者权益的统筹管理。注重各项业务之间的关联度，推动各项业务齐头并进式地发展。

4. 对完成经营目标和依法合规经营的统筹安排。注重在依法合规经营和严格控制各类风险的前提下，提高资金运用的盈利水平。

5. 对业务开展与政策执行的契合度安排。注重响应产业政策和信贷政策的导向，科学合理地运用资金，以取得经济效益和社会效益的共赢。

6. 模拟经营中可总结的经验。

7. 模拟经营中可归纳的教训。

8. 对本教程的意见和建议。

附　录

　　为了方便学员使用，作者收集整理了商业银行经营管理方面的有关知识和政策规定，作为学习本教程的储备知识。这些知识不能覆盖商业银行经营管理的全部内容，作者只是对应模拟经营的业务种类，将分散在不同课程的相关知识点集中起来，并进行了适当整理。这些知识包括商业银行经营管理、商业银行会计核算、商业银行合规管理、中央银行业务与金融宏观调控、银行业微观审慎监管五个方面。汇集这些知识点主要基于以下两点考虑。

　　一是围绕模拟经营的内外部环境收集相关知识点。本沙盘模拟的是商业银行经营管理活动，因此商业银行经营管理方面的知识必不可少。商业银行会计核算，可以说是从会计角度对商业银行业务开展情况的另一种反映，与业务开展相辅相成。商业银行合规管理的内容涉及商业银行经营管理的方方面面，可以说，只要开展业务就要进行合规管理。作者将这三方面的内容，视为构建模拟经营内部环境的基础性知识。中国人民银行和中国银保监会承担管理银行业金融机构的职责，央行开展业务和实施金融宏观调控以及银行业微观审慎监管的要求对商业银行经营管理的影响很大。作者将这两方面的内容，视为构建模拟经营外部环境的基础性知识。尽管企业以及居民个人等社会个体的金融行为也与商业银行经营管理有关，但因与本沙盘模拟的业务关联度不大，因此未收集这方面的知识。

　　二是围绕模拟经营的业务类型收集相关知识点。本沙盘模拟的是商业银行从吸收负债到运用资产的整个经营管理活动，选择了存贷款、央行再贷款、缴存准备金、国债投资以及同业资金拆借业务进行推演。因此，作者在知识点的收集方面做了有选择的安排。在商业银行经营管理方面，主要介绍了资本管理、资产管理、负债管理以及中间业务管理等内容，并未介绍网上银行业务、国际业务以及金融衍生产品等。在商业银行会计核算方面，主要介绍了存贷款、中间业务、财务收支以及所有者权益管理等会计核算内容，并未介绍衍生金融工具、银行系统内资金汇划以及外汇业务等。在商业银行合规管理方面，只是简要介绍了商业银行合规管理体系以及合规提示、合规审查、合规监测、合规检查、反洗钱等内容。在中央银行业务与金融宏观调控方面，主要介绍了中央银行的负债业务、资产业务以及货币政策目标和工具、宏观审慎管理政策等内容，并未介绍支付清算、经理国库等业务以及货币政策传导等。在银行业微观审慎监管方面，主要介绍了我国银行业监管的主要方式以及涉及公司治理、信用风险、市场风险、流动性风险监管等内容，并未介绍针对操作风险、科技风险、声誉风险等方面的监管。

当然，为了尽可能地将所收集内容在形式上构成相对完整的知识体系，附录也对一些基础性知识，尤其是应知应会的内容做了简要介绍。附录收集的知识点，都与本沙盘模拟经营业务存在一定的关联性。了解这些知识，将有助于使用者熟练掌握本沙盘推演的要领，也必将有助于使用者对商业银行经营管理的基本内容有总体认识。

附录一　商业银行经营管理

商业银行是以经营负债业务、资产业务、中间业务为对象，以追求利润最大化为目标，向客户提供多功能、综合性服务的金融企业。商业银行是经营货币这个特殊商品的企业，具有信用中介、支付中介、信用创造、金融服务、调节经济五个基本职能，其中最基本、最能反映经营活动特征的职能是信用中介，即通过负债业务将社会闲散资金集中起来，再通过资产业务把资金投向经济各部门。

商业银行经营管理遵循"三性"原则，即安全性、流动性、盈利性。安全性原则是商业银行生存的前提，要求其在经营活动中保持足够的清偿力，经得起重大风险和损失，能随时应付客户提取存款，保持客户对银行的信任。流动性原则是商业银行发展的关键，要求其保持资金的流动性，保证资产质量，合理安排资产结构。盈利性原则是商业银行经营的目的，要求其在可能的情况下追求效益和利润最大化。"三性"原则既统一，又矛盾。商业银行必须从实际出发，在三者之间寻求基本统一和相对均衡。

商业银行经营管理要受到外部环境的影响。一是宏观经济环境。商业银行必须根据宏观经济条件的变化来调整自身经营决策，以适应环境并获得生存和发展。二是经济周期。经济波动的周期性必然会引起商业银行经营状况的变化。三是金融环境。商业银行必须适应货币政策、财政政策的变化，适时调整自身资产和负债，以保证正常经营。四是社会法律环境、人文环境、自然环境等因素都会对商业银行的经营管理带来影响。

一、商业银行资产负债管理理论

资产负债管理是商业银行为实现"三性"统一的目标而采取的经营管理方式。"三性"之间存在一定的矛盾，商业银行的资产负债管理方法伴随着这种矛盾的变化而不断发展，先后经历了资产管理理论、负债管理理论、资产负债管理理论三个阶段。

（一）资产管理理论

资产管理理论强调商业银行经营管理的重点是资产业务。该理论认为，商业银行的利润主要来源于资产，所以要保持资产的流动性，以实现盈利性、安全性、流动性的统一。该理论产生于商业银行经营的初级阶段，以商业贷款理论、资产转移理论、预期收入理论为代表。

1. 商业贷款理论。该理论认为商业银行的资金来源主要是流动性很强的活期存款，因此其资产业务应集中于短期自偿性贷款，即基于商业行为能自动清偿的贷款。该理论第一次确定了现代商业银行经营管理的一些重要原则，如资产运用应受制于资金来源的性质和结构，银行要保持高度流动性等。

2. 资产转移理论。该理论认为，银行流动性的强弱取决于资产迅速变现的能力，因此保持资产流动性的最好方式是持有可转换资产。这类资产具有信誉高、期限短、流动性强的特点，可以保障银行在需要流动性的时候迅速转化为现金，典型的就是政府发行的短期证券。该理论突破了商业贷款理论对银行资产运用的局限，扩大了资产组合的范围。

3. 预期收入理论。该理论认为，商业贷款的流动性状况取决于贷款的按期还本付息，而不是贷款期限的长短。借款人的预期收入有保障，期限较长的贷款也可以安全收回。借款人的预期收入不稳定，期限短的贷款也可能丧失流动性。只要贷款偿还有保障，银行合理安排各种贷款的期限，流动性就可以得到保障。该理论为银行拓展业务提供了理论依据，对银行贷款形式的多样化起到了重要作用。

（二）负债管理理论

负债管理理论认为商业银行应以负债为经营重点。该理论认为，银行保持流动性不需要完全靠建立多层次的流动性储备资产，如果有资金需求就可以向外借款，只要能借到款就可以通过增加贷款以获利。该理论以存款理论、购买理论和销售理论为代表。

1. 存款理论。该理论认为，存款是商业银行最主要的资金来源，是资产业务的基础。银行吸收存款是被动的，银行的资金运用必须以其吸收存款沉淀的余额为限。银行应当支付利息给存款人，作为其出让资金使用权的报酬。该理论强调商业银行应按照存款的流动性来组织贷款。

2. 购买理论。该理论认为，商业银行对于存款不是消极被动的，可以采取购买资金的方式主动出击，以增强流动性。该理论对于商业银行主动吸收资金、刺激信用扩张具有积极意义，但助长了银行片面扩大负债、加大经营风险。

3. 销售理论。该理论认为，银行负债管理的中心任务是迎合客户需要，努力推销金融产品，扩大资金来源和收益水平。该理论是金融改革和创新的产物，给银行负债业务注入了现代企业的营销观念。

（三）资产负债管理理论

资产负债管理理论认为，商业银行单靠资产管理或负债管理都难以达到"三性"的均衡，只有兼顾银行的资产方和负债方，强调资产和负债之间的整体规划，通过资产结构和负债结构的协调统一管理，才能保持资产的流动性，实现利润最大化的经营目标。

在该理论下，商业银行必须遵循一些基本原则：一是总量平衡原则，即在合理的经济增长基础上，资产规模和负债规模的相互对称、动态平衡；二是结构对称原则，即资产结构和资金运用长短、利息高低要以负债结构和资金来源的流转速度及利率的高低来决定；三是分散性原则，即银行在开展资产业务时，要尽量做到数量和种类分散，避免资产过于集中而增加风险。

二、商业银行资本管理

商业银行的资本是商业银行自身拥有的或者能永久支配使用的资金，是其股东为了赚取利润而投入的货币或者保留在银行的收益。商业银行资本能起到吸收银行风险的作用，是银行经营的风险缓冲器，保护存款人和相关债权人不受损失。

（一）资本构成和资本充足性

1. 资本构成。我国学者通常将商业银行的资本分为三大类：权益资本、长期债务资本和资产损失储备。

（1）权益资本。权益资本包括普通股、优先股、资本公积和盈余公积等。普通股和优先股是银行最基本、最稳定的资本。普通股是根据已发行普通股股份的面值和数量计算的总股本，其账面价值等于股份数量乘以面值，具有稳定、无须偿还的特点。优先股持有人按固定比率获得股息，有优于普通股股东对银行剩余财产的要求权，但不拥有对银行经营事项的表决权。资本公积是银行股票在市面上超过面值的溢价部分，反映银行资本的增值情况。盈余公积是银行尚未以红利形式分配给股东而累积的净利润。

（2）长期债务资本。长期债务资本是银行用来筹集其他外部资金的长期债务来源，主要是指长期次级债券，即由商业银行发行、本息清偿顺序列于一般负债之后但先于股权资本的债券。

（3）资产损失储备。资产损失储备是指商业银行为应付预期的损失，而使用一部分收益建立的损失储备金。

2. 资本充足性。资本充足性要求商业银行资本量能够抵御其涉险资产的风险，即当涉险资产的风险变为现实时，银行资本足以弥补由此产生的损失。衡量资本充足性的一个重要指标是资本充足率，其计算公式为：资本充足率＝资本净额/风险加权资产×100%。通常，资本净额＝资本－资本扣减项。资本包括股本金、公开储备以及非公开储备、贷款损失准备等。资本扣减项包括商誉、贷款损失准备尚未提足部分等。风险加权资产是在对银行表内外资产项目进行分类的基础上分别赋予不同风险系数加权计算得出的资产。提高资本充足率的渠道，一是增加资本，主要方式有发行普通股、提高利润留存比例、发行长期次级债券等；二是降低风险加权资产，即减少风险权重较高的资产，增加风险权重较低的资产，主要方式有消化不良贷款、减少高风险贷款、贷款证券化等。

（二）巴塞尔协议

1988 年，巴塞尔委员会通过了《关于统一银行的资本计量和资本标准的国际协议》，即巴塞尔协议。该协议规定银行必须根据自己的实际信用风险水平持有一定数量的资本，为银行的资本充足性规定了统一的衡量标准。巴塞尔协议先后发布了三个版本。

1.《巴塞尔协议 I》。《巴塞尔协议 I》为银行的资本充足率提出了统一标准，是衡量一家银行甚至整个银行体系稳健性的重要指标，为各国银行监管当局提供了统一的资本监管框架，使全球资本监管总体上趋于一致。

2.《巴塞尔协议 II》。《巴塞尔协议 II》在信用风险和市场风险的基础上，新增了对操作风险的资本要求；在最低资本要求的基础上，提出了监管部门监督检查和市场约束的新规定，形成了资本监管的"三大支柱"，即最低资本要求、监管部门的监督检查、市场约束。

3.《巴塞尔协议Ⅲ》。2010年,《巴塞尔协议Ⅲ》的推出,加强了针对银行个体的微观审慎和金融系统的宏观审慎两个层面的监管,构建了多层次的资本监管体系。其主要内容包括:一是提高最低普通股要求,将最低普通股要求由2%提高到4.5%(即核心一级资本充足率),将一级资本要求由4%提高到6%(即一级资本充足率)。二是建立资本留存缓冲,要求在最低监管要求之上的资本留存缓冲应达到2.5%,以满足扣除资本扣减项后的普通股要求,确保银行有能力吸收金融和经济衰退时期的损失。三是建立逆周期资本缓冲,要求建立0~2.5%的逆周期超额资本,以保护银行承受过度信贷增长的更广泛的宏观审慎目标。四是对系统重要性机构提出建立1%~3.5%附加资本的要求,以增强其吸收损失的能力,降低"大而不能倒"带来的道德风险。五是建立杠杆率监管标准,作为风险资本的补充。杠杆率为一级资本与总风险暴露(表内和表外)的比率,标准为3%。六是建立流动性覆盖率、净稳定融资比率两个流动性监管标准,要求都不低于100%。流动性覆盖率衡量压力情景下的单个银行应对流动性中断的能力。净稳定融资比率衡量中长期内银行可供使用的稳定资金来源能否支持其资产业务发展。

(三)我国商业银行的资本要求

我国在巴塞尔协议的基础上制定了新的资本管理办法,将银行的资本分成一级资本和二级资本。

1. 一级资本。一级资本包括核心一级资本和其他一级资本。

(1)核心一级资本。核心一级资本是指在银行持续经营的条件下无条件用来吸收损失的资本工具,具有永久性,其清偿顺序排在所有其他融资工具之后。主要包括:一是实收资本或普通股,即投资者按照章程或合同、协议的约定,实际投入银行的资本;二是资本公积,即银行投资者缴付的出资额超出注册资本部分,以及法定资产重估增值、接受捐赠资产的原因所增加的资本;三是盈余公积,即银行按规定每年从税后利润中提取的,用于自身发展的一种积累,包括法定盈余公积和任意盈余公积;四是一般风险准备,即用于弥补尚未识别的可能性损失的准备;五是未分配利润,即银行以前年度实现的未分配利润和未弥补亏损;六是少数股东资本可计入部分,即用于满足核心一级资本最低要求和储备资本要求的部分。

(2)其他一级资本。其他一级资本通常是指本金和收益都应该在银行持续经营条件下参与吸收损失的资本工具。主要包括：一是其他一级资本工具及其溢价；二是少数股东资本可计入部分。

2. 二级资本。二级资本是指在破产清算条件下可以用于吸收损失的资本工具，其受偿顺序列在普通股之前、一般债权人之后，不带赎回机制。主要包括：一是二级资本工具溢价；二是超额贷款损失准备，即商业银行实际计提的贷款损失准备超过最低要求的部分；三是少数股东资本可计入部分。

3. 资本扣减项。商业银行在计算资本充足率时，应当从资本中扣减一些项目。主要有：一是商誉；二是其他无形资产（土地使用权除外）；三是由经营亏损引起的净递延税资产；四是贷款损失准备缺口，即银行实际计提的贷款损失准备低于贷款损失准备最低要求的部分；五是资产证券化销售利得；六是确定收益类的养老资产净额；七是直接或间接持有本银行的股票；八是对资产负债表中未按公允价值计量的项目进行套期形成的现金流储备；九是银行自身信用风险变化导致其负债公允价值变化带来的未实现损益。

4. 资本充足率的监管要求。用公式表达：资本充足率＝银行持有符合规定的资本/风险加权资产×100%，一级资本充足率＝银行持有符合规定的一级资本/风险加权资产×100%，核心一级资本充足率＝银行持有符合规定的核心一级资本/风险加权资产×100%。这里，符合规定是指银行的资本减去扣减项之后的净额。关于风险加权资产，商业银行可以采用权重法或内部评级法进行计量。以权重法为例，风险加权资产为银行表内资产信用风险加权资产与表外项目信用风险加权资产之和。不同资产所对应的风险权重不同。

目前，我国商业银行资本充足率的最低要求是不得低于8%，其中，一级资本充足率不得低于6%，核心一级资本充足率不得低于5%。此外，在最低资本要求的基础上，要按风险加权资产的2.5%计提储备资本，由核心一级资本来满足。在最低资本要求和储备资本要求之上，按风险加权资产的0～2.5%计提逆周期资本，由核心一级资本来满足。在最低资本要求、储备资本和逆周期资本要求外，系统重要性银行还要按风险加权资产的1%计提附加资本，由核心一级资本满足。因此，通常情况下，我国系统重要性银行和非系统重要性银行的资本充足率分别不得低于11.5%和10.5%。

三、商业银行负债管理

商业银行负债是商业银行的资金来源。负债业务就是商业银行组织资金来源的业务，为其资产业务的开展奠定了资金基础。商业银行负债分为存款负债和非存款负债两大类。存款类负债是商业银行的主要负债，主要来源于企业、个人、同业及政府。非存款类负债是指商业银行主动通过金融市场或直接向中央银行融通资金，在负债总额中所占比重呈不断上升的趋势，成为商业银行的重要资金来源。非存款类负债的渠道通常包括从银行同业拆入资金、从中央银行借款、从国际金融市场融资、发行中长期债券等。

（一）存款

存款是商业银行生存的基础。有了存款，就能发放贷款，就有了作为信用中介的银行的存在。商业银行传统的存款业务主要有活期存款、定期存款和储蓄存款。随着金融业务的发展，商业银行不断创新存款工具，一些新型存款品种应运而生，如 NOW 账户（可转让支付命令账户）、CDS（大额可转让定期存单）等。

1. 存款分类。我国商业银行的存款类型较多，通常可分为城乡居民及单位存款、协定存款和通知存款三类。城乡居民及单位存款包括活期存款和定期存款。活期存款不设存期。定期存款分为整存整取、零存整取、整存零取、存本取息、定活两便五种，其中整存整取的存期分为 3 个月、6 个月、1 年、2 年、3 年、5 年。协定存款是商业银行针对部分特殊性质的中资资金开办的存款期限较长，起存金额较大，利率、期限、结息方式等由双方商定的人民币存款。通知存款是指存入款项时不约定存期，支取时事先通知银行约定支取日期和金额的一种个人存款。

按存款者不同，可以分为对公存款和个人存款。按产生方式不同，可以分为原始存款和派生存款。原始存款是商业银行以现金形式吸收的、能增加其准备金的存款。派生存款是商业银行将其原始存款运用于资产业务后所形成的存款。通常，商业银行吸收原始存款后，除按规定缴存准备金外，其余部分可用于发放贷款等。客户在取得银行贷款后，通常不立即提取全部现金，而是将尚未使用的资金作为存款，再存入其银行账户。这样，银行既增加了贷款，又增加了存款。这就是派生存款产生的过程。派生存款还可以继续派生出新的存款。派生存款量的多少受到央行规定的法定存款准备金率的制约，法定存款准备金率越高，派生存款量越少。从理论上说，派生存款量＝原始存款/法定存款准备金率。

2. 影响商业银行存款的因素。宏观方面，主要受国家宏观经济、金融调控政策的影响。当国家经济状况良好，尤其处于经济繁荣期，存款将增加；当国家经济萧条，存款将下降。当国家采取扩张的货币政策时，存款将增加；当采取紧缩的货币政策时，存款将下降。微观方面，主要是受到存款利率、服务及收费水平、网点设施、银行资信和文化等因素的影响。

3. 商业银行存款价格的确定。商业银行确定存款利率通常要考虑以下因素：一是存款期限长短，即存款期限越长，利率就越高；存款期限越短，利率就越低；活期存款因客户随时可以提取，应视为期限最短，因此利率最低。二是同业竞争状况，即在同业竞争激烈的状况下，银行确定存款利率水平时，需要在满足客户需求和确保经营利润之间确定一个平衡点。三是银行规模大小，即大银行由于其规模大，因此综合经营成本相对低于小银行，可以比小银行支付相对更低的存款利率，且不影响其总体经营状况。

通常，商业银行采用以下方法来确定存款利率水平：一是成本加利润定价法，即每单位存款的价格＝每单位存款服务的经营支出＋分摊到每单位存款的总支出＋每单位存款的计划利润。二是边际成本定价法，即通过比较存款的边际成本与边际资产回报来确定是否吸收新的存款，只有当边际成本小于边际回报时，才会吸收新的存款来支持资产增长，此时的利率就是应确定的合理水平。

（二）同业拆入资金

同业资金拆借是指银行之间短期资金的相互融通。融入资金称为同业资金拆入，形成银行的负债。融出资金称为同业资金拆出，形成银行的资产。

1. 同业资金拆借。银行间同业拆借的主要目的是弥补准备金的不足和保持资金的流动性，可以使银行不必保持大量的超额准备金来满足短期融资及存款支付的需要。银行追求利润增长，必然要扩大资产规模，但同时可能会造成流动性不足、准备金下降，从而影响其正常经营甚至难以保证存款的支付。相反，保持过多的准备金，盈利水平就会下降。因此，银行希望既不影响支付能力，又尽可能地降低准备金水平，以扩大高收益资产的比重，使利润最大化。同业拆借业务就可以使准备金盈余的银行及时借出资金，获得更多收益；使准备金不足的银行及时借入资金，保障支付需要。

商业银行之间每天都进行资金结算轧差，有的银行头寸不足，有的银行头寸盈余。通常，头寸不足的银行会从头寸盈余的银行拆入资金，而头寸盈余的银行也愿意拆出资金给头寸不足的银行，以获取利息。

2. 我国同业拆借市场的资金交易。我国商业银行需经人民银行批准，方可进入全国银行间同业拆借市场，通过全国统一的同业拆借网络进行无担保的资金融通。同业拆借交易遵循公平自愿、诚信自律、风险自担的原则，以询价方式进行，自主谈判、逐笔成交，交易金额、期限、利率等均由交易双方自行商定，最长期限为 1 年。同业拆借实行限额管理，具体标准由人民银行核定，如中资商业银行、城市信用社的最高拆入和拆出限额均不得超过该机构各项存款余额的 8%。

（三）从中央银行借款

详见附录四"三、中央银行的资产业务"相关内容。

（四）从国际金融市场融资

在国际金融市场上融资，最典型的就是在欧洲货币市场上融资，且主要是短期货币市场交易。

（五）发行中长期债券

商业银行发行中长期债券，就是以发行人身份，通过承担债券利息的方式，直接向货币所有者举借债务的融资方式。

四、商业银行资产管理

商业银行资产属于商业银行的资金运用。按经营管理的要求划分，商业银行的资产可分为信贷资产、证券资产、现金资产、固定资产和汇差资金。

（一）信贷资产

信贷资产是商业银行发放贷款所形成的资产，是银行最主要的资产项目，也是最能体现其信用中介职能的资产项目，通常收益较高，风险也较大。贷款是商业银行作为贷款人按照一定的贷款原则和政策，以还本付息为条件，将一定数量的货币资金提供给借款人使用的一种借贷行为。

1. 贷款分类。按还款期限的长短不同，可分为三类。一是短期贷款，即贷款期限在 1 年以内（含 1 年）的贷款，主要针对借款人临时性的资金需求，通常采取到期还本付息或按季结息、到期还本的方式。二是中期贷款，即贷款期限在 1 年以上（不含 1 年）、5 年以下（含 5 年）的贷款，主要针对项目贷款，通常采取分期付息、到期还本或者等额本息、分期还贷的方式。三是长期贷款，即贷款期限在 5 年（不含 5 年）以上的贷款，主要用于大型工程、重大设备改造以及住房抵押贷款等，通常期限长，流动性差，银行收益高，风险较大。

按贷款的保障条件不同，可分为三类。一是信用贷款，指银行仅凭借款人的信誉而发放的贷款。二是担保贷款，指银行以借款人或第三方提供的担保而发放的贷款。担保贷款包括保证贷款（即以第三方承诺在借款人不能偿还贷款时按约定承担保证责任而发放的贷款）、抵押贷款（即以借款人或第三方的不动产作为抵押物而发放的贷款）、质押贷款（即以借款人或第三方的动产或权利作为质押物而发放的贷款）。三是票据贴现，这是一种特殊的贷款方式，指银行通过购买借款人未到期商业票据的方式而发放的贷款，其实质是以票据为质押物的质押贷款。

按贷款的减值情况不同，可分为正常贷款和已减值贷款。正常贷款是指没有减值迹象、未发生减值的贷款，通常包括贷款五级分类中的正常贷款和关注贷款。已减值贷款是指存在减值客观证据的贷款，主要包括贷款五级分类中的次级贷款、可疑贷款和损失贷款。

按贷款对象的部门不同，可分为工业贷款、商业贷款、农业贷款、科技贷款和消费贷款。按偿还方式不同，可分为一次性偿还贷款、分期偿还贷款。

2. 影响商业银行贷款的因素。一是国家有关法律法规和财政金融政策。这是银行贷款业务在合法合理的基础上取得经济效益的保障。如果政策是紧缩的，银行将限制其信贷投放；如果政策是宽松的，银行将扩大其信贷投放。二是银行的资本金状况。资本实力越强，银行承担贷款风险的能力就越强；资本实力越弱，银行在贷款发放方面会更加谨慎。三是银行负债结构。银行必须从本行负债结构及稳定性状况的实际和可能性出发，合理安排贷款的期限结构、投向结构和利率结构等。四是当地经济条件和经济周期。银行应根据所在地经济发展状况的变化以及经济周期的影响，适时调整贷款的期限结构、投向结构，在经济萧条时避免发放风险较大的中长期贷款，在经济结构调整时侧重于发放符合国家产业政策的贷款。五是银行风险防控水平和信贷人员的素质。风控水平和人员素质越高，银行信贷业务就越能向具有高风险和高收益的领域拓展；反之，银行就要进行更加严格的管理，避免涉及高风险领域，以防止不必要的损失。

3. 商业银行贷款价格的确定。商业银行要合理确定贷款价格。定价过高，将抑制客户的贷款需求，可能会失去一些贷款业务。定价过低，将难以实现银行的盈利目标，甚至不能补偿银行的经营成本。通常，商业银行确定贷款利率水平，要考虑以下因素：一是银行资金成本。资金成本高，贷款利率相对就高一些；资金成本低，贷款利率相对就可能低一些。大银行由于其经营规模大，综合资金成本相对低于小银行，可以比小银行发放更低利率的贷款。二是贷款风险程度。贷款风险越大，利率就越高；贷款风险越小，利率就越低。三是贷款费用。银行在信贷业务中发生的各种费用也是贷款价格确定的因素之一。四是借款人的信用，指借款人的偿还能力和偿还意愿。借款人的信用越好，贷款价格就越低。如果借款人的信用状况不好，贷款价格可能会高一些。五是银行贷款的目标收益率，指银行确定贷款价格时要考虑实现贷款收益率的目标。六是贷款资金的供求状况。当贷款需求大于供给时，贷款利率将适度提高；当贷款需求小于供给时，贷款利率将适度下降。

商业银行确定贷款利率的定价可以采用以下方法：一是成本加成定价法，即以银行借入资金的成本加上一定的利差来确定贷款利率。二是基准利率加点定价法，即银行选择合适的基准利率，在此基础上加上一定价差或乘以一定加成系数来确定贷款利率。三是客户盈利分析定价法，即将贷款定价纳入客户与银行的整体业务关系中进行统筹考虑，将贷款收益和相关的存款收益、中间业务收益等一并作为总收益，将贷款的资金成本、经营成本、风险成本等作为总成本，再结合经济资本的最低回报率来确定贷款利率。四是参考LPR进行贷款定价。LPR是贷款市场报价利率的英文缩写，即由具有代表性的报价行，根据本行对最优质客户的贷款利率，以公开市场操作利率加点形成的方式报价，并由人民银行授权全国银行间同业拆借中心计算并公布的基础性的贷款参考利率。

4. 贷款"三查"制度。商业银行在贷款管理方面通常执行"三查"制度。一是贷前调查，即贷款发放前，调查贷款申请人的基本情况，对是否符合贷款条件以及可发放的贷款额度做出初步判断，重点了解申请人资信状况、经营情况、贷款用途以及贷款担保等。二是贷时审查，即贷款审核人员对调查人员取得的有关资料进行核实、评定，提出审核意见，按规定办理贷款手续，重点是分析贷款发放的风险程度并依据风险判断决定是否发放贷款，落实审贷分离、分级审批的贷款管理制度。三是贷后检查，即贷款发放后，对借款人履行贷款合同情况以及经营状况进行跟踪调查和检查，重点是以贷款风险管理为核心，对贷款本身、借款人及担保等因素进行跟踪分析，及时发现贷款存在的问题并采取相应措施，以达到防范化解贷款风险、提高信贷资产质量的目的。

5. 贷款五级分类管理。详见附录五"三、我国银行业监管的主要内容"相关内容。

（二）证券资产

证券资产是商业银行购买各种有价证券而形成的资产，通常占比仅次于信贷资产。商业银行证券投资，其目的在于赚取利润、分散风险、增强流动性及合理避税。在实现安全性、流动性、盈利性均衡的过程中，证券资产已成为商业银行的调节型资产。

商业银行投资证券的工具可分为三大类：一是货币市场工具，包括所有到期期限在1年以内的金融工具和证券，主要有短期国库券、到期期限不到1年的中期国库券、政府机构证券、短期市场债券等。二是资本市场工具，包括所有到期期限在1年以上的证券，主要有期限在1年以上的长期国库券、长期市政债券、公司债券、股权证券等。三是创新投资工具，主要包括证券化资产、剥离证券等。

我国商业银行的证券资产主要有政府债券、金融债券、企业信用债以及同业存单。

1. 政府债券。政府债券包括中央政府债券和地方政府债券。中央政府债券也叫国债，由财政部发行，发行计划与财政政策密切相关。国债分为储蓄类国债、记账式贴现国债和记账式附息国债。储蓄类国债是面向个人投资者，为吸收存款而设置的不可流通的记名国债。记账式贴现国债是低于面值贴现发行、到期按面值还本的短期国债。记账式附息国债是我国目前债券市场最主要的组成部分，发行票面为100元，到期还本付息。按期限长短分，1年以内为短期国债,是商业银行流动性管理的重要工具;2~10年为中期国债;10年以上为长期国债。短期国债具有期限短、风险低、流动性高等特点,通常是商业银行证券投资的首选,素有金边证券之称。财政部根据相关法律规定和国家预算要求,每年初公布债券发行计划,由和财政部签订过国债承销协议的承销商向各机构投资者销售。承销商的主要任务是协助完成债券发行、认购和分销。具备全国性承销商资格的主要是大型商业银行、股份制银行、大型券商和部分城市商业银行。

2. 金融债券。金融债券包括政策性金融债券、商业银行债券和非银行金融债券。政策性金融债券是由国家开发银行、进出口银行和农业发展银行为发行主体的金融债券。商业银行债券的发行主体为境内设立的商业银行法人。非银行金融债券的发行主体为境内设立的非银行金融机构法人。

3. 企业信用债。企业信用债是企业根据其财务和经营状况,由评级公司给出信用评级之后,在债券市场发行的债券。企业信用债由于发行主体的多样化,其风险和流动性存在较大的差异性。

4. 同业存单。同业存单是存款类金融机构在全国银行间市场上发行的记账式定期存款凭证。

(三) 现金资产

现金资产是指商业银行随时可以用来应付现金需要的资产,是银行最富有流动性的资产,可用于满足储户提取存款和银行自身日常开支。主要包括库存现金、托收中的现金、在中央银行的存款、存放同业款项。现金资产的最大特点在于它的流动性最好,但收益率最差。库存现金属于不盈利资产,还要花费保管费用。托收中的现金没有利息收入。在中央银行的存款虽有利息收入,但利率很低。存放同业款项的利率也与同期活期存款利率相差无几。

现金资产的作用主要有:一是保持清偿能力。银行是负债经营的企业,经营资金主要源自各类负债,需要满足各类负债的到期还本付息,尤其是对于活期存款,要满足其随时兑付提取的需求。因此,银行必须随时保持能满足客户兑付提取的资金,保障足够的清偿支付能力。二是保持流动性。银行应不断调整其资产负债结构,保持良好的流动性,不仅要合理搭配资产负债的结构,还要持有一定数量的流动性资产。现金资产就是银行最具有流动性的资产,有助于保持流动性。

现金资产的管理原则通常有：一是适度存量控制原则，即银行要保持一个合理的现金资产存量，并注重各组成部分的结构合理性，以满足客户合理需求，实现安全性和盈利性的统一。二是适时流量调节原则，即银行要根据业务过程中的现金流量变化，及时调节资金头寸，确保资产存量适度。当现金资产流入大于流出时，可将多余的资金头寸运用出去；当现金资产流入小于流出时，需及时筹措资金，补充头寸。三是安全保障原则，即银行在现金资产尤其是库存现金管理方面，必须健全安全保卫制度，严格规范作业，提高从业人员的职业道德和业务素质，确保现金资产安全。

1. 库存现金。库存现金是指银行保存的纸币和硬币，包括储蓄业务备用金和业务库现金。库存现金不能太少，否则难以满足客户提现需求。库存现金也不能太多，否则不仅增加了非生息资产，而且还要支付更多管理费用。所以商业银行要在准确分析当地现金收支的规律以及居民和企业的现金收支模式等因素的基础上，科学测算库存现金需求量。

2. 托收中的现金。托收中的现金是指商业银行收到以其他银行为付款人的票据，已提出收账但尚未收回的款项，属于该银行存放在他行的存款。托收中的现金不需要付款银行支付利息，所以收款银行希望加快银行间票据结算，以便尽早收回这部分资金，并将其转换为收益性资产。

3. 在中央银行的存款。在中央银行的存款也叫存款准备金。详见附录四"二、中央银行的负债业务"相关内容。

4. 存放同业款项。存放同业款项是指商业银行之间因相互代理业务而在其他银行保留的存款。存放同业款项通常属于活期存款性质，可以随时支用。如果存放同业款项过多，会由于收益率低而影响银行资金的使用效率。如果存放同业款项过少，又会影响银行委托代理业务的开展。

（四）固定资产

固定资产是商业银行开展经营活动所必需的物质条件，如房屋、设备等。

（五）汇差资金

汇差资金是商业银行之间相互委托或代理收付款业务形成的资金占用额，根据联行往来各有关科目收付额轧抵，如收入多于付出则形成应付汇差，付出多于收入则形成应收汇差。

五、商业银行中间业务

中间业务是指商业银行不运用或较少运用自身资金，不占用或较少占用客户资金，利用技术、信息、资金等优势以中间人的身份为客户提供各种金融服务并收取手续费的业务。中间业务不构成银行的表内资产和负债，但形成非利息收入。

（一）中间业务的种类

商业银行的中间业务，按能否间接形成资产负债业务或者承担风险大小的不同，可分为狭义的中间业务和广义的中间业务。狭义的中间业务是指银行通过提供各种金融服务来收取手续费，是纯粹的收费业务，不会转化为表内的资产和负债，因而风险很小，属于传统的中间业务。广义的中间业务既包括传统的中间业务，也包括诸如担保类、承诺类等表外业务，因其收取的担保费、承诺费等与传统中间业务的收费项目一致，所以也将其归为中间业务。当前，我国商业银行的中间业务主要有以下几类：

1. 支付结算类中间业务。支付结算类中间业务是指由银行为客户办理因债权债务关系引起的与货币支付、资金划拨有关的收费业务。这是在银行存款业务基础上产生的业务量大、风险小、收益稳定、最基础的中间业务。如汇款业务、信用证业务等。

2. 代理类中间业务。代理类中间业务是指银行接受客户委托，代客户办理指定的经济事务或提供金融服务而收取一定费用的业务。该业务具有为客户服务的性质，体现委托人和代理人之间的一种契约关系，主要是发挥财务管理和信用服务职能，如代理公用事业收费、代发工资等。

3. 担保和承诺类中间业务。担保类中间业务是指银行为客户提供担保，承担客户违约风险的业务，如出具保函、开具银行承兑汇票等。承诺类中间业务是指银行承诺在未来某一日期按照约定条件向客户提供约定信用的业务，主要指贷款承诺。

4. 银行卡业务。银行卡业务是指银行向社会公众发行具有消费信用、转账结算、存取现金等功能的银行卡，提供金融便利的业务。

5. 投资银行类中间业务。投资银行类中间业务主要包括：一是信息咨询业务，即银行利用其所拥有的信息优势和资源进行收集、整理、分析，并向客户提供的有偿服务；二是财务顾问业务，即银行凭借专业知识、行业经验、人力资源等向客户提供专业化的智力服务；三是证券承销业务，即银行接受证券发行人的委托，利用自身信誉和营业网点的优势，在规定的时间内将证券销售出去，是投资银行最基础的业务；四是现金管理业务，即银行向客户提供包括账户运作、对账、收付款等一系列产品和服务的组合，以便客户能够有效地管理账户。

6. 资产托管类中间业务。资产托管类中间业务是指银行接受客户委托，安全保管客户资产，行使资金运算、会计核算、估值及监督等职责，并提供相关服务的业务。如证券投资基金托管、保险资金托管等。

根据"资管新规"，我国资产管理业务是指银行、信托、证券、基金、期货、保险资产管理机构、金融资产投资公司等金融机构接受投资者委托，对受托的投资者财产进行投资和管理的金融服务。金融机构为了委托人的利益履行诚实信用、勤勉尽责的义务并收取相应的管理费用，委托人自担投资风险并获得收益。资管业务是金融机构的表外业务，金融机构不得承诺保本保收益，出现兑付困难时，金融机构不得以任何形式垫资兑付。

7. 代客理财业务。代客理财业务是指商业银行针对特定目标群体开发、销售理财产品，并按照事先约定进行投资管理的资金理财服务。按收益类型不同，理财产品可分为保证收益类和非保证收益类两种。前者是指银行按照约定条件向客户承诺支付固定收益，银行承担由此产生的投资风险，或约定向客户支付最低收益并承担相关风险。后者是指银行按照约定向客户保证支付本金，本金以外的风险由客户自己承担，或者根据约定和实际收益向客户支付收益，不保证支付本金。根据"资管新规"，我国商业银行不得办理保本保收益型的代客理财业务。

8. 保管箱业务。保管箱业务是指客户将贵重物品交由银行保管、银行收取一定保管费的业务。这是一种金融保障服务，银行既要维护客户财务安全，又要保护客户隐私。

（二）中间业务的发展演变

近年来，随着经济社会的发展、金融监管制度的完善以及互联网技术的进步，商业银行的中间业务不断丰富、变化。一是由不运用或不直接运用自身资金向垫付资金转变；二是由不占用或不直接占用客户资金向占用客户资金转变；三是由接受客户委托向出售信用转变；四是金融衍生产品交易实现了传统中间业务的突破。

西方商业银行的中间业务呈现出三个特点：一是中间业务种类全面、系统化；二是中间业务增长迅速，收入比重不断攀升，已经成为一些银行利润来源的主渠道；三是具备先进的金融科技和支付结算体系。

我国商业银行的中间业务也存在三个特点：一是中间业务增长速度加快；二是中间业务收入远远没有成为银行的主要业务收入；三是中间业务种类依然较少。

附录二　商业银行会计核算

　　商业银行会计是企业财务会计的一个分支，是将会计学的基本原理和基本方法应用于商业银行的一门学科，在会计核算方面同样遵循企业会计制度。

　　商业银行会计的确认、计量和报告以权责发生制为基础。商业银行会计要素按其性质不同，可分为资产、负债、所有者权益、收入、费用和利润六类。其中，资产、负债、所有者权益侧重反映商业银行在某一时点上的财务状况，收入、费用和利润侧重反映商业银行在某一段时间内的经营成果。

一、商业银行会计基本核算方法

（一）会计科目

　　商业银行会计科目是对银行各项业务和财务活动按照不同的经济特征进行分类的名称，是总括反映、监督各项业务和财务活动的一种方法。按照会计科目与资产负债表的关系不同，商业银行会计科目可分为表内科目和表外科目。

　　1. 表内科目。表内科目是反映银行资金实际增减变化的会计科目，一般采用复式记账法记录，共设有五类科目。一是资产类科目，反映银行资金占用和分布情况，包括各种资产、债权和其他权利，如"库存现金""贷款"等。二是负债类科目，反映银行的资金取得和形成的渠道，包括各种债务、应付款项和其他应偿付的债务，如"活期存款"等。三是资产负债共同类科目，这是一种比较特殊的会计科目，具有资产、负债双重性，主要用于各级联行往来业务，余额没有确定方向，借方余额表示债权，贷方余额表示负债。四是所有者权益类科目，反映银行所有者权益增减变化和余额情况，包括"实收资本""未分配利润"等。五是损益类科目，反映银行财务收支和经营成果，包括收入、支出和费用等科目。

　　2. 表外科目。表外科目是不纳入银行资产负债表内，用于记载不涉及资金运动的重要业务事项的科目。这类业务不影响银行的实际资金变动，只表明银行对外承担了某种经济责任或拥有某种经济权利，如银行承兑汇票、应收未收利息等。

（二）记账方法

记账方法是根据一定的原理和准则，采取一定的计量单位，利用一定的记账符号来记载经济业务的一种专门方法。我国商业银行使用国际通用的借贷记账法。

1. 记账原理。借贷记账法以"资产＝负债＋所有者权益"的会计平衡公式为依据，体现银行的资产总额与负债和所有者权益总额之间数量上的平衡关系，是会计处理必须遵循的记账原理。

2. 记账符号。借贷记账法以"借"和"贷"作为记账符号，反映资金增减变化。对于资产类账户，资产增加记借方，减少记贷方，余额在借方，表示期末资产余额。用公式表达为：期末借方余额＝期初借方余额＋本期借方发生额－本期贷方发生额。对于负债类和所有者权益类账户，负债、所有者权益增加记贷方，减少记借方，余额在贷方，表示期末负债、所有者权益的余额。用公式表达为：期末贷方余额＝期初贷方余额＋本期贷方发生额－本期借方发生额。对于损益类账户，则收益类账户与负债类账户处理相同，损失类账户与资产类账户处理相同。

3. 记账规则。借贷记账法以"有借必有贷，借贷必相等"为记账规则，反映经济业务发生后所涉及的资金增减变化的内在关系，即要以相等的金额计入至少一个账户的借方和另一个账户的贷方，或者计入一个账户的借方和至少另一个账户的贷方，从而全面反映每项经济业务涉及资金的来龙去脉。

4. 试算平衡。试算平衡是检查账户所反映的资产总额和负债及所有者权益总额是否正确、平衡的一种方法。一是发生额的平衡，即所有账户的本期借方发生额合计等于所有账户的本期贷方发生额合计，用公式表达为：全部账户本期借方发生额合计＝全部账户本期贷方发生额合计。二是余额平衡，即资产总额与负债、所有者权益总额总是平衡的，用公式表达为：全部账户借方余额合计＝全部账户贷方余额合计。

5. 表外科目记账。关于表外科目，各家银行的记账方法不尽相同，有的采取单式收付记账法，即以收入和付出作为记账符号。业务发生时，计收入；注销或冲减时，计付出；余额表示尚未结清的业务事项。

（三）账务组织

账务组织是银行会计基本核算方法的重要组成部分，表明凭证、账簿等各种核算工具的构成及其相互关系，是会计核算最基本的组织形式。

1. 会计核算的账务组织。包括明细核算和综合核算两个系统。

（1）明细核算。明细核算是在会计科目下对具体账户的详细记录，由分户账、余额表、登记簿、现金收付日记簿组成。分户账是明细核算的主要形式，按账户进行详细、具体、连续地记载各项交易。余额表是反映每日营业终了分户账最后余额的一种专门表格。登记簿是为了对某些业务备忘、控制和管理而分户设置的辅助性账簿账卡。现金收付日记簿是序时记录现金收入、现金付出数的明细账簿。

（2）综合核算。综合核算是以会计科目为基础，综合概括地反映银行资金增减变化，由科目日结单、总账和日计表组成。科目日结单是每个会计科目当天借贷方发生额和传票张数的汇总记录。总账是每日根据科目日结单借贷方发生额分别记载并结出余额的记录。日计表是反映当日业务、财务活动和轧平当日全部账务的一种会计报表。

2. 账务核对。账务核对是指为了防止会计核算程序中相关环节的差错所进行的核对查实工作。从时间上划分，可分为每日核对和定期核对。从内容上划分，可分为账账核对、账款核对、账实核对、账表核对、账据核对和内外账核对。

每日核对的主要内容是：总账各科目发生额与相同科目所属分户账发生额核对相符；总账各科目余额与相同科目所属分户账余额核对相符；现金收入、付出登记簿总数与总账"现金"科目的发生额核对相符；现金库存簿的库存数与总账"现金"科目余额和实际库存现金核对相符。

定期核对是指按规定日期对未纳入每日核对的账务进行核对查实，主要内容是：未编制余额表又未按日核对余额的各科目的余额核对；各类贷款的账据核对；金银、外币、有价证券等的账实核对；银行内外账核对。

二、商业银行存贷款业务会计核算

（一）存款业务会计核算

1. 现金业务。以单位活期存款为例。

（1）存入现金的会计分录可以为：

借：库存现金

　　贷：单位活期存款——某单位

（2）支取现金的会计分录可以为：

借：单位活期存款——某单位

　　贷：库存现金

2. 转账业务。以单位活期存款转为单位定期存款为例，会计分录可以为：

借：单位活期存款——某单位

　　贷：单位定期存款——某单位

3. 存款计息。商业银行对于各类存款都要计付利息。通常，活期存款采用定期计付利息方式，定期存款采用利随本清方式。定期计付利息是指按季结息，每季末月的 20 日为结息日，计息时间为从上季末月 21 日至本季末月 20 日。活期存款通常采取积数计息法来计算利息，即以实际天数每日累计账户余额作为累计积数乘以日利率来计算利息。利随本清是指定期存款于存款到期日利随本清，按照预先确定的计息公式逐笔计付利息。定期存款可以提前支取，全部提前支取的，按支取日活期存款利率计息；部分提前支取的，提前支取部分按支取日活期存款利率计息，其余部分按原存款开户日同档次定期存款利率计息。定期存款到期不取，逾期部分按支取日活期存款利率计付利息。

年利率、月利率和日利率之间的换算关系为：年利率/12 = 月利率，月利率/30 = 日利率，年利率/360 = 日利率。

4. 存款到期支付本息业务。以单位定期存款为例，会计分录可以为：

借：利息支出

　　贷：应付利息

借：单位定期存款——某单位

借：应付利息

　　贷：单位活期存款——某单位

（二）贷款业务会计核算

1. 发放贷款。以企业短期贷款为例，会计分录可以为：

借：企业短期贷款——某公司

　　贷：单位活期存款——某公司

2. 贷款计息。商业银行发放的贷款都要按照规定计收利息。计息方法主要有定期结息和利随本清两种。定期结息是指按规定的结息期（按月、季度或年）结计利息。按月结息的，每月 20 日为结息日；按季结息的，每季度末月的 20 日为结息日。具体结息方式由借贷双方商定。定期结息的，一般利用计息积数计算。利随本清是指按合同约定的贷款期限，在收回贷款本金时计收利息。贷款的起止时间算头不算尾，采用对年对月对日的方法计算，对年按 360 天计算，对月按 30 天计算，不满月的零头天数按实际天数计算。

3. 正常贷款计收本息。以企业短期贷款为例。

（1）贷款定期结息的会计分录可以为：

借：应收利息

　　贷：利息收入

借：单位活期存款——某公司

　　贷：应收利息

（2）贷款利随本清的会计分录可以为：

借：应收利息

　　贷：利息收入

借：单位活期存款——某公司

　　贷：企业短期贷款——某公司

　　贷：应收利息

4. 贷款减值业务的会计核算。商业银行应当在资产负债表日对贷款资产的账面价值进行检查，有客观证据表明该金融资产发生减值的，应当根据其账面价值与预计未来现金流量现值之间的差额计算确认减值损失，计提贷款减值准备。银行设置"贷款损失准备"科目，核算贷款发生减值时计提的减值准备。期末贷方余额反映已计提但尚未转销的贷款损失准备。以企业短期贷款为例。

（1）确定贷款发生减值，计提贷款损失准备的会计分录可以为：

借：贷款减值损失

　　贷：贷款损失准备

（2）对于确实无法收回贷款的，经批准后核销贷款，会计分录可以为：

借：贷款损失准备

贷：企业短期贷款——某公司

（3）若已计提贷款损失准备的贷款价值以后又得以恢复，应在原已计提的贷款损失准备金额内，按恢复增加的金额记账，会计分录可以为：

借：贷款损失准备

贷：贷款减值损失

三、商业银行中间业务会计核算

商业银行中间业务范围广泛，涵盖结算、代理、担保、信托、咨询、衍生金融工具交易等。其中，支付结算类中间业务是商业银行三大传统业务之一，是银行为客户办理因债权债务关系引起的与货币支付、资金划拨有关的收费业务，如支票结算、银行卡结算等，是最基础的且业务量较大的中间业务。支付结算业务主要包括票据业务、结算业务和银行卡业务。

支付结算的基本原则包括：一是恪守信用，履约付款。参与支付结算的任何一方都必须以讲信用为前提，切实履行义务。银行处于中介地位办理资金清算，必须严格遵守支付结算制度，维护正常的结算秩序。二是谁的钱进谁的账，由谁支配。存款人对其存入银行的资金拥有所有权和自主支配权。银行作为中介必须按照委托人的要求办理收付款。三是银行不予垫款。客户款项在尚未收妥入账之前不得使用。客户委托银行代为付款的金额必须在其存款余额范围内。

（一）票据业务

1. 支票业务。支票是由出票人签发，委托办理支票存款业务的银行在见票时无条件支付确定的金额给收款人或持票人的票据，有现金支票、转账支票、普通支票三种。现金支票只能用于支取现金，转账支票只能用于转账，普通支票既可用于支取现金，也可用于转账。

以转账支票为例。如果出票人、持票人在同一家银行开户，则持票人开户行办理转账时，可以借记出票人存款账户，贷记持票人存款账户。如果出票人、持票人不在同一家银行开户，则持票人开户行办理转账时，可以借记"存放中央银行款项"，贷记持票人存款账户；出票人开户行可以借记出票人存款账户，贷记"存放中央银行款项"。

2. 本票业务。本票有商业本票、银行本票之分。商业本票目前在我国暂未使用。通常所说的本票仅指银行本票，即由银行签发的，承诺自己在见票时无条件支付确定的金额给收款人或持票人的票据。出票银行签发本票时，可以借记申请人存款账户，贷记"本票"。代理付款行办理本票兑付时，可以借记"存放中央银行款项"，贷记持票人存款账户。出票行结清本票时，如果出票银行与代理付款行不是同一家银行，则可以借记"本票"，贷记"存放中央银行款项"；如果出票银行与代理付款行是同一家银行，则可以借记"本票"，贷记持票人存款账户。

3. 汇票业务。汇票是出票人签发，委托付款人在指定日期支付确定的金额给收款人或者持票人的票据。按出票人不同，可分为银行汇票和商业汇票。

（1）银行汇票。银行汇票是由出票银行签发的，由其在见票时按照实际结算金额无条件支付给收款人或者持票人的票据。出票银行签发汇票时，可以借记申请人存款账户，贷记"汇出汇款"。代理付款行付款时，如果持票人在付款行开户，则付款行可以借记"清算资金往来"，贷记持票人存款账户；如果持票人不在付款行开户，则付款行可以借记"清算资金往来"，贷记"应解汇款及临时存款"。出票银行向代理付款行付款以结清汇票时，可以借记"汇出汇款"，贷记"清算资金往来"。

（2）商业汇票。商业汇票是由商业主体签发，委托付款人在指定日期无条件支付确定金额给收款人或者持票人的汇票。按承兑人不同，可分为商业承兑汇票和银行承兑汇票。商业承兑汇票是由收款人或付款人签发，由银行以外的付款人承兑，在指定日期无条件支付确定金额给收款人或者持票人的汇票。银行承兑汇票是由在承兑银行开立存款账户的存款人签发，经承兑银行承兑，在指定日期无条件支付确定金额给收款人或者持票人的汇票。

以银行承兑汇票为例。银行受理汇票承兑，收取出票人缴存的保证金，可以借记申请人存款账户，贷记"存入保证金"；向出票人收取承兑手续费，可以借记申请人存款账户，贷记"手续费及佣金收入"。同时，登记表外科目，记收入：银行承兑汇票。承兑到期时银行收取票款，则可以借记"存入保证金"和申请人存款账户，贷记"应解汇款及临时存款"。承兑银行支付汇票款项，则可以借记"应解汇款及临时存款"，贷记"清算资金往来"或"存放中央银行款项"；同时，销记表外科目，记付出："银行承兑汇票"。持票人开户行办理持票人款项入账手续，可以借记"清算资金往来"或"存放中央银行款项",贷记持票人存款账户。

(二)结算方式

1. 汇兑。汇兑是指汇款人委托银行将其款项支付给同城或异地收款人的结算方式。汇出行可以借记汇款人存款账户,贷记"清算资金往来"。汇入行可以借记"清算资金往来",贷记收款人存款账户。

2. 委托收款。委托收款是指收款人委托银行向付款人收取款项的结算方式。付款人开户行可以借记付款人存款账户,贷记"清算资金往来"或"存放中央银行款项"。收款人开户行可以借记"清算资金往来"或"存放中央银行款项",贷记收款人存款账户。

3. 托收承付。托收承付是指收款人委托银行向异地付款人收取款项,付款人向银行承认付款的结算方式。付款人开户行可以借记付款人存款账户,贷记"清算资金往来"。收款人开户行可以借记"清算资金往来",贷记收款人存款账户。

(三)银行卡业务

银行卡是商业银行向社会发行的具有消费信用、转账结算、存取现金等全部或部分功能的信用支付工具。按发卡行是否给予持卡人信用额度,可分为信用卡和借记卡。信用卡是发卡银行给予持卡人一定的信用额度,持卡人可以在信用额度内先消费后还款的银行卡。借记卡是持卡人先将款项存入卡内账户,然后进行消费、结算的银行卡,不具备透支功能。

以个人银行借记卡为例。存入现金时,银行可以借记库存现金,贷记卡人存款账户。支取现金时,银行可以借记持卡人存款账户,贷记库存现金。持卡在特约商户购物消费,银行可以借记持卡人存款账户,贷记特约商户存款账户及"手续费及佣金收入"。

四、金融机构往来业务会计核算

金融机构往来业务是指商业银行与中央银行之间、商业银行之间以及商业银行与非银行金融机构之间由于办理资金的缴存与融通、款项的汇划与清算等业务引起的资金账务往来。

金融机构往来业务核算的主要科目包括:一是"存放中央银行款项",为资产类科目,核算商业银行在中央银行存放的款项。二是"向中央银行借款"，为负债类科目，核算从中央银行借入的款项。三是"拆出资金"，为资产类科目，核算本行拆借给其他银行的款项。四是"拆入资金"，为负债类科目，核算本行从其他银行拆入的款项。五是"存放同业"，为资产类科目，核算本行存放在其他银行的款项。六是"同业存放"，为负债类科目，核算其他银行存放在本行的款项。

（一）商业银行与中央银行往来业务

1. 商业银行向中央银行存取现金的核算。

缴存现金，会计分录可以为：

借：存放中央银行款项

　　贷：库存现金

支取现金，会计分录可以为：

借：库存现金

　　贷：存放中央银行款项

2. 商业银行向中央银行缴存款的核算。

增加缴存款，会计分录可以为：

借：缴存中央银行存款

　　贷：存放中央银行款项

减少缴存款，会计分录可以为：

借：存放中央银行款项

　　贷：缴存中央银行存款

3. 商业银行向中央银行借款的核算。

借入款项，会计分录可以为：

借：存放中央银行款项

　　贷：向中央银行借款

归还借款，会计分录可以为：

借：向中央银行借款

借：利息支出

　　贷：存放中央银行款项

（二）商业银行之间往来业务

1. 同业存款。同业存款是商业银行之间因发生日常结算往来业务而存入本行的清算款项。存出行设"存放同业款项"科目（资产类），存款增加时借记该科目，存款减少时贷记该科目。存入行设"同业存放款项"科目（负债类），存款增加时贷记该科目，存款减少时借记该科目。

2. 同业拆借。同业拆借是商业银行之间为解决临时性资金不足而进行的资金融通。

（1）发生资金拆借。

拆出行核算拆出资金的会计分录可以为：

借：拆出资金

　　贷：存放中央银行款项

中央银行处理商业银行同业拆借资金业务的会计分录可以为：

借：××银行存款（拆出行）

　　贷：××银行存款（拆入行）

拆入行核算拆入资金的会计分录可以为：

借：存放中央银行款项

　　贷：拆入资金

（2）拆借资金到期。

拆入行归还拆借资金本息，核算的会计分录可以为：

借：拆入资金

借：利息支出

　　贷：存放中央银行款项

中央银行处理商业银行归还同业拆借资金业务的会计分录可以为：

借：××银行存款（拆入行）

　　贷：××银行存款（拆出行）

拆出行收回拆借资金本息的会计分录可以为：

借：存放中央银行款项

　　贷：拆出资金

　　贷：利息收入

五、投资业务核算

从会计角度而言，商业银行投资是指商业银行除贷款资产外，为保持资产多元化、获取经济利益而让渡一项资产，同时获取另一项资产的行为。商业银行投资取得的金融资产，根据其管理这类金融资产的业务模式和金融资产的合同现金流量特征，划分为以摊余成本计量的金融资产、以公允价值计量且其变动计入其他综合收益的金融资产、以公允价值计量且其变动计入当期损益的金融资产，以及长期股权投资。

（一）以摊余成本计量的金融资产

金融资产同时符合以下条件，应当分类为以摊余成本计量的金融资产：一是企业管理该金融资产的业务模式以收取合同现金流量为目的；二是该金融资产的合同条款规定，在特定日期产生的现金流量，仅为对本金和以未偿付本金金额为基础的利息的支付。商业银行设"债权投资"会计科目，核算以摊余成本计量的债权投资的账面余额。该科目属于资产类科目。

1. 取得债权投资，会计分录可以为：

借：债权投资

　　贷：存放中央银行款项

2. 终止债权投资，会计分录可以为：

借：存放中央银行款项

　　贷：债权投资

　　贷：利息收入

（二）以公允价值计量且其变动计入其他综合收益的金融资产

金融资产同时符合以下条件，应当分类为以公允价值计量且其变动计入其他综合收益的金融资产：一是企业管理该金融资产的业务模式既以收取合同现金流量为目的，又以出售该金融资产为目标；二是该金融资产的合同条款规定，在特定日期产生的现金流量，仅为对本金和以未偿付本金金额为基础的利息的支付。商业银行设"其他债权投资""其他权益工具投资"会计科目，分别核算分类为此类的债权投资和非交易性权益工具投资。该科目属于资产类科目。

1. 取得债权投资，会计分录可以为：

借：其他债权投资/其他权益工具投资

　　贷：存放中央银行款项

2. 终止债权投资，会计分录可以为：

借：存放中央银行款项

　　贷：其他债权投资/其他权益工具投资

　　贷：投资收益

（三）以公允价值计量且其变动计入当期损益的金融资产

分类为以摊余成本计量的金融资产和以公允价值计量且其变动计入其他综合收益的金融资产之外的金融资产，应当分类为以公允价值计量且其变动计入当期损益的金融资产。商业银行设"交易性金融资产"会计科目，核算持有的以公允价值计量且其变动计入当期损益的金融资产。该科目属于资产类科目。

1. 取得交易性金融资产，会计分录可以为：

借：交易性金融资产

　　贷：存放中央银行款项

2. 出售交易性金融资产，会计分录可以为：

借：存放中央银行款项

　　贷：交易性金融资产

　　贷：投资收益

（四）长期股权投资

长期股权投资是指投资方对被投资单位实施共同控制、产生重大影响的权益性投资，以及对其合营企业的权益性投资。商业银行设"长期股权投资"会计科目，核算持有的长期股权投资。该科目属于资产类科目。初始取得长期股权投资债权，商业银行的会计分录可以为：

借：长期股权投资

　　贷：存放中央银行款项

六、所有者权益核算

对商业银行来说，所有者权益是商业银行所有者对银行净资产享有的经济利益，主要包括实收资本、资本公积、盈余公积、一般风险准备和未分配利润等。银行设相应的所有者权益类科目进行核算。

（一）实收资本

实收资本是商业银行实际收到投资者投入的资本。银行设"实收资本"科目，核算实际拥有的资本金总数，余额反映在贷方。收到投资人投入资本，会计分录可以为：

借：存放中央银行款项/库存现金

　　贷：实收资本

实收资本一般不得随意变动，但经法定程序，可将形成的资本公积、盈余公积转增资本金。转增资本金的会计分录可以为：

借：资本公积

借：盈余公积

　　贷：实收资本

（二）资本公积

资本公积是指因资本溢价和直接计入所有者权益的利得和损失形成的，由银行全体所有者分享的权益。银行设"资本公积"科目，核算资本公积的数额，余额反映在贷方。当银行按照高于股票面值的价格发行股票时，溢价部分扣除发行费用后的差额就形成资本公积，会计分录可以为：

借：存放中央银行款项/库存现金

　　贷：实收资本（股票面值）

　　贷：资本公积（按股票溢价扣除发行费用后的余额）

（三）盈余公积

盈余公积是指银行从净利润中提取的，用于自身发展的一种积累。银行设"盈余公积"科目，核算盈余公积的数额，余额反映在贷方。从净利润中提取盈余公积，会计分录可以为：

借：利润分配

　　贷：盈余公积

（四）一般风险准备

一般风险准备是指商业银行计算风险资产的潜在风险估计值后，扣减已计提的资产减值准备，从净利润中计提的，用于部分弥补尚未识别的可能性损失的准备金。一般风险准备余额原则上不低于风险资产期末余额的 1.5%。银行设"一般风险准备"科目，核算一般风险准备的提取数额，余额反映在贷方。计提一般风险准备，会计分录可以为：

借：利润分配

贷：一般风险准备

（五）未分配利润

未分配利润是商业银行实现的净利润经过弥补亏损、提取盈余公积和向投资者分配利润后，留待以后年度进行分配的结存利润。银行设"未分配利润"科目，核算未分配利润的数额，余额反映在贷方。

资产负债表日，商业银行将"本年利润"结转至"利润分配——未分配利润"科目，会计分录可以为：

借：本年利润

贷：利润分配——未分配利润

如果"利润分配——未分配利润"为贷方余额，则可按规定程序进行利润分配，会计分录可以为：

借：利润分配——提取法定盈余公积

贷：法定盈余公积

借：利润分配——提取一般风险准备

贷：一般风险准备

借：利润分配——应付现金股利

贷：应付股利

如果"利润分配——未分配利润"为借方余额，则表示为本期未弥补亏损。

七、财务损益核算

（一）收入与利得

收入是指商业银行在日常活动中形成的、会导致所有者权益增加的、与所有者投入资本无关的经济利益的总流入，主要包括利息收入、手续费及佣金收入、其他业务收入等。利得是指商业银行非日常活动所形成的、会导致所有者权益增加的、与所有者投入资本无关的经济利益的流入，主要包括：一是直接计入所有者权益的，如公允价值变动产生的利得、外币报表折算差额等；二是直接计入当期收益的，如政府补助、捐赠利得等。

1. 利息收入。利息收入是指商业银行通过发放贷款、与同业往来等取得的利息收入。银行设"利息收入"科目进行核算。该科目属于损益类。发生利息收入，会计分录可以为：

借：应收利息

　　贷：利息收入

借：库存现金

　　贷：应收利息

2. 手续费及佣金收入。手续费及佣金收入是指商业银行根据收入准则确认的手续费收入和佣金，包括办理结算业务、咨询业务等代理业务以及办理受托贷款、投资业务等取得的手续费及佣金。银行设"手续费及佣金收入"科目进行核算。该科目属于损益类。发生手续费及佣金收入，会计分录可以为：

借：单位活期存款

　　贷：手续费及佣金收入

3. 其他业务收入。其他业务收入是指商业银行除经营存款、贷款、代理业务等主营业务以外的其他经营活动取得的收入。银行设"其他业务收入"科目进行核算。该科目属于损益类。发生其他业务收入，会计分录可以为：

借：单位活期存款

　　贷：其他业务收入

4. 营业外收入。营业外收入是指商业银行发生的与其日常活动无直接关系的各项利得，包括银行取得的非流动性资产处置利得、政府补助利得、捐赠利得等。银行设"营业外收入"科目进行核算。该科目属于损益类。发生营业外收入，会计分录可以为：

借：现金

　　贷：营业外收入

（二）费用与损失

费用是指商业银行在日常活动中发生的、会导致所有者权益减少的、与向所有者分配利润无关的经济利益的总流出，主要包括利息支出、手续费及佣金支出、业务及管理费、税金等。损失是指商业银行非日常活动中形成的、会导致所有者权益减少的、与向所有者分配利润无关的经济利益的流出，主要包括业务公允价值变动产生的损失以及捐赠支出、罚款支出等。

1. 利息支出。利息支出是指商业银行以负债的形式筹集资金而付出的代价。银行设"利息支出"科目进行核算。该科目属于损益类。发生利息支出，会计分录可以为：

借：利息支出

　　贷：应付利息

借：应付利息

　　贷：库存现金

2. 手续费及佣金支出。手续费及佣金支出是指商业银行委托业务项下的手续费和佣金支出。银行设"手续费及佣金支出"科目进行核算。该科目属于损益类。发生手续费及佣金支出，会计分录可以为：

借：手续费及佣金支出

　　贷：库存现金

3. 业务及管理费。业务及管理费是指商业银行在业务经营及管理工作中发生的各种耗费，包括业务宣传费、业务招待费、人员工资等。银行设"业务及管理费"科目进行核算。该科目属于损益类。发生业务及管理费支出，会计分录可以为：

借：业务及管理费用

　　贷：库存现金

4. 其他业务成本。其他业务成本是指商业银行除主营业务活动以外的其他经营活动所发生的支出，主要包括出租固定资产的累计折旧、出租无形资产的累计摊销等。银行设"其他业务成本"科目进行核算。该科目属于损益类。发生其他业务成本，会计分录可以为：

借：其他业务成本

　　贷：累计折旧/累计摊销

5. 所得税费用。所得税是指商业银行应依法缴纳的企业所得税。银行设"所得税费用"科目进行核算。发生所得税费用支出，会计分录可以为：

借：所得税费用

　　贷：库存现金

6. 资产减值损失。资产减值损失是指商业银行在资产负债表日，经过对资产的测试，判断资产的可收回金额低于其账面价值而计提资产减值损失准备所确认的相应损失，主要包括贷款损失准备、抵债资产跌价准备等。银行设"资产减值损失"科目进行核算。计提资产减值损失，会计分录可以为：

借：资产减值损失

　　贷：贷款损失准备

7. 营业外支出。营业外支出是指商业银行发生的与其日常活动无直接关系的各项净支出，包括债务重组损失、罚款支出、捐赠支出等。银行设"营业外支出"科目进行核算。该科目属于损益类。发生营业外支出，会计分录可以为：

借：营业外支出

　　贷：库存现金

（三）利润

利润是商业银行在一定会计期间内的经营成果，包括收入减去费用后的净额以及直接计入当期利润的利得和损失等。计算公式为：利润＝（收入－费用）＋直接计入当期损益的利得和损失。

1. 利润的构成。从利润的形成过程看，利润包括营业利润、利润总额（即税前利润）、净利润（即税后利润）。计算公式为：营业利润＝营业收入－营业成本－业务及管理费－税金及附加－资产减值损失±公允价值变动净损益±投资净收益。其中，营业收入包括利息收入、手续费及佣金收入、其他业务收入，营业成本包括利息支出、手续费及佣金支出、其他业务支出。利润总额＝营业利润＋营业外收入－营业外支出。净利润＝利润总额－所得税费用。

2. 利润的核算。商业银行设置"本年利润"科目，核算当年实现的净利润或净亏损。会计期末，银行应将各项收入与利得类科目余额转入"本年利润"科目的贷方，将各项成本费用与损失类科目余额转入"本年利润"科目的借方，结转后各损益类账户无余额。

（1）结转各项收入与利得类科目，会计分录可以为：

借：利息收入

借：手续费及佣金收入

借：其他业务收入

借：汇兑收益

借：投资收益

借：公允价值变动损益

借：营业外收入

　　贷：本年利润

（2）结转各项费用与损失类科目，会计分录可以为：

借：本年利润

　　贷：利息支出

　　贷：手续费及佣金支出

　　贷：业务及管理费

　　贷：其他业务成本

　　贷：税金及附加

　　贷：所得税费用

　　贷：汇兑收益

　　贷：投资收益

　　贷：公允价值变动损益

　　贷：资产减值损失

银行将损益类科目结转至"本年利润"后，若为贷方余额，表明本年盈利；若为借方余额，表明本年亏损。

（3）结转本年利润。将"本年利润"的余额结转至"利润分配——未分配利润"，结转后"本年利润"科目无余额。如"本年利润"为贷方余额，会计分录可以为：

借：本年利润

　　贷：利润分配——未分配利润

如"本年利润"为借方余额，会计分录可以为：

借：利润分配——未分配利润

　　贷：本年利润

3. 利润分配。商业银行对于实现的净利润，应按照有关规定，依据一定程序进行分配。如可供分配的利润为负数（即亏损），则不能进行后续分配。如可供分配的利润为正数（即本年累计盈利），则可进行后续分配。利润分配的顺序为：一是弥补以前年度亏损；二是提取法定盈余公积；三是提取任意公积；四是提取一般风险准备；五是向投资者分配利润。

附录三　商业银行合规管理

商业银行合规管理是指商业银行为履行企业责任、实现经营目标，制定并实施的一系列管理措施，保障其经营活动符合相关法律、法规、规章、准则等规范性要求，是银行不可或缺的基础性工作。

我国商业银行遵循的"规"大致包括：一是法律，即立法机构依照法定程序制定、颁布，并由国家强制力保证实施的法律规范，如《民法通则》《商业银行法》。二是行政法规，即行政机构制定的有关国家行政管理的制度规范，如《存款保险条例》。三是部门规章及规范性文件，即相关部委在其职责范围内制定的规范性文件，如《金融机构大额交易和可疑交易报告管理办法》《商业银行合规风险指引》。四是行业准则、行为守则和职业操守，包括中国银行业协会等自律性组织制定的行业规范，如《中国银行业自律公约》，也包括普遍适用的企业伦理和社会规范，如诚信、公开等，还包括一些国际组织制定的行业准则，如巴塞尔委员会的新资本协议、金融行动特别工作组的工作建议等。五是银行自身制定的规章制度、操作规程、行为准则等。

我国商业银行合规管理的发展速度较快，但整体起步较晚，还存在一些问题：一是合规管理的定位不明。有的银行将合规管理部门定位为后台管理部门，削弱了其事前风险防范的作用。有的银行将合规管理部门定位为监管协调部门，影响了合规管理工作的作用发挥。二是合规履职的保障不够。一些银行重业务发展、轻合规管理的意识比较明显，合规管理部门缺乏独立性，往往与业务部门处于"对弈"状态，借外部监管力量来推动本部门的工作，但最终可能还是会"妥协"，从而影响了合规管理部门的有效履职。三是合规管理资源配备不足。大多数银行自上而下越往基层，合规管理人员越是配备不足，既懂法律、又懂业务的人员较为缺乏，甚至有的合规管理人员还要承担经营指标的完成，工作有效性和独立性大打折扣。四是合规培训宣导力度不够。大多数银行注重基层网点的业务发展，但忽视了对基层的合规宣导，这也是大部分案件和风险事件发生在基层分支机构的原因之一。

一、商业银行合规管理体系建设

完整的商业银行合规管理框架至少包括：完善的合规管理制度体系、健全的组织架构、合理的资源投入、科学的管理流程、有力的制度和文化保障。

（一）商业银行合规管理制度建设

商业银行要根据相关法律、法规、规章、准则等规范性要求，结合本银行实际，构建一套全面有效的合规管理制度体系。这些制度应当明确合规管理的组织架构和职责、合规管理程序、合规管理报告、合规管理保障机制以及合规管理审查的范围、要点等，为合规管理工作的有效开展提供行动指南。

商业银行的合规管理规章制度可以分为四类。一是政策类制度，即对涵盖全行范围的经营管理行为或重要管理活动做出的框架性安排和原则性要求，多为顶层设计，如风险管理政策、"三会一层"制度等。二是办法类制度，即对某一项业务或某一经营管理事项做出具体管理措施的规定，注重于对具体业务的办理，往往是结合实际提出可操作的举措。三是细则类制度，是指为了落实政策类、办法类制度而制定的具体详细的操作性文件，或对某一项业务运作流程、管理流程做出的程序性文件。四是过渡性制度，指银行为了完善内部管理需要，不断解决业务和管理中的问题，制定的一些临时性、过渡性文件，属于对前三类制度的调整和补充，但不属于替代，其稳定性差、时效性强。

商业银行内部规章制度需要不断完善，持续性地适应业务发展和经营管理的需要。一是把握监管重点，即要将自身业务开展情况与外部监管部门的具体要求做比较，准确把握监管重点，在确保符合监管标准的基础上，根据自身企业文化、风险偏好、控制能力等，将这些监管制度和要求吸收到本行的管理制度中。二是及时跟踪调整，即要及时对监管规则的调整进行跟踪研判，分析监管环境及要求的变化对自身经营活动的影响，将外部监管规则及时融入本行的内部管理中去，防止出现管理真空。三是适时查漏补缺，即要对照相关法律、法规、规章、准则等规范性要求，查找内部规章制度是否存在缺失、过时等情况，并及时予以完善或清理。

（二）商业银行合规管理组织建设

构建有效的合规管理组织架构要遵循两点基本理念：一是合规要从高层

做起。明确董事会、高级管理层合规管理的责任,奠定良好的合规管理的"高管基调",大力倡导和支持合规管理工作。二是合规要人人有责。合规管理的责任应该落实到全行每一名员工,要做到"主动合规、事前合规、全员合规",实现合规管理的全员化、过程化和日常化。

商业银行要以董事会、高级管理层、合规管理部门、内部审计部门和相关风险管理部门为核心,建立有效的合规管理架构和组织体系,明确各部门和人员的职责,并保持其独立性。合规管理部门是商业银行合规管理体系中的重要组成部分,是合规风险的综合管理和牵头管理部门。我国商业银行合规管理部门的设置大致有两种模式:一种是设立一个单独的合规部门,专门负责内部控制、合规管理等事宜,如内控合规部。另一种是把法律风险的管理职能与合规风险的管理职能合并在同一个部门,实现对法律风险和合规风险的合并管理,如法律与合规部。

(三) 商业银行合规管理队伍建设

合规管理人员通常是指在银行首席合规官或合规部门负责人的领导下,专门从事合规管理工作的员工,是银行合规管理体系的中坚力量。关于合规管理人员的配比,国际上通常执行的标准是1%,即每100名银行员工中至少有1名专职合规管理人员。对比这个标准,我国商业银行总体上还有不小的差距。

我国商业银行的合规管理人员基本上可以分为两类:一类是合规管理部门的人员,即在合规管理部门专职从事合规管理的人员。另一类是分散在各业务部门、业务条线的合规人员,可进一步细分为专职合规人员和兼职合规人员。专职合规人员一般受合规管理部门或合规负责人的独立、垂直领导,对合规管理部门或合规负责人负责,有较强的工作独立性,通常叫合规专员。兼职合规人员一般受其他业务部门或业务条线的制约,合规管理的工作独立性难以得到保障。

近年来,商业银行在合规管理人员配备上注重加强团队建设。一是充实人才储备,注重选拔和培养具有良好个人品质和专业素质的复合型人才充实到合规管理团队中去。良好的个人品质主要是指具备良好的沟通能力、较强的判断力、诚信的品质以及职业敏感性等。良好的专业素质主要是指对银行的各项业务、内部机制保障的熟悉和了解。二是提升专业技能,即通过合规培训更新员工的知识结构，注重国际监管趋势、宏观经济、金融与经济以及法律等方面知识的学习，不断提高合规管理团队的整体专业水准。

（四）商业银行合规管理工作流程

合规管理是商业银行针对合规风险主动进行管理的动态过程。一个完整的合规管理流程应该包括六个方面的基本内容。一是落实监管制度，及时对监管规则进行跟踪学习，掌握监管环境的变化，分析对本行经营管理产生的影响，提示合规风险，并结合银行实际，将监管规则的要求转化到内部规章制度中去。二是合规管理培训，以学习合规文化理念、合规规则准则、合规履职技能为主要内容，开展有针对性的培训，提升员工合规意识和合规履职能力，营造良好的合规文化环境。三是合规管理审查，组织对银行开发新产品、新业务等重要经营管理事项的合规性和规范性进行审查，及时识别合规风险，提出合规意见和风险防控的建议。四是合规管理监测，在日常工作中对内部经营活动是否符合相关法律、法规、规章、准则等规范性要求进行全面、持续监测，发现问题，及时采取相应措施。五是合规管理检查，即组织专项或全面检查，对各业务部门、各业务条线、各级机构遵守相关法律、法规、规章、准则等规范性要求和内部规章制度等情况，以及合规管理体系的运行情况和效果进行检验和评价。六是合规管理报告，即针对合规审查、合规监测、合规检查过程中发现的风险点或风险管理状况，合规管理部门要按照工作程序报告，并提出风险缓释或合规管理建议。

（五）商业银行合规管理保障机制

2006 年，原中国银监会出台了《商业银行合规风险管理指引》，提出了建立有利于合规风险管理的三项基本制度。一是建立绩效考核制度，以体现倡导合规和惩处违规的价值理念。二是建立合规问责制度，对违规行为进行严格的责任认定与追究，并及时采取有效的整改措施，以推动违规行为的纠正、经营管理流程的改进及内部规章制度的完善。三是建立诚信举报制度，鼓励员工举报违法、违纪、违反职业操守或可疑行为，并充分保护举报人。

从国际上一些大银行集团的合规管理实践来看，保持合规管理部门的有效履职必须以独立性为保障。一是银行集团设立首席合规官，全面负责协调集团合规管理，对重大合规事务进行决策或提出独立性合规审查意见。二是合规管理部门应当在银行内部享有正式地位。三是合规管理部门合规人员的合规履职与其他经营管理活动应当避免利益冲突。四是合规管理部门为履行职责应当能够获取必要的信息并能接触到相关人员。五是合规管理部门的薪酬不应与业务条线的盈亏状况相挂钩。

合规管理作用的有效发挥离不开相关部门之间的良好合作。为此，商业银行要围绕合规管理建立有效的协作机制。例如，合规管理部门与法律部门、风险管理部门之间的日常沟通、信息共享和协作机制；合规管理部门与内部审计部门之间的职能分离机制和审计评价机制；合规管理部门与业务管理部门之间的推动协作机制和合规责任落实机制等。

（六）商业银行合规培训和文化建设

商业银行将相关制度要求传导到每一名员工，一个重要方式就是开展合规培训。合规培训旨在提升员工的合规意识和合规履职能力，持续更新员工的知识结构，以适应合规管理工作的要求。合规培训至少有三项要求：一是人员全覆盖，即每一名员工都要接受合规培训，尤其是新员工。二是业务全覆盖，即培训课程需要覆盖到银行的所有业务。三是持续培训，即为了适应合规要求的不断变化以及各岗位从业人员的不断更新，合规培训需要持续进行。商业银行合规培训一般包括以下内容：监管部门发布的制度规范和监管动态；本行合规文化理念；本行合规管理各项机制和工作流程；本行各业务条线的规章制度和操作流程；本行员工行为守则、员工违规行为处理规定等；合规管理履职技能、合规案例分析；特定领域的合规管理要求，如反洗钱管理、内部交易、外包管理等。

合规文化就是商业银行为避免遭受监管处罚、重大财务损失或声誉损失，自上而下建立的一种普遍意识、道德标准和价值取向，是从精神层面确保银行各项经营管理活动始终符合监管规则和准则。合规文化建设是进行有效合规管理的基础，所以商业银行要加强合规文化建设，培育员工的合规意识，树立遵章守纪、合规经营的正确理念，为各项业务稳健发展保驾护航。商业银行合规文化建设是一项系统工作，是提高银行竞争力和软实力的重要举措。合规文化建设主要包括：一是合规文化的认知，提升包括从高管人员到一线工作人员的每一名员工对合规文化的认识度。二是合规文化的梳理，对合规认知、价值共识进行不断提炼和更新。三是合规文化的宣传，经常性地通过印发合规手册、树立合规典型、开展合规教育等宣传活动，持续增强员工的合规意识。四是合规文化的落实，将合规要求转化为对各分支机构、业务条线、经营团队甚至具体岗位的职责，并建立相应的考核机制、奖惩机制。五是合规文化的维护，通过监督检查等方式对合规文化建设的整体成效进行评价，对文化建设缺失的情况进行督促整改。

二、商业银行合规管理主要方式和内容

商业银行合规管理要求覆盖经营管理活动的各业务条线和全过程，涉及内容很广。除了组织架构建设、制度体系建设、合规培训以及文化建设之外，日常工作还包括以下几个方面。

（一）合规提示

合规提示是指商业银行合规管理部门向本行业务条线或管理单位发出的旨在提示其落实相关合规管理要求的活动。合规提示是一种警示性的工作提醒和建议，一般不具有强制性。但是，合规提示的内容往往都是合规管理应把控的要点，通常是会被落实的。

合规提示主要适用于三种情况：一是外部管理规范出现新的变化。合规管理部门需要及时掌握外部监管规则、准则的变化，并评估是否会对本行合规环境构成影响，必要时提示相关业务条线或管理单位予以关注。二是银行经营管理中暴露了重要合规风险。如某项业务产品发生频率高、损失大的风险事件，合规管理部门应当及时分析风险来源，查找问题原因，发出合规提示，提出风险缓释建议，重申合规要求，督促相关业务条线或责任部门及时整改，堵塞漏洞。三是合规管理工作中需要落实相关要求。如某银行因未落实某项监管要求被监管部门实施行政处罚，合规部门需要在本行普发性地针对应落实的关键点进行合规提示。

合规建议是合规提示的另一种形式，一般是针对合规管理活动中存在的问题，向银行内部各级管理部门、分支机构的管理层提出相关建议。合规建议通常适用于以下情况：一是合规管理机制薄弱，合规管理职能缺失。二是合规管理独立性受到不适当的干扰，影响合规管理工作的正常开展。三是违规事件频繁暴露，得不到有效的管理和纠正。四是缺乏诚信的合规文化，对合规管理存在错误认识。五是制度建设落后，缺失严重。六是失职、渎职、不作为、乱作为等现象严重。七是奖惩机制、问责机制失效。

（二）合规审查

合规审查是指商业银行对本行出台新制度、开发新业务、推出新产品等重要经营管理事项进行的合规性和规范性审查，旨在识别合规风险，提出合规性意见和风险管控建议。

合规审查是商业银行对于合规风险进行源头管理的主要手段，是合规风险管理的重要内容，由专业的合规管理团队开展事前合规风险识别和评估以及事中合规风险防控。通过合规审查，能够主动地、较早地参与到业务部门新业务、新产品和新流程的设计与开发中去，一是可以保障银行各项业务符合法律法规和监管要求，发现并防范由此带来的合规风险，避免银行遭受法律制裁和监管处罚；二是确保银行各项制度能够在产品和业务创新活动中得到有效贯彻，保障银行稳健发展。合规审查的目标通常可以分为三个层次：一是基本目标，确保审查对象不逾越合规红线，在审查对象正式实施前守住合规底线。二是中级目标，发现并防范潜在的违规风险，避免审查对象在正式实施后陷入风险雷区。三是高级目标，提供合规增值服务，发挥合规专业优势协助业务部门更好地平衡成本和收益，从而开发出更好的制度、业务和产品。

合规审查的对象主要包括两个方面：一是为满足管理需要而出台的新制度、新流程；二是为市场营销而推出的新业务和新产品。合规审查的重点主要包括：一是是否违反有关监管规则和准则的禁止性规定，是否符合相关监管要求。二是是否符合上级行和本级行的相关制度要求。三是是否取得相应的资格或符合授权要求。四是是否有充分的监督工具或手段进行监测。五是是否有适当、完善的内部控制措施进行防范和控制风险。六是送审材料和送审流程是否完整、规范。

对于合规审查，合规管理部门要给出明确的合规审查意见。合规审查意见可分为两类。一类是修改类意见，即约束性意见，送审部门应当予以采纳。比如，对于送审事项明显违反监管规则或本行制度要求，要明确指出并说明理由。另一类是建议类意见，即参考性意见，送审部门可以采纳，也可以不采纳。比如，对于目前监管规则和本行制度未做明确规定、监管边界和内容较为模糊，但存在风险隐患的事项，合规审查应本着审慎原则提出风险防控建议。

（三）合规监测

合规监测是商业银行针对机构内部经营管理活动是否符合法律、规则、准则的要求，进行全面、持续的监督和审视而采取相应措施的系统性活动，属于事中合规风险管理的范畴。合规监测应当遵循四项原则：一是全面性原则，即合规监测的范围应当覆盖商业银行经营活动的全过程，能够全面发现商业银行经营活动的风险点和对应控制措施的有效性。二是系统性原则，即合规监测应当建立一个科学合理的体系。三是及时性原则，即合规监测活动应当保证时效性，对合规风险信息的收集、识别、处理都要在规定时限内完成。四是持续性原则，即合规监测应当是一个连续和动态的过程，要确保曾经出现但未予以控制的风险以及未曾出现的风险都能得到识别和控制。

完整的合规监测包括合规风险识别、合规风险评估、合规风险应对、合规风险持续监控四个方面。

合规风险识别是指对银行内部合规风险的存在或发生的可能性以及合规风险产生的原因等进行分析判断，并通过收集、整理银行合规风险点来进行评估和监测等活动。合规风险识别可从两个层面分析展开：一是过程识别，即从监管规则跟踪落实、合规要求传导到贯彻执行乃至监督、检查、整改的全流程去识别合规风险。二是效果识别，即从银行合规管理的效果去识别合规风险，通常包括监管指标满足情况、外部监管评价、检查或审计发现的问题、合规检查发现的问题等方面。

合规风险评估是银行在合规风险识别的基础上，应用一定的方法估计和测算因合规风险发生而导致法律制裁、监管处罚、财务或声誉损失等相关风险损失的概率和损失大小，以及对银行整体运营产生的影响程度。合规风险评估有两种方式：一是定性评估，即运用分析和综合、比较和分类、归纳和演绎等方法，对合规风险做出逻辑性分析判断。二是定量评估，即采用数学方法，收集和处理数据资料，对合规风险做出定量判断。两种方法各有优缺点，因此在现实工作中，合规风险评估往往综合运用这两种方法。

合规风险应对是在完成合规风险评估后，根据合规风险的性质、程序以及银行对合规风险承受能力，确定相应的对策，即制订相应的合规风险管理计划和合规风险管理程序。合规风险应对措施可以分为两类：一类是积极型，即出现风险事件时提高风险防控水平。另一类是保守型，即出现风险事件时退出高风险领域。

合规风险持续监控是指持续追踪、监测已识别的合规风险，不断识别新的合规风险，并对不可接受的合规风险实行有效控制的管理过程。

（四）合规检查

合规检查是对商业银行业务条线、各业务部门以及各管理单位遵循法律、法规、规则、准则和内控制度情况，以及合规管理体系运作情况进行的检验和评价，是合规管理部门开展管理活动的有效手段。

合规检查的内容大致包括以下几个方面：一是合规管理体系建设情况，即是否建立了与监管要求、与银行经营目标以及与通行实践相适应的合规管理体系。二是规章制度建设情况，包括当有关法律、法规发生变化时是否及时修订、完善相关制度。三是制度执行情况。四是合规文化的建设情况，即员工是否能够正确理解和掌握法律、法规、规章、准则等合规内容。五是合规风险管理情况。六是问题整改落实情况。

商业银行通常是按照业务分类与风险延伸的层级来确定合规检查的范围和具体内容，以确保实现全覆盖。一般来说，应包括但不限于以下内容：一是存款业务，包括账户管理的合法合规性、资金交易的真实合规性、特殊业务的真实合规性以及外部欺诈风险等。二是贷款业务，包括客户准入的真实合规性、信贷资金用途真实性、担保的合规有效性、贷后管理的及时合规性等。三是中间业务，包括代销、代收、代付业务等，关注托管资金的风险隔离，代销业务风险管理和合规管理。四是金融市场和投资银行业务，包括衍生产品、交易类产品、债券投资和承销业务管理等。五是理财业务，包括理财产品设计发行、客户准入、信用风险管控等。六是会计财务业务，包括收入管理检查、支出管理检查以及资产管理检查等。七是反洗钱业务，包括内控机制建设情况、制度执行情况、风险控制情况、配合监管情况等。

（五）反洗钱

对商业银行而言，反洗钱就是指为了预防和遏制洗钱活动与恐怖融资活动，按规定建立相应管理体系和管理机制而采取一系列措施的行为。当前，反洗钱工作已经成为我国商业银行合规管理的一项重要内容，主要围绕以下三个方面开展。

1. 客户身份识别。商业银行应当勤勉尽责，建立健全并执行客户身份识别制度，遵循"了解你的客户"的原则，开展尽职调查，了解客户及其交易目的和交易性质，了解实际控制客户的自然人和交易的受益所有人。具体内容包括：一是初次识别，在与客户建立业务关系或发生一次性金融业务时，应对客户身份基本信息开展尽职调查，如对自然人客户，至少须核实客户姓名、性别、国籍、职业、住所地或者工作单位地址、联系方式、身份证件或者身份证明文件的种类、号码和有效期限等。二是持续识别和重新识别，在与客户业务关系存续期间或出现特定情况时，须对客户进行持续性的识别或重新进行识别，如客户行为或者交易情况出现异常、客户有洗钱或恐怖融资活动嫌疑、获得的客户信息与先前掌握的相关信息存在不一致或者相互矛盾等。三是客户风险等级划分，要按照客户特点或者账户属性，考虑地域、业务、行业以及客户是否为外国政要等因素，划分客户的洗钱风险等级，并在持续关注的基础上，适时调整风险等级。

2. 客户身份资料及交易记录保存。具体内容包括：一是保存的客户身份资料和交易记录应当真实、完整、有效，应当能反映客户身份识别的过程和结果，足以再现该笔交易的完整过程。二是在业务关系存续期间，客户身份资料发生变更的，应当及时更新。三是保存客户身份资料和交易记录应当符合保密和安全规定。四是客户身份资料自业务关系结束后起，交易信息自交易结束后起，至少保存五年。

3. 客户大额交易和可疑交易报告。

（1）大额交易报告是指商业银行对规定金额以上的资金交易应当在交易发生之日起5个工作日内以电子方式报告中国反洗钱监测分析中心。根据现行规定，属于大额资金交易的有：一是当日单笔或者累计交易人民币5万元以上（含5万元）、外币等值1万美元以上（含1万美元）的现金缴存、现金支取、现金结售汇、现钞兑换、现金汇款、现金票据解付及其他形式的现金收支。二是非自然人客户银行账户与其他的银行账户发生当日单笔或者累计交易人民币200万元以上（含200万元）、外币等值20万美元以上（含20万美元）的款项划转。三是自然人客户银行账户与其他的银行账户发生当日单笔或者累计交易人民币50万元以上（含50万元）、外币等值10万美元以上（含10万美元）的境内款项划转。四是自然人客户银行账户与其他的银行账户发生当日单笔或者累计交易人民币20万元以上（含20万元）、外币等值1

万美元以上（含1万美元）的跨境款项划转。

（2）可疑交易报告是指商业银行按本机构内部操作规程确认可疑交易后，及时向中国反洗钱监测分析中心报告。商业银行发现或者有合理理由怀疑客户、客户的资金或者其他资产、客户的交易或者试图进行的交易与洗钱、恐怖融资等犯罪活动相关的，不论所涉资金金额或者资产价值大小，都应当提交可疑交易报告。商业银行应当建立适应于本机构的可疑交易监测标准，并对其有效性负责。交易监测标准包括但不限于客户的身份、行为，交易的资金来源、金额、频率、流向、性质等存在异常的情形，还应当参考以下因素：一是中国人民银行及其分支机构发布的反洗钱、反恐怖融资规定及指引、风险提示、洗钱类型分析报告和风险评估报告。二是公安机关、司法机关发布的犯罪形势分析、风险提示、犯罪类型报告和工作报告。三是本机构的资产规模、地域分布、业务特点、客户群体、交易特征以及洗钱和恐怖融资风险评估结论。四是中国人民银行及其分支机构出具的反洗钱监管意见。五是中国人民银行要求关注的其他因素。

附录四 中央银行业务与金融宏观调控

中央银行在一国金融体系中处于中心地位，代表一国政府调控金融和宏观经济。世界上大多数国家都实行中央银行制度。中国人民银行是我国的中央银行，在国务院领导下承担宏观调控职能，初步形成了"货币政策＋宏观审慎政策"双支柱的宏观调控架构。

货币政策和宏观审慎政策的充分协调有助于实现有效的金融调控，更好地将币值稳定和金融稳定结合起来。货币政策和宏观审慎政策都可以进行逆周期调节，都具有宏观管理的属性。货币政策主要针对整体经济和总量问题，侧重于经济增长和物价水平的稳定；宏观审慎政策则直接和集中作用于金融体系本身，侧重于维护金融稳定。两者恰好可以相互补充和强化。

一、中央银行概述

（一）中央银行的性质

中央银行的特有属性：一是业务对象特殊，仅限于政府和金融机构，不经营一般商业银行和其他金融机构的业务。二是经营目的特殊，不以营利为目的，而是从国民经济的宏观需要出发，保持货币币值的稳定。三是拥有特有的业务权利，如发行货币、保管存款准备金、制定金融政策等特权。

（二）中央银行的职能

中央银行的基本职能包括：一是发行的银行，接受政府授权，集中和垄断货币发行权。二是银行的银行，以商业银行和其他金融机构为业务对象，集中它们的准备金并向它们提供信用，办理它们之间的资金清算。三是政府的银行，根据国家法律授权，制定并实施货币金融政策，通过办理业务为政府服务。

在基本职能的基础上，中央银行的综合职能包括：一是调控职能，通过制定和执行货币金融政策，运用货币政策工具，调控市场货币流通及社会信用规模，实现货币政策目标。二是服务职能，以银行的身份向政府、商业银行以及其他金融机构提供金融服务，如代理国库、货币发行、结算金融机构间债权债务等。三是管理职能，代表国家对金融机构进行管理，以维护金融体系的健全和稳定。

（三）中央银行的业务特性

1. 中央银行业务活动的原则。主要有四条原则。一是非营利性，央行开展业务不考虑盈利与否，而是以调节经济、稳定全国金融、稳定币值为己任。二是流动性，央行不仅向金融机构提供资金清算服务，依法收缴法定存款准备金，还要在商业银行资金周转不灵时向其提供融资，以履行最后贷款人职责，因此要保持良好的流动性。三是主动性，要保持资产负债业务的主动性，以便根据履职需要，通过资产负债业务来实施货币政策和金融管理。四是公开性，要定期向社会公布业务状况和财务状况，提供有关金融统计资料，在接受社会公众监督的同时，传导央行政策意图。

2. 中央银行业务的分类。大致分为两类。一是银行性业务，即能引起货币资金运动和数量变化的业务，包括计入央行资产负债表的业务，如货币发行业务、存款准备金业务、再贷款和再贴现业务等，也包括不计入央行资产负债表的业务，如支付清算业务、经理国库业务等。二是管理性业务，即作为一国金融管理当局所从事的业务，主要是服务于履行宏观金融管理的职责，如金融统计调查业务、对金融机构的检查业务等。

二、中央银行的负债业务

中央银行的负债业务是指政府和金融机构以及特定机构所持有的对中央银行的债权，主要包括存款业务、货币发行业务和其他负债业务。

（一）存款业务

中央银行的存款业务有四个特点：一是存款的强制性，如商业银行必须将法定存款准备金缴存中央银行。二是存款动机的非营利性。央行吸收存款是为了金融宏观调控和监督管理的需要，是履行央行职能的需要。三是存款对象的特定性。央行的存款对象主要是金融机构、政府部门以及特定机构等，不直接面对个人、工商企业。四是与存款当事人关系的特殊性，除经济关系外，还有管理和被管理的关系。

1. 准备金存款。准备金是指商业银行等存款类金融机构按吸收存款的一定比例提取的准备金。由三部分组成：一是自存准备金，即金融机构为应付客户提现而以库存现金的形式持有的准备金。二是法定存款准备金，即金融机构按法定比例将吸收存款的一部分缴存央行的准备金。法定存款准备金缴存具有强制性，不得轻易动用。三是超额准备金，即金融机构在央行的存款中超过法定存款准备金的部分。超额准备金可以用来进行日常的支付和放贷业务。

法定存款准备金率由中央银行确定，是金融机构缴存央行的法定存款准备金与其各项存款余额的比率。存款准备金利率是指央行对金融机构缴存的准备金予以计息所使用的利率，通常法定存款准备金的利率比超额准备金的利率高一些。各项存款余额的确定和计提通常有两种方法：一是期末余额法，即以月末或旬末的存款余额作为准备金缴存的计提基础。二是平均余额法，即将商业银行存款的日平均余额作为准备金缴存的计提基础。我国目前实行平均余额法，即以法人金融机构每旬内存款准备金的日终余额算术平均值，与上旬末一般存款余额之比，要求不得低于法定存款准备金率。

2. 其他存款。中央银行的其他存款业务主要包括：一是政府存款，即中央银行在经理国库过程中形成的存款。二是外国存款，即外国政府或央行存在本国央行的资金。三是特种存款，即央行根据银根松紧和宏观调控的需要以及商业银行和其他金融机构信贷资金的营运情况，以特定方式对特定金融机构吸收一定数量的存款，具有强制性。

（二）货币发行业务

货币发行是中央银行最重要的负债业务，即货币从央行的发行库通过商业银行的业务库流到社会。中央银行主要是通过向商业银行等金融机构提供贷款、办理票据再贴现、在金融市场上购买有价证券、购买金银和外汇等方式，将货币注入流通领域，并通过这种渠道反向组织货币的回笼。

1. 货币发行的原则。一是垄断发行原则，即货币发行权高度集中于中央银行。二是可靠的信用保证原则，即货币发行要有一定的黄金或有价证券做保证，通过建立一定的发行准备制度，保证央行独立发行。三是一定的弹性原则，即保持一定的伸缩性和灵活性，既要充分满足经济发展的需要，避免货币供应不足而导致通货紧缩；又要严格控制货币发行量，避免因货币供应过多而造成通货膨胀。

2. 我国人民币发行的原则。一是集中发行原则，即人民币的发行权集中于中国人民银行。二是经济发行原则，即要根据经济发展情况来决定货币的发行，不搞财政发行，杜绝以货币发行的方式来弥补财政赤字。三是计划发行原则，即每年根据国民经济计划等因素，综合确定人民币的计划发行额。

（三）其他负债业务

1. 发行中央银行债券。这是央行的一种主动负债业务，具有可控性、抗干扰性和预防性，目的在于调节流通中的货币，发行的对象主要是国内金融机构。中国人民银行发行的债券主要采用中央银行票据的形式。中央银行票据是央行为了调节商业银行超额准备金而向商业银行发行的短期债务凭证。

2. 对外负债业务。中央银行的对外负债业务主要包括从国外银行借款、对外国中央银行的负债、向国际金融机构借款等。其主要目的是平衡国际收支、维持本币汇率水平、应付货币危机等。

3. 资本业务。中央银行的资本业务就是筹集、维持和补充资本金的业务。

三、中央银行的资产业务

中央银行资产就是中央银行持有的各种债权。中央银行资产业务主要包括再贷款和再贴现业务、证券买卖业务、黄金外汇储备业务等。

（一）再贷款和再贴现业务

1. 再贷款业务。再贷款业务是中央银行采用信用放款或抵押放款的方式，对金融机构、政府以及其他部门发放的贷款。在我国，人民银行不得向地方政府及各级政府部门放款，再贷款业务的对象是商业银行和其他金融机构。再贷款业务实行限额管理，即任何时点再贷款余额不得超过既定额度，且各类再贷款均有相应额度，相互不得串用。再贷款利率由央行确定，通常略低于货币市场利率。

人民银行发放的再贷款分为四类。一是流动性再贷款，即向商业银行发放的短期再贷款，发挥流动性供给的功能。二是信贷政策支持再贷款，包括支农再贷款、支小再贷款和扶贫再贷款，主要是发挥引导优化信贷结构的作用，支持商业银行扩大对"三农"、小微企业、贫困地区等国民经济重点领域和薄弱环节的信贷投放。三是金融稳定再贷款，即专项用于防范和处置金融风险的再贷款，包括地方政府向中央专项借款、用于救助高风险金融机构的紧急贷款、用于退市金融机构债务兑付的风险处置类再贷款等。四是专项政策性再贷款，包括对农业发展银行发放的支持粮棉油收购的再贷款、对资产管理公司发放的再贷款等。

2. 再贴现业务。再贴现业务是商业银行将通过贴现业务所持有的尚未到期的商业票据向中央银行申请转让，央行据此以贴现的方式向商业银行融通资金的业务。人民银行再贴现业务的对象是在央行及其分支机构开立存款账户的商业银行、政策性银行及其分支机构。再贴现率由央行确定，通常略低于货币市场利率。申请再贴现的票据必须是有商品交易为背景的真实票据。人民银行对再贴现业务实行限额管理，即任何时点再贴现余额不得超过既定额度。

3. 再贷款和再贴现业务的创新。自 2013 年以来，人民银行在传统的再贷款、再贴现业务的基础上，相继推出了新的货币政策工具。这些工具从本质上说，属于再贷款和再贴现业务的创新。

（1）常备借贷便利（SLF）。常备借贷便利的业务对象主要是政策性银行和全国性商业银行以及符合条件的地方法人银行业金融机构，采取抵押方式发放，主要是满足短期的大额流动性需求。

（2）中期借贷便利（MLF）。中期借贷便利的业务对象主要是符合宏观审慎管理要求的商业银行、政策性银行，人民银行采取质押方式提供中期融资。

（3）抵押补充贷款（PSL）。抵押补充贷款是人民银行为了支持国民经济重点领域、薄弱环节和社会事业发展而对金融机构提供的期限较长的大额融资，采取质押方式发放。

（二）中央银行的证券买卖业务

中央银行的证券买卖业务是指中央银行在公开市场上进行证券的买卖。央行买卖证券的目的在于调控货币供应量或者市场利率，不以营利为目的。买入证券实际上是通过市场向社会投放货币，卖出证券则是回笼货币。央行通过买卖不同期限的有价证券来影响利率的水平和结构，进而影响对不同利率有不同敏感性的贷款和投资，达到控制货币供应量或市场利率的目的。

中央银行买卖证券的交易方式包括现券交易和回购交易。现券交易分两种：一是现券买断，即央行直接在二级市场上买入有价证券，一次性地向社会投放货币来释放流动性；二是现券卖断，即央行直接在二级市场上卖出所持有的有价证券，一次性地回笼货币来吸收流动性。回购交易分两种：一是正回购交易，即央行向指定交易商卖出有价证券，并约定在未来特定日期买回有价证券的交易；二是逆回购交易，即央行向指定交易商购买有价证券，并约定在未来特定日期卖出有价证券的交易。正回购交易可以降低流动性，逆回购交易则可以释放流动性。

（三）中央银行的黄金外汇储备业务

国际储备是指一国货币当局能随时用来干预外汇市场、支付国际收支差额的资产，主要由黄金、外汇、在 IMF 的储备头寸以及未动用的特别提款权。国际储备作为国际支付手段，必须具备安全性、收益性和流动性。

中央银行保管和经营黄金外汇储备的意义主要有：一是稳定币值，当国内商品供应不足、物价上涨时，央行可使用黄金外汇储备从国外进口商品或直接出售这些硬通货，以平抑物价，保持本币币值稳定。二是稳定汇价，央行可以采取买卖黄金外汇储备的方式，保持本国货币的汇率在合理的水平上。三是调节国际收支，当国际收支逆差时，央行可以动用黄金外汇储备补充所需外汇的不足；当国际收支顺差时，央行可以动用充足的黄金外汇储备清偿外债，减少外国资本流入。

人民银行对国际储备的管理主要表现为对外汇储备的管理。一般认为，一国外汇储备持有量应保持在该国 3~4 个月的进口用汇水平上，并且不少于该国外债余额的 30%。中国是发展中国家，相对保持了较大规模的外汇储备。我国对外汇储备资产的经营遵循安全性第一、流动性第二、收益性第三的原则，即在保证外汇资金安全性和流动性的基础上，达到有所增值。

四、货币政策

货币政策是指中央银行为实现一定的经济目标，运用各种工具调节和控制货币供给量，进而影响宏观经济的方针和措施的总称。

货币政策具有四个特征。一是总量经济政策和宏观经济政策。主要是通过对货币的调控来实现对社会总需求的调控，从而对市场产生影响，实现国家对经济的干预及对其走向的引导。二是调节社会总需求的政策。货币供给形成对商品和劳务的购买力，货币对商品和劳务的追逐形成社会总需求；利率水平的变化通过对进出口贸易、国际资本流动的影响形成对社会总需求的调节。三是调节机制的间接性。主要是通过货币供应量、信用总量、利率水平等市场机制的作用对经济行为主体产生间接作用。四是具有长期性，是一种结合短期性与长期性、运用短期性政策措施来达到长期目标的工具。

（一）货币政策目标

货币政策目标是指中央银行采用调节货币和信用的措施所要达到的目的，分为三个层次。一是最终目标，即央行通过货币政策的操作在较长一段时期内所要达到的最终宏观经济目标。二是中介指标，即央行选定一些能够以一定的精度达到目标的变量作为观测指标，如货币供应量、利率等。中介指标介于最终目标和操作指标之间。三是操作指标，即央行选定的能被货币政策工具直接作用，又与中介指标紧密联系的金融变量，如银行准备金、基础货币等。最终目标、中介指标和操作指标受中央银行控制的程度从弱到强，而与宏观经济的相关程度则从强到弱，三者构成一个有机的货币政策目标体系。

1. 货币政策最终目标。通常被称为货币政策目标，主要包括四个方面。

（1）币值稳定。币值稳定就是设法使一般物价水平在短期内不发生显著的或急剧的波动，呈现基本稳定的状态。衡量物价水平的指标主要有三个：

一是国内生产总值（GDP）平减指数，即以构成国内生产总值的最终产品和劳务为对象，反映最终产品和劳务价格的变化情况，是某一年份的名义GDP与实际GDP的比率。GDP是指一个国家领土内某一时期（通常为一季度或一年）内所生产的全部最终产品和所提供的全部服务的价值总和，是衡量经济增长的一个常用指标。实际GDP是用以前某一年（称为基年）的价格（即不变价格）计算的某年GDP，名义GDP是用某年当时价格计算的该年GDP。用公式表达为：GDP平减指数＝名义GDP/实际GDP。

二是消费价格指数（CPI），即以消费者的日常消费为对象，反映居民消费所购买的商品和服务价格水平变化情况。CPI通常是通过抽样调查的方式得到，一般是以具有代表性的若干产品和服务为样本，为根据当年价格计算的商品总价值与根据基年价格得到的商品总价值之比。国际上通常把CPI作为反映通货膨胀或通货紧缩程度的主要指标，并作为制定货币政策、价格政策等的主要参考依据。

三是生产者价格指数（PPI），即计量与生产者相关、既定的一揽子商品成本变动的价格指数，是以批发交易为对象，反映大宗批发交易的物价变化情况。在我国，PPI 主要有农产品生产价格指数、工业品出厂价格指数（一般被作为狭义的 PPI）。

（2）经济增长。经济增长是指一个国家或地区在一定时期内所生产的产品和劳务总量的增长。经济增长情况通常用 GDP 增长率来衡量。

（3）充分就业。充分就业是指有劳动能力且自愿参加工作的人，都能在社会比较合理的条件下随时找到合适工作的一种状态，不包含摩擦性失业和自愿性失业的情况。充分就业情况通常用失业率来衡量。失业率就是失业人数与愿意就业的劳动力之比。

（4）国际收支平衡。国际收支平衡是指一国在一定时期内对其他国家的全部货币收入和货币支出相抵后基本平衡，即略有顺差或略有逆差。

货币政策的四个目标之间既统一，又矛盾，不可能同时实现。因此，选择货币政策目标只能有所侧重，具体要看一国特定的经济发展状况和实际国情。我国历来坚持货币政策多目标制。《中国人民银行法》规定，人民银行的货币政策目标是保持人民币币值稳定，并以此促进经济增长。这是从法律上明确我国中央银行货币政策的首要目标是币值稳定，在此基础上促进经济健康稳定发展。

2. 货币政策中介指标。通常，可供选择的中介指标主要是货币供应量、利率。

（1）货币供应量。是指一国某个时点上全社会承担流通手段和支付手段职能的货币存量。根据货币流动性的大小及货币性的强弱，大多数国家都将货币供应量划分为若干个层次。现阶段，我国将货币供应量划分为三个层次：M_0 为流通中的现金，即银行体系之外流通的现金；M_1 为 M_0 加上企事业单位活期存款，称为狭义货币供应量；M_2 为 M_1 加上企事业单位定期存款、居民储蓄存款和证券公司客户保证金，称为广义货币供应量。在这三个层次中，M_0 与消费物价水平密切相关，是最活跃的货币；M_1 反映居民和企业资金松紧变化，流动性仅次于 M_0；M_2 流动性偏弱，反映社会总需求的变化和未来通货膨胀的压力状况。通常所说的货币供应量是指 M_2。

一定时期的货币供应量决定和影响着社会总需求和总供给的平衡。如果货币供应量不足，社会总需求小于总供给，则会使社会资源闲置，抑制经济发展的速度。如果货币供应量过多，社会总需求大于总供给，最终会引发通货膨胀，破坏经济的正常发展。所以，当一国需要实施扩张性货币政策时，可以增加货币供应量；实施紧缩性货币政策时，可以减少货币供应量。

（2）利率。利率有名义利率和实际利率之分。名义利率一般是指银行挂牌的存贷款利率。实际利率是指剔除物价上涨因素后的利率水平。央行以利率作为中介指标就是通过货币政策工具来调节和监控市场利率水平。把利率作为中介指标的理由，一是利率不仅能够反映货币与银行信用供给量，也能反映货币资金供给和需求的相对数量。二是利率是货币当局能迅速施加影响、控制的金融变量。央行根据经济金融环境和金融市场状况提出理想的基准利率水平，若实际利率偏离这一水平，则进行调节。当然，央行只能控制名义利率，不能完全控制实际利率。

央行直接调整商业银行存贷款基准利率或浮动幅度，具有传导链条短、见效快的特点。1996 年以后，随着利率市场化改革的逐步推进，我国形成了中央银行管制的存贷款基准利率和市场决定的货币、债券市场利率并存的利率体系。2002 年以后，人民银行按照"先外币、后本币；先贷款、后存款；先长期大额、后短期小额"的顺序逐步放开金融机构存贷款利率管制，债券市场利率完全实现市场化。2012 年以后，贷款利率管制全面放开，存款利率浮动上限也得以放开，金融市场主体可以按照市场化的原则自主协商确定金融产品的利率水平。2015 年 10 月人民银行放开 1 年期及以上存款利率浮动上限，2019 年 8 月将贷款市场报价利率（LPR）与中期借贷便利（MLF）利率挂钩，即在公开市场操作利率（1 年期 MLF）的基础上加点，迈出信贷市场利率"并轨"的第一步。至此，我国初步形成了以央行 7 天逆回购利率调节货币市场短端利率、以 MLF 利率调节信贷市场长端利率的"长短结合"的利率调控模式。

LPR 是 Loan Prime Rate 的缩写，称为贷款市场报价利率，是由具有代表性的报价行，根据本行对最优质客户的贷款利率进行报价。自 LPR 推出之后，我国长期以来银行发放贷款在央行公布基准利率基础上实行上下浮动的做法，改变为贷款利率主要以 LPR 加减点的方式来表示。人民银行要求，2020 年 1 月 1 日前已发放和已签订合同但未发放的参考贷款基准利率定价的浮动利率贷款（不包括公积金个人住房贷款），逐步转化为 LPR 加点的形式或转化为固定利率。2020 年起不得签订参考贷款基准利率定价的浮动利率贷款合同。

这意味着银行发放贷款在央行公布基准利率基础上实行上下浮动的做法将被取消。

此外，还有一些指标可以充当中介指标，主要有银行信贷规模、汇率等。银行信贷规模是指银行体系对社会大众及各经济单位的贷款总额。银行信贷规模过大，会导致货币供给量过多，造成社会总需求增加过快，可能会出现通货膨胀，进而影响货币政策目标的实现。银行信贷规模过小，会导致货币供给量过少，造成社会总需求不足，也会影响货币政策目标的实现。我国自1998年起取消了对商业银行贷款增加量的指令性计划，人民银行不再将控制银行信贷规模作为实施货币政策的手段。

汇率是一国货币对另一国货币的兑换价格。以汇率作为中介目标是指将本币盯住某一国的货币或货币篮子，贸易的价格随即被固定下来，本国的通货膨胀率被置于直接控制之下。我国人民币汇率长期盯住美元且相对固定。2005年起人民币汇率形成机制改革启动，我国坚持主动性、可控性和渐进性原则，经过不断的完善和强化，实行了以市场供求为基础、参考一篮子货币进行调节、有管理的浮动汇率制。人民币汇率不再盯住美元，而是选择若干种主要货币，分别赋予相应权重，组成一篮子货币，并根据国内外经济金融形势进行管理和调节，以维护人民币汇率在合理水平上的基本稳定。

3. 货币政策操作指标。操作指标就是货币政策能直接调控的对象。央行可借助货币政策工具作用于操作指标，进而影响到中介指标，以实现最终目标。通常，可供选择的操作指标主要有银行准备金、基础货币等。

（1）银行准备金。银行准备金是指商业银行和其他存款机构在中央银行的存款及其持有的库存现金。在中央银行的存款包括法定存款准备金和超额准备金。央行可以通过调整法定存款准备金率来调控法定存款准备金的多少。央行将超额准备金作为直接的调控指标，通过超额准备金的变化来观测市场银根的松紧，及时了解货币政策的调控效果。如果超额准备金过多，说明商业银行资金宽裕，货币供应量过多，则央行可以提高法定存款准备金率以降低超额准备金水平。情况相反，则反向操作。

（2）基础货币。基础货币是流通中的现金和商业银行的存款准备金之和，构成货币供应量倍数伸缩的基础。基础货币是央行的负债，所对应的资产就是基础货币的投放渠道。央行能够通过扩张或收缩自己的资产总量来决定自己的负债总量，因此有能力控制基础货币的数量。基础货币满足可测性、可控性和相关性等要求，数据易得，也容易调控，是较理想的操作指标。人民银行创造基础货币的渠道主要有对金融机构贷款、金银外汇占款、公开市场证券买卖等。

基础货币的增减变化直接决定着商业银行准备金的增减，从而决定着商业银行创造存款货币的能力。在经济机制充分发挥作用和货币乘数稳定的情况下，中央银行调控基础货币可以直接实现对货币总供求的调节。基础货币与货币供应量之间的关系可以表示为：货币供应量 = 基础货币 × M，M 称为货币乘数，理论上说，M = 法定存款准备金率的倒数。

（二）货币政策工具

货币政策工具是指中央银行直接控制的、能够通过金融途径影响经济单位的经济活动，进而影响货币政策目标的经济手段。通常，可供央行运用的货币政策工具分为一般性货币政策工具、选择性货币政策工具和其他货币政策工具。

1. 一般性货币政策工具。一般性货币政策工具是指对货币供应量进行调节和控制的政策工具，主要包括法定存款准备金政策、再贴现政策和公开市场业务。其特点是对总量而不具体针对各种资金的特殊用途进行调控。

（1）法定存款准备金政策。法定存款准备金政策就是中央银行在法律所赋予的权利范围内，通过规定或调整存款类金融机构缴存央行的存款准备金的比率，以改变货币乘数，控制和改变其信用创造能力，间接调控社会货币供给量的政策措施。法定存款准备金率越高，货币乘数就越小，银行体系创造派生货币的能力就越小，整个信用规模相应就越小，货币供应量就越小；反之亦反。法定存款准备金政策具有极强的影响力，力度大，速度快，见效明显，是央行收缩和放松银根的有效工具。但是，法定存款准备金政策缺乏弹性，法定存款准备金率的轻微变动将会带来货币供应量的巨大波动，容易导致各类金融机构竞争基础的不公平，一般不宜经常使用。

我国实行差别存款准备金制度，对存款类金融机构进行分类，根据宏观调控的需要，在一定区间内设若干档次，确定各类金融机构所适用的法定存款准备金率，以体现扶优限劣的激励约束机制，更好地促进金融平稳运行和健康发展。

（2）再贴现政策。再贴现政策就是中央银行通过改变再贴现率的办法，影响商业银行等金融机构从央行获得票据融资的成本，达到控制货币供应量、实现货币政策目标的一种政策措施。一方面，央行通过再贴现率的升降，影响商业银行准备金和资金成本，从而影响其放款和投资能力，最终影响货币供应量的变化。另一方面，通过规定再贴现票据的种类，决定何种票据具有再贴现资格，从而影响商业银行的资金投向，以调整信贷结构并使之符合产业政策的要求。再贴现政策既可以调节货币供应总量，又可以调节信贷结构，较好地体现了中央银行的政策意图，但难以主动作为，因为央行不能强迫商业银行办理再贴现，是否办理再贴现关键要看商业银行的意愿。

（3）公开市场业务。公开市场业务就是指中央银行在金融市场上买卖有价证券，以改变商业银行的准备金，调控信用规模和货币供给量，从而实现其货币政策目标的一种政策措施。央行在金融市场上买进有价证券，实际上是向经济体系注入基础货币，增加金融机构的准备金，以提高其创造信用的能力。相反，如果卖出有价证券，则是收回已注入经济体系的基础货币，减少金融机构的准备金，削弱其创造信用的能力。公开市场业务具有弹性，可以随时操作，主动权完全掌握在中央银行手中，但是技术性较强，政策意图的宣示效应也较弱。

2. 选择性货币政策工具。央行在运用一般性货币政策工具进行总量调整的同时，还需要运用选择性货币政策工具进行结构调整，以弥补一般性货币政策工具的不足。选择性货币政策工具主要包括消费者信用控制、不动产信用控制以及优惠利率等。

（1）消费者信用控制。消费者信用控制是指中央银行对不动产以外的各种耐用消费品的销售融资予以控制，以影响消费者对耐用消费品拥有支付能力的需求，从而实现调控社会总需求的目的。在需求过大或通货膨胀时期，央行对消费者信用加以适当控制，对于熨平由耐用消费品周期性需求带来的经济波动具有重大作用，如提高首付比例、缩短分期付款期限。情况相反，则反向操作。

（2）不动产信用控制。不动产信用控制是指中央银行针对商业银行向客户购买不动产提供贷款所规定的限制措施，主要有规定商业银行提供不动产贷款的额度、首付比例以及贷款期限等。我国对房屋按揭贷款首付款比例、利率浮动范围的规定，以及对房地产贷款余额占比和个人住房贷款余额集中度进行分档管理都可以归属为不动产信用控制。

（3）优惠利率。中央银行对国家拟重点发展的部门、行业和产品规定较低贷款利率，以刺激这些部门、行业的生产，实现产业结构和产品结构的调整与优化。优惠利率主要用于配合国家产业政策，向亟待发展的基础产业、能源产业、科技产业以及薄弱环节提供低成本的资金支持。2020年初，人民银行为全力抗击新冠肺炎疫情安排了3000亿元专项再贷款，支持金融机构向疫情防控重点企业提供优惠利率贷款，要求考虑到财政贴息因素后企业实际贷款利率不超过1.6%，有力地支持重要医用物品和生活必需品的生产。

3. 其他货币政策工具。主要包括直接信用控制和间接信用控制。

（1）直接信用控制。直接信用控制是指中央银行从质和量两个方面，以行政命令或其他方式对金融机构的信用活动进行直接控制，主要手段包括利率管制、信用配额、特种存款等。利率管制是指央行依法直接对商业银行的存贷款利率水平实行限制。信用配额是指央行根据经济形势，对商业银行资金投向进行合理分配和限制，以实现信贷资金的最优配置。特种存款往往是中央银行要求特定金融机构按一定比例将超额准备金缴存央行而冻结起来的一种存款方式。

（2）间接信用控制。间接信用控制是指中央银行通过道义劝导、窗口指导、公开宣传等方式，对信用变动方向和重点实施间接指导。道义劝告是指央行利用其在金融体系中的特殊地位和声望，对金融机构的业务活动提供指导、发表看法和提出某种劝告，希望其理解并自愿合作，以达到控制和调节信用的目的。道义劝告不具有强制性。窗口指导是指央行根据产业行情、物价走势和金融市场动向，规定金融机构的贷款重点投向和贷款变动规模。窗口指导虽然不具有法律约束力，但由于央行享有很高的信誉和权威，往往带有强制性，有时作用还很大。

五、宏观审慎政策

2008年国际金融危机爆发后，国际社会普遍认为强化宏观审慎政策成为全球金融调控制度改革的核心。2016年8月，国际货币基金组织、金融稳定理事会、国际清算银行联合发布报告，对宏观审慎政策进行了定义：宏观审慎政策利用审慎工具来防范系统性风险，从而降低金融危机发生的频率及其影响程度。

（一）宏观审慎政策目标和工具

1. 宏观审慎政策目标。宏观审慎政策旨在减缓由金融体系顺周期波动和跨机构、跨市场的风险传播对宏观经济和金融稳定造成的冲击，目的是防范系统性风险，维护货币和金融体系的整体稳定。宏观审慎政策目标和范围主要包括三个方面：一是通过增加缓冲资本，增强金融体系的弹性和韧性；二是通过降低资产价格和信贷投放之间的顺周期性，控制杠杆、债务等的不可持续增长，防范时间维度上的系统性风险；三是降低金融系统的脆弱性，防范由于存在高度关联、有共同的风险暴露以及由大型机构引起的系统性风险。

2. 宏观审慎政策工具。为应对系统性风险，宏观审慎政策主要包括两类工具。一是针对时间轴问题，主要是通过对资本水平、杠杆率等提出动态的逆周期调节要求，以平滑金融体系的顺周期波动。化解这类风险的宏观审慎工具主要包括逆周期资本缓冲、动态贷款损失准备金、贷款价值比、债务收入比等。二是针对空间轴问题，主要是通过识别和提高系统重要性金融机构的流动性和资本要求、适当限制机构规模和业务范围、降低杠杆率和风险敞口等，防范风险在不同机构和市场之间的传染。限制这类风险累积的宏观审慎政策工具主要分为限制杠杆率的工具、限制流动性风险的工具和限制相互关联性的工具三类，包括流动性覆盖率、净稳定融资比率以及对系统重要性机构收取的资本附加等。

（二）我国银行业宏观审慎管理

我国较早开始了宏观审慎管理政策方面的实践，窗口指导以及房地产信贷政策都具有宏观审慎政策的雏形。近年来，人民银行在宏观审慎政策框架建设方面进行了全面深入的探索。在制度建设层面，2003 年成立金融稳定局；2013 年牵头建立金融监管协调部际联席会议制度；推动建立和完善金融业综合统计制度；针对跨行业、跨市场金融风险，牵头制定金融机构开展资产管理业务的指导意见，推进监管标准统一；2015 年出台存款保险制度，推动形成市场化的金融风险防范和处置机制。在政策工具层面，在继续加强房地产市场宏观审慎管理的同时，建立了金融机构宏观审慎评估体系，将更多金融活动和资产扩张行为纳入宏观审慎管理，对金融机构的行为进行多维度的引导，实施逆周期调节；通过外汇市场调控和外债管理改革试点，对市场主体的过度杠杆融资和跨境资金的短期炒作行为进行宏观审慎管理；积极探索对金融基础设施的宏观审慎管理。这些宏观审慎政策取得了较好的效果，一些探索和创新在国际上走在了前列，为全球提供了有价值的经验。

2011 年，人民银行对银行业金融机构引入了差别准备金动态调整机制，将信贷投放与宏观审慎要求的资本水平相联系，同时考虑了各金融机构的系统重要性、稳健状况以及经济景气状况，其核心内容是金融机构适当的信贷增速取决于自身资本水平以及经济增长的合理需要。

为了进一步完善宏观审慎政策框架，使之更有弹性、更加全面、更有效地发挥逆周期调节作用和防范系统性风险，2016 年人民银行将差别准备金动态调整机制升级为宏观审慎评估体系（Macroprudential Assessment，以下简称 MPA），从以往盯住狭义贷款转为对广义信贷实施宏观审慎管理，通过一整套评估指标，构建以逆周期调节为核心、依系统重要性程度差别考量的宏观审慎评估体系。MPA 按每季度的数据进行事后评估，同时按月进行事中事后监测和引导。根据评估结果，将金融机构分为 A、B、C 三个档次，并采取相应的激励约束措施，达到引导金融机构广义信贷合理增长、加强系统性风险防范的目的。

MPA 从七个方面对金融机构的行为进行多维度的引导：一是资本和杠杆情况，主要是通过资本约束金融机构的资产扩张行为，加强风险防范。其中的宏观审慎资本充足率指标主要取决于广义信贷增速和目标 GDP、CPI 增幅，体现了《巴塞尔协议Ⅲ》资本框架中逆周期资本缓冲、系统重要性金融机构附加资本等宏观审慎要素。二是资产负债情况，从以往盯住狭义贷款转为考察更广义的信贷（包括贷款、证券及投资、回购等），适应了资产多元化的趋势。三是流动性情况，鼓励金融机构加强流动性管理。四是定价行为，体现了放开存款利率上限初期对利率市场竞争秩序和商业银行定价行为的高度重视。五是资产质量情况，鼓励金融机构提升资产质量，加强风险防范。六是跨境业务风险情况，以适应资金跨境流动频繁和跨境业务增长的趋势，未雨绸缪加强风险监测和防范。七是信贷政策执行情况，坚持有扶有控的原则，鼓励金融机构支持国民经济的重点领域和薄弱环节，不断优化信贷结构。相应地，这七个方面都分别设计了一些具体指标，以更加全面地对金融机构的经营行为进行评估，引导金融机构加强审慎经营。

附录五　银行业微观审慎监管

随着经济金融全球化进程和科技进步，银行业市场竞争日益激烈，风险不断加大，各国都注重加强对银行业的监管。银行业监管就是国家以经济管理的名义对银行业经营活动进行监督和管理，以保护银行安全和存款人利益。

一、银行业监管概述

（一）银行业监管目标和原则

1. 银行业监管目标。主要包括：一是维护银行体系的稳健。二是促进银行业公平有效竞争。三是保护存款人和金融消费者的利益。根据《中华人民共和国银行业监督管理法》的规定，我国银行业监管的目标包括：一是促进银行业合法、稳健运行，维护公众对银行业的信心。二是保护银行业公平竞争，提高银行业的竞争能力。

2. 银行业监管原则。主要包括：一是适度性原则，即既不能监管过度而影响监管体系的运转效率，也不能监管不足而造成银行的操作性风险失控。二是差异性原则，即针对不同类型银行的特点实施有差别的政策措施，对经营风险高的银行实行较高强度的监管，对于经营风险较低的银行可以相对放松监管。三是匹配性原则，即监管机构要督促银行的管理能力与其业务复杂性和风险状况相匹配。四是前瞻性原则，即随着金融市场深度和广度不断发展以及银行业务范围不断拓展，监管政策要与之相适应。

（二）银行业监管模式

当前各国金融监管体制大致有三种模式。一是机构型监管，又叫分业监管，即从金融机构的牌照类型及法律属性的角度出发，对应设立监管机构，如中国、墨西哥等。二是功能型监管，即从金融体系基本功能、金融业务类型的角度出发设立监管机构，实施跨产品、跨机构、跨市场协调的监管，如法国、意大利等。三是综合型监管，即由一家综合型监管机构对整个金融体系进行监管，如英国、加拿大等。

我国实行金融业分业监管的模式。2003 年，中国银行业监督管理委员会成立，行使对存款类金融机构的监管职权。至此，我国形成了对银行业、证券业、保险业分业监管的框架。2018 年，因机构调整，中国银行保险监督管理委员会成立，作为国务院直属事业单位，承担对银行业、保险业的监管职责，形成了我国"一行两会"的金融监管架构。与人民银行对银行业实施宏观审慎管理相对应，中国银保监会对银行业的监管通常被称为微观审慎监管。

二、我国银行业监管的主要方式

（一）市场准入

市场准入是指通过对商业银行进入金融市场、经营金融产品、提供金融服务依法进行审查和批准，将那些可能对存款人或银行业健康运转造成危害的机构和个人拒之门外，保证银行业的安全稳健运行。市场准入监管的目的在于：一是防止过度竞争和不良竞争，维护银行业的整体风险可控。二是抑制逆向选择，防止投机冒险者进入银行市场。三是促使银行审慎经营，防止银行过度冒险行为。市场准入事项主要包括机构准入、业务准入、董事和高管人员准入三个方面。

1. 机构准入。机构准入是指设立银行机构应符合一些基本条件。如设立商业银行法人机构的注册资本最低限额为人民币 10 亿元或等值可兑换货币，设立城市商业银行法人机构的注册资本最低限额为人民币 1 亿元。

2. 业务准入。业务准入是指银行机构调整业务范围或增加业务品种，需由监管机构进行审查。如增加办理外汇业务、开办信用卡业务等。

3. 董事和高管人员准入。董事和高管人员准入是指商业银行的董事长、董事以及董事会秘书、行长、副行长、行长助理、风险总监、合规总监、总审计师、总会计师、内审部门、财务部门负责人以及分支机构的高级管理人员，须经监管机构任职资格许可。

（二）非现场监管

非现场监管是指监管机构通过收集商业银行及银行业整体业务活动和风险状况的报表数据、经营管理情况以及其他内外部资料等信息，对商业银行及银行业整体风险和运行状况进行分析，做出评价，并采取相应措施的持续性监管过程。非现场监管方式主要有日常监测分析、风险评估、监管评级等，其核心内容是确定风险点，即对被监管机构基本财务状况、信用风险、流动性风险、市场风险、资本充足率报表和其他信息进行有效分析，准确、全面、及时地寻找风险点，确定风险源。

1. 确定风险点。通常从以下五个方面开展分析。

（1）基本财务状况分析。主要包括：一是了解主要业务和风险种类，从整体上掌握商业银行资产负债和利润的组合、结构及变化，确定主要业务领域，初步了解风险类别和主要风险点。二是异常变动分析，观察资产、负债、所有者权益、资产减值准备以及收入、支出、利润分配主要项目的异常变动，分析变动原因，判断其影响程度。三是趋势分析，即分析银行资产、负债、权益、利润的主要项目及营利性指标的变动情况，掌握基本财务情况的风险水平和变动趋势。四是与同质同类机构比较分析，观察银行资产、负债、收入、利润的主要项目及营利性指标在同质同类机构中的排名及变动情况，寻找存在的差距和原因。

（2）信用风险分析。主要包括：一是异常变动分析，即分析各项信用风险监管指标，关注表内外资产项目的变化情况，分析变动原因及影响程度。二是结构及趋势分析，预测不良贷款的变动趋势，分析不良资产的结构及形成原因，找出风险管理的薄弱环节。三是授信集中度分析，即分析最大十家客户表内外授信情况和最大十家关注、次级、可疑、损失类贷款情况，综合把握其授信水平和比例变化对信用风险发展趋势的影响。四是资产分类准确性分析，观察逾期90天以上贷款占不良贷款的比例来评估贷款五级分类的合理性，观察后四类贷款最大十家分类的准确性来判断资产总体分类的合理性。五是准备金计提充足性分析，关注机构是否按照规定计提一般准备金及各类资产的减值准备，拨备覆盖率是否达到监管要求。六是不良资产清收处置有效性分析，即分析不良资产清收处置中收回现金、收回抵债资产、资产重组、核销占比，评价其清收处置措施的有效性。七是关联客户交易分析，对最大二十家及全部关联方表内外授信总额及占资本净额比例的变化情况，与全部关联方各类关联交易总额变化情况，对机构关联交易管理能力做出评价，分析关联交易对机构整体经营的影响。

（3）流动性风险分析。主要包括：一是异常变动分析，观察流动性比例、流动性覆盖率、净稳定资金比例、流动性期限缺口值和累计流动性期限缺口值、流动性资产和流动性负债等的异常变化，分析原因并发现银行管理流动性风险的薄弱点。二是趋势分析，判断各项监管指标的变动趋势，了解流动性指标中各主要项目的变化趋势，把握流动性风险水平和变动趋势。三是与同质同类机构比较分析，即分析了解各项流动性指标在同质同类机构中的排名和变化趋势，判断流动性风险水平在同质同类机构中的位置，寻找存在的差距和原因。四是压力测试分析，对流动性期限缺口表和流动性比例表的单个或多个项目实施压力测试，分析各主要项目对流动性缺口、缺口率和流动性比例的影响。

（4）市场风险分析。主要包括：一是异常变动分析，即分析涉及市场分析的业务产品、各项外汇敞口、各期资产负债、表内外利率敏感性缺口、交易账户和银行账户的异常变化，分析变动原因和影响程度。二是趋势分析，判断各项监管指标的变动趋势，了解市场风险报表中主要项目的变动趋势，把握市场风险水平和变动趋势。三是与同质同类机构比较分析，即分析各项市场风险指标在同质同类机构中的排名和变化趋势，判断市场风险水平在同质同类机构中的位置，寻找存在的差距和原因。四是压力测试分析，对利率重定价风险情况表的单个或多个项目实施压力测试，分析各主要项目对利率敏感性缺口的影响，了解对利率风险的承受能力。

（5）资本充足率报表分析。主要包括：一是异常变动分析，即分析核心一级资本充足率、一级资本充足率、资本充足率、核心一级资本、一级资本、二级资本、风险加权资产、杠杆率等指标、项目的异常变化，分析变动原因及对资本充足率的影响。二是资本结构分析，了解资本构成的合理性、稳定性及变化情况，了解风险加权资产构成的变化情况，关注发展较快的风险资产业务。三是与同质同类机构比较分析，观察商业银行资本充足率、杠杆率在同质同类机构中的排名和变化趋势，判断其在同质同类机构中的位置，寻找存在的差距和产生差距的原因。四是压力测试分析，计算分析压力调整后的核心一级资本充足率、一级资本充足率、资本充足率情况。

2. 非现场监管的指标体系。为提高非现场监管效率，监管机构确定了涵盖资本充足水平、机构信用风险、盈利状况、流动性风险、市场风险等方面的监管监测指标，有助于商业银行对经营和风险情况进行明晰的定性、定量测评。

（三）现场检查

现场检查是指监管当局派员在商业银行的经营管理场所以及其他相关场所，采取查阅、复制文件资料、采集数据信息、查看实物、外部调查、访谈、询问、评估及测试等方式，对其公司治理、风险管理、内部控制、业务活动和风险状况等情况进行监督检查的行为。

1. 现场检查类型。主要包括全面检查、专项检查、后续检查、临时检查和稽核检查。全面检查是对被查机构公司治理、经营管理和业务活动及其风险状况进行的全面性检查。专项检查是对被查机构某些业务领域、区域进行的专门检查。后续检查是对被查机构以往现场检查中发现的重大问题整改落实情况进行的检查。临时检查是根据上级部门重大工作部署或针对商业银行的重大突发事件开展的检查。稽核检查是采用现场检查的方式对特定事项进行专门调查的活动。

2. 现场检查内容。主要包括六个方面。

（1）业务经营合法合规性。检查金融机构是否认真执行金融法律法规，是否认真执行国家金融政策方针，是否认真执行金融监管部门的各项规章制度。

（2）资本充足性。检查金融机构资本充足水平是否足以应对各种风险，包括对信用风险和市场风险的分析以及保证提取充足的准备金。

（3）银行资产质量。检查金融机构各项资产质量情况，重点是不良贷款、非信贷资产、表外业务风险相关指标的真实性和准确性。

（4）流动性。检查核实资产流动性指标、中长期贷款比例指标、存贷款比例指标、拆入资金比例指标的真实性和准确性。

（5）营利能力。检查各项收入和支出的真实性与合规性，重点是衡量资本利润率、资产利润率、成本收入比等指标。

（6）管理水平和内部控制。从银行的内控制度、业务政策、经营规划等是否完善，以及管理人员的经验、职员的素质等方面，检查金融机构的管理水平。检查金融机构内部控制的有效性是否与业务性质、经营规模相适应。

（四）行政处罚

行政处罚是指监管部门为了维护银行业正常秩序，当商业银行、其他单位和个人出现违反法律、法规、规章和规范性文件中有关银行业监督管理规定时，依法给予处罚的行政管理措施。

我国银保监会有权对当事人做出的行政处罚主要包括：警告、罚款、没收违法所得、责令停业整顿、吊销金融许可证、取消董（理）事以及高管人员一定期限甚至终身的任职资格、禁止一定期限直至终身从事银行业工作、法律法规规定的其他行政处罚。

三、我国银行业监管的主要内容

我国银行业监管的主要内容包括银行的公司治理、资本监管、信用风险、市场风险、流动性风险、操作风险、信息科技风险和声誉风险等。

（一）公司治理监管

商业银行公司治理是指股东大会、董事会、监事会、高级管理层、股东及其他利益相关者之间的相互关系，包括组织架构、职责边界、履职要求等治理制衡机制，以及决策、执行、监督、激励约束等治理运行机制。

1. 关于股东。股东特别是主要股东要按照法律法规及商业银行章程行使出资人权利，不得谋取不当利益，不得干预董事会、高管层根据章程享有的决策权和管理权，不得越过董事会和高管层直接干预银行经营管理，不得损害银行利益和其他利益相关者的合法权益。要支持董事会制定的合理的资本规划，使银行资本持续满足监管要求。

2. 关于董事会。董事会对股东大会负责，对商业银行经营管理承担最终责任，应重点关注银行经营发展战略、风险管理和内部控制政策、资本规划、信息披露、会计财务等方面问题，监督并确保高管层有效履行管理职责，维护存款人和其他利益相关者合法权益。董事会会议每季度至少召开一次，董事会决议必须经全体董事的过半数通过。利润分配方案、重大资产处置方案、聘任或解聘高管人员、资本补充方案等重大事项应由2/3以上董事通过方为有效。董事应当符合监管机构规定的任职条件，并经监管机构任职资格审查。

3. 关于监事会。监事会是商业银行的内部监督机构，对股东大会负责，重点监督董事会是否确立稳健的经营理念、价值准则以及制定符合本行实际的发展战略，定期对董事会制定的发展战略的科学性、合理性和有效性进行评估，对本行经营决策、风险管理和内部控制等进行监督检查，对董事、监事、高级管理人员履职情况进行综合评价，对全行薪酬制度和政策及高管人员薪酬方案的科学性、合理性进行监督。监事会会议每季度至少召开一次。

4. 关于高级管理层。高级管理层由商业银行总行行长、副行长、财务负责人以及监管机构认定的其他高管人员组成，对董事会负责，接受监事会监督，依法在其职权范围内的经营管理活动不受干预。高级管理人员应当符合监管机构规定的任职条件，并经监管机构任职资格审查。

5. 关于发展战略、价值准则和社会责任。商业银行应当兼顾股东、存款人和其他利益相关者合法权益，制定清晰的发展战略。应树立具有社会责任感的价值准则、企业文化和经营理念，以激励全体员工更好地履职。要履行在经济、环境和社会公益等方面的社会责任，定期向公众披露社会责任报告。

6. 关于风险管理和内部控制。董事会应当根据银行风险状况、发展规模和速度，建立全面的风险管理战略、政策和程序，督促高管层有效地识别、计量、监测、控制并及时处置面临的各种风险。要持续关注内部控制状况，建立良好的内部控制文化，对风险进行全过程管理。要建立健全内部控制责任制，确保董事会、监事会和高管层充分认识到自身对内部控制所承担的责任。

7. 关于激励约束机制。商业银行应当建立公正透明的高管人员绩效考核机制，体现保护存款人和其他利益相关者合法权益的原则，确保短期利益和长期发展相一致。要体现兼顾收益与风险、长期与短期激励相协调、人才培养和风险控制相适应的原则，从而促进本行战略目标实施和竞争力提升。

8. 关于信息披露。商业银行应当建立信息披露管理制度，遵循真实性、准确性、完整性和及时性的原则，规范披露信息，不得存在虚假报告、误导和重大遗漏等。

（二）资本监管

详见附录一"二、商业银行资本管理"相关内容。

（三）信用风险监管

信用风险是商业银行面临的主要风险，即债务人或其他主体违约给银行造成损失的风险，反映借款人或交易对手不能按照事先达成的协议履行义务的可能性。

1. 衡量信用风险的指标主要包括以下七项。

（1）不良资产率。不良资产率是不良信用风险资产占信用风险资产的比重，是衡量商业银行信用风险资产安全状况的主要指标之一。银行的信用风险资产主要包括各项贷款、拆放同业、存放同业、应收利息、其他应收款以及不可撤销的承诺等。根据资产的净值、债务人的偿还能力、债务人的信用评级情况等因素进行五级分类，不良信用风险资产属于次级类、可疑类、损失类。用公式表达为：不良资产率＝（不良信用风险资产/信用风险资产）×100%。

（2）不良贷款率。不良贷款率是不良贷款余额占各项贷款余额的比重，用公式表达为：不良贷款率＝（次级类贷款＋可疑类贷款＋损失类贷款）/各项贷款×100%。我国商业银行不良贷款率的监管标准是不高于5%。

（3）拨备覆盖率。拨备覆盖率是商业银行某项资产与所对应的准备金提取之间的比率，衡量的是覆盖充足程度。通常所说的拨备覆盖率指不良贷款的拨备覆盖率，即实际计提的贷款损失准备余额与不良贷款余额的比例。用公式表达为：不良贷款拨备覆盖率＝（贷款损失一般准备＋贷款损失专项准备＋贷款损失特种准备）/不良贷款余额×100%。

（4）逾期90天以上贷款与不良贷款比例。逾期90天以上贷款是指超过借款合同约定到期90天以上，借款人仍未能履行还款义务的贷款。逾期90天以上贷款与不良贷款比例是逾期90天以上贷款占不良贷款的比例，用公式表达为：逾期90天以上贷款与不良贷款比例＝逾期90天以上贷款/不良贷款×100%。

（5）关注类贷款占比。关注类贷款占比是指银行关注类贷款占各项贷款的比例，用公式表达为：关注类贷款占比＝关注类贷款/各项贷款×100%。

（6）展期贷款率。展期贷款是指不能按时归还贷款的客户在贷款到期日前向银行提出延期归还的贷款。展期贷款率包括正常展期贷款率和不良展期贷款率。正常展期贷款率反映银行"展期贷款的正常贷款"占"各项贷款的正常贷款"的比重，用公式表达为：正常展期贷款率＝（展期贷款的正常类贷款＋展期贷款的关注类贷款）/（各项贷款的正常类贷款＋各项贷款的关注类贷款）×100%。不良展期贷款率反映银行"展期贷款的不良贷款"占"各项贷款的不良贷款"的比重，用公式表达为：不良展期贷款率＝（展期贷款的次级类贷款＋展期贷款的可疑类贷款＋展期贷款的损失类贷款）/（各项贷款的次级类贷款＋各项贷款的可疑类贷款＋各项贷款的损失类贷款）×100%。

（7）贷款拨备率。贷款拨备率是银行提取的准备金与贷款之间的比率，用公式表达为：贷款拨备率＝（贷款损失一般准备＋贷款损失专项准备＋贷款损失特种准备）／各项贷款×100%。

2. 信用风险资产分类。信用风险资产包括信贷资产和非信贷资产。

（1）信贷资产。信贷资产一般包括表内各类信贷资产（包括各项贷款、进出口贸易融资项下的贷款、贴现、银行卡透支等）和表外信贷资产（包括信用证、银行承兑汇票、贷款承诺等）。

商业银行依据安全履行合同、及时足额偿还的可能性，将信贷资产分为正常、关注、次级、可疑、损失五个类别，后三类合并称为不良信贷资产。正常类指借款人能够履行合同，没有足够理由怀疑贷款本息不能按时足额偿还。关注类指尽管借款人目前有能力偿还贷款本息，但存在一些可能对偿还产生不利影响的因素。次级类指借款人的还款能力出现明显问题，完全依靠其正常经营收入无法足额偿还贷款本息，即使执行担保，也可能会造成一定损失。可疑类指借款人无法足额偿还贷款本息，即使执行担保，也肯定要造成较大损失。损失类指在采取所有可能的措施或一切必需的法律程序之后，本息仍然无法收回，或只能收回极少部分。

（2）非信贷资产。非信贷资产也可分为正常、关注、次级、可疑、损失五个类别，后三类合并称为不良非信贷资产。正常类指资产未出现减值现象，资金能够正常回收，没有足够理由怀疑资产及收益会发生损失。关注类指资产未发生减值，但存在一些可能造成资产及收益损失的不利因素。次级类指资产已出现显著减值迹象，即使采取各种可能措施，资产仍可能形成一定损失，但损失较小。可疑类指资产已显著减值，即使采取措施，也肯定要形成较大损失。损失类指在采取所有可能的措施或一切必要的法律程序后，资产仍然全部损失或只能收回极少部分。

3. 信用风险资产的损失准备。主要包括贷款损失准备和其他信用风险资产的损失准备。

（1）贷款损失准备。贷款损失准备是商业银行在成本中列支、用以抵御贷款风险的准备金，不包括从利润分配中计提的一般风险准备。中国银保监会设置了两个指标考核商业银行贷款损失准备的充足性：一是贷款拨备率，即贷款损失准备与各项贷款之比，基本标准为2.5%。二是拨备覆盖率，即贷款损失准备与不良贷款之比，基本标准为150%。这两项标准中的较高者为贷款损失准备的监管标准。

（2）其他信用风险资产的损失准备。商业银行要根据非信贷资产风险分类结果，提足资产减值准备。如未对非信贷资产实施分类，可按照非信贷资产余额的1%～1.5%计提一般准备。

4. 信用风险的资本覆盖。商业银行一般使用权重法计提信用风险的资本覆盖。权重法下信用风险加权资产为银行表内资产信用风险加权资产与表外项目信用风险加权资产之和。

（1）表内资产信用风险资本计提。商业银行计量各类表内风险加权资产，要先从资产账面价值中扣除相应的减值准备，然后乘以风险权重。不同资产对应的风险权重为：一是风险权重为0的资产，如现金及现金等价物、对我国中央政府和人民银行以及政策性银行的债权；二是风险权重为20%的资产，如对我国公共部门实体的债权；三是风险权重为25%的资产，如对我国其他商业银行的债权；四是风险权重为50%的资产，如个人住房抵押贷款；五是风险权重为75%的资产，如对符合条件的微型和小型企业的债权；六是风险权重为100%的资产，如对一般企业的债权；七是风险权重为150%的资产，如在购房人没有全部归还贷款前商业银行以再评估后的净值为抵押追加的贷款；八是风险权重为250%的资产，如对金融机构的股权投资；九是风险权重为400%的资产，如商业银行被动持有的在法律规定处分期限内的对工商企业的股权投资；十是风险权重为1250%的资产，如商业银行对工商企业的其他股权投资。

（2）表外项目信用风险资本计提。商业银行计量各类表外项目的风险加权资产，要先将表外项目名义金额乘以信用转换系数得到等值的表内资产，再按表内资产的处理方式计量风险加权资产。各类表外项目的信用转换系数为：一是信用转换系数为0的项目，如可随时无条件撤销的贷款承诺；二是信用转换系数为20%的项目，如与贸易直接相关的短期或有项目；三是信用转换系数为50%的项目，如未使用的信用卡授信额度；四是信用转换系数为100%的项目，如等同于贷款的授信业务。

（四）市场风险监管

市场风险是指因市场价格的不利变动而使银行表内和表外业务发生损失的风险。在我国目前分业经营的体制下，银行承担的市场风险主要涉及利率风险和汇率风险。

1. 利率风险。是指因利率的不利变动而给银行的财务状况带来的风险。

（1）商业银行对利率风险的管理。一是董事会和高管层的责任。董事会应审批有关利率风险管理的战略和政策，确保高管层采取必要的措施监控这些风险。高管层要确保银行有效地管理其业务结构和承担的利率风险，制定适当的政策与程序来控制这些风险。二是利率风险管理的政策和程序。银行必须制定明确的、与其业务活动性质和复杂程度相一致的利率风险政策和程序。三是利率风险的计量、监测和控制。银行计量利率风险对收益和经济价值影响的方法通常有重新定价缺口分析法、久期分析法、模拟分析法等。银行要建立和执行操作限额或其他类似做法，将可能的利率风险控制在自行设定的范围之内。要计量在市场压力下承受损失的程度，并在制定和评价利率风险政策时加以考虑。四是内部控制和独立审计，要建立适当的内部控制，以确保利率风险管理程序的完整性。

（2）监管当局对利率风险的监管。一是收集信息，通过定期收集报表或现场检查的方式，获得银行利率风险头寸的充分信息，以评估其利率风险水平。二是监管分析，根据收集的报表信息，对银行风险状况和风险头寸进行评估，重点是利率变动对当期收益的影响以及对经济价值的影响。三是对内控制度的评价，评估银行计算利率风险的内部控制是否充分有效，促使其以安全稳健的方式进行管理。四是监管措施，主要包括要求银行增加提交利率风险报告的次数、对利率风险管理体系提出整改意见、要求银行制定更合适的限额、要求增加准备金等。

2. 汇率风险。汇率风险是指因汇率变动而导致银行收益不确定的风险。银行的汇率风险大致可以分为两类：一是外汇交易风险，即为客户提供外汇买卖服务但未能及时进行对冲以及银行对外币走势有某种预期而持有外汇敞口头寸产生的风险。二是外汇结构风险，即由于银行资产与负债以及资本之间货币的不匹配而产生的风险。

（1）商业银行对汇率风险的控制措施。一是限额管理，通常包括交易限额（即对交易敞口头寸设定的限额）、止损限额（即规定银行承受外汇风险的最大损失额）、风险限额（即对按照内部模型所计量的外汇风险设定的限额）。二是资产负债配对管理，即通过对资产和负债的币种进行匹配以避免因汇率变动而引起的亏损。三是套期保值，即运用远期外汇买卖、外汇掉期等衍生产品交易金融产品进行套期保值，以控制汇率风险。

（2）监管当局对汇率风险的监管。一是资料收集与分析，要求银行及时报送与外汇风险有关的报表、内控制度等，并加以分析，判断银行敞口外汇头寸是否合适。二是外汇风险管理评价，通过现场检查和非现场监管，不定期地对银行外汇风险管理状况进行评价，包括董事会及高管层履职情况、外汇风险管理政策和程序的完善性、外汇风险识别和计量的充分性等。三是监管措施，包括要求银行增加提交外汇风险报告的次数、调整资产组合以减低敞口头寸、制定更合适的限额、限制或暂停部分外汇业务等。

（五）流动性风险监管

流动性风险是指银行无力为负债的减少或资产的增加提供融资，即当银行流动性不足时无法以合理的成本迅速增加负债或变现资产获得足够的资金。

1. 商业银行对流动性风险的管理。指需要估算流动性需求，并为满足流动性需求提供成本最低的融资。具体包括四个方面。

（1）资产流动性。指商业银行要持有一定数量的流动资产来为存款和其他负债提供流动性，流动性资产主要包括现金、超额准备金、可在二级市场随时抛售的国债等短期内可变现的资产。

（2）负债流动性。指商业银行应有能力以合理的成本筹措所需资金。流动性负债主要包括活期存款、短期内到期的存放同业存款、央行借款、定期存款等短期内应支付的负债。

（3）资金来源的集中度。指商业银行要关注资金来源在金额和期限方面的集中度问题，避免高度集中。

（4）资产证券化。指商业银行要在降低银行负债杠杆率的同时，能通过资产证券化等工具扩大融资对象的范围，增加银行的流动性。

2. 流动性风险的监管指标。中国银保监会对商业银行流动性风险设置了核心指标和辅助指标。

（1）流动性监管核心指标。具体包括以下六项。

一是流动性比例。流动性比例 = 流动性资产余额/流动性负债余额 × 100%，监管规定不得低于25%。流动性资产主要包括库存现金、在央行的超额准备金存款、一个月内到期的同业往来净额（资产方）等，流动性负债主要包括活期存款、一个月内到期的同业往来净额（负债方）、一个月内到期的定期存款等。

二是超额备付金比率。超额备付金比率 =（在央行超额准备金存款 + 库存现金）/各项存款余额×100%，监管规定不得低于2%。在央行超额准备金存款指存入央行的存款中超过法定准备金要求的部分。库存现金指银行现金收支活动中的结余款。各项存款包括活期存款、定期存款等。

三是核心负债依存度。核心负债依存度 = 核心负债期末余额/总负债余额×100%，监管规定不得低于60%。核心负债指距到期日三个月以上（含三个月）定期存款和发行债券以及活期存款的50%。总负债指银行资产负债表中负债总额。

四是流动性缺口率。流动性缺口率 = 流动性缺口/到期流动性资产×100%，监管规定不得低于 − 10%。流动性缺口指90天内到期的表内外流动性资产减去90天内到期的表内外流动性负债的差额。

五是流动性覆盖率。流动性覆盖率 = 优质流动性资产储备/未来30天的资金净流出量×100%，监管规定不得低于100%。该指标要求银行能够将变现无障碍且优质的资产保持在一个合理水平上，可通过变现以满足30天期限的流动性需求。

六是净稳定资金比例。净稳定资金比例 = 可用的稳定资金/业务所需的稳定资金×100%，监管规定是大于100%。该指标衡量银行较长期限内可使用的稳定资金来源对其表内外资产业务发展的支持能力。

（2）流动性监管辅助指标。具体包括以下三项。

一是经调整资产流动性比例。经调整资产流动性比例 = 调整后流动性资产余额/调整后流动性负债余额×100%。

二是存贷款比例。存贷款比例 = 各项贷款余额/各项存款余额×100%。通常，商业银行以75%作为参考标准。

三是最大十户存款比例。最大十户存款比例 = 最大十户存款总额/各项存款×100%。

3. 流动性检查。监管当局对商业银行流动性检查的目的在于分析银行的流动性风险水平，督促其建立有效的流动性管理框架，为监管当局处理单个银行或整个银行业的流动性问题提供依据。主要包括两个方面：

（1）流动性风险定量分析。一是检查存款结构的变化情况，分析存款增长趋势、存款结构和利率水平的变化情况，并与同业进行比较，确定存款对财务状况的影响。二是检查大额融资的风险水平，确定其大额融资的类型和总量以及进行大额融资的目的等。三是检查流动性资金来源是否满足当前和潜在需求，评价银行满足突发性流动性需求的能力。四是检查银行制定的流动性管理目标是否达到，管理层对流动性头寸的预测和分析是否准确，是否采取了相应措施等。五是检查银行同业存款的风险暴露。

（2）流动性风险定性分析。一是检查银行是否制定了有效的流动性管理战略和政策。二是检查银行是否建立了有效的流动性管理工作程序。三是检查董事会、高管层及流动性管理人员是否对流动性及流动性风险管理有正确的认识和理解。四是检查银行是否建立了有效的流动性管理的内控体系。

4. 流动性风险的监管措施。对于出现支付风险苗头或暂时支付风险的银行，监管当局可以采取的措施有：责成银行增加上报支付缺口情况报告的频率；立即调整资产负债结构，提高资产流动性和偿还到期债务的能力；允许债权人将部分或全部债权转化为股权；立即召开董事会，研究自我救助方案等。对于出现严重支付风险的银行，如存在领导层软弱甚至违规经营的问题，监管当局可责成银行召开股东代表大会，选举新的董事长，聘任新的行长，并指定专人予以监督。

四、我国银行业监管评级

监管评级是指监管当局定期对商业银行的风险表现形态和内在风险控制能力进行全面科学审慎的评估和判断，以形成制度化的评级结果。监管评级是对银行信用风险、流动性风险、市场风险等各项风险的综合评估，是监管当局制定监管政策和采取监管措施的主要参考。

世界各国和地区几乎都有自己的银行监管评级体系，如 CAMELS 评级、ROCA 评级、SOSA 评级等，使用最为普遍的是美国创立的 CAMELS 评级体系。该评级体系主要考核资本充足率、资产质量、管理水平、盈利能力、流动性和敏感性共六项指标，通过对这六项指标加权平均计算，得出机构综合评级得分，评级结果一般分为 5 个档次。监管机构可以根据评级结果，对处于不同等级的银行采取不同的监管策略和措施。

我国在借鉴 CAMELS 评级体系的基础上，结合我国商业银行和银行业监管队伍的实际情况，设计了一套适用于我国监管的评级标准和体系，即 CAM-ELS + 监管评级体系。该评级体系采用了资本充足、资产质量、管理质量、盈利状况、流动性风险和市场风险 6 个核心风险要素及 1 个其他要素，根据这 7 个要素下的具体风险评级指标对商业银行进行具体的单项评级，再加权汇总得出综合评级，评级的结果分 6 个等级。其中，对于资本充足（C）、资产质量（A）、盈利状况（E）、流动性风险（L）和市场风险（S）采用定量和定性指标相结合的方法来确定要素风险等级，对于管理质量（M）和信息科技风险（I）采取定性判断来确定要素风险等级。

主要参考文献

［1］彭十一．ERP 沙盘模拟实训教程［M］．北京：北京理工大学出版社，2017.

［2］宁健，梁伟．ERP 沙盘模拟企业经营实训教程［M］．辽宁：东北财经大学出版社，2017.

［3］蒋定福．ERP 沙盘模拟实训教程［M］．北京：首都经济贸易大学出版社，2013.

［4］郑洪文，郭广师．沙盘模拟对抗实训教程［M］．北京：北京理工大学出版社，2012.

［5］汤华东，贾立英，王焕毅．ERP 沙盘模拟简明教程［M］．北京：电子工业出版社，2013.

［6］徐莉．商业银行模拟经营沙盘实验教程［M］．北京：科学出版社，2018.

［7］宋坤．商业银行经营模拟实训［M］．北京：中国人民大学出版社，2012.

［8］高峻峰．商业银行模拟经营决策实验教程［M］．北京：高等教育出版社，2018.

［9］王小燕，阮坚．金融企业经营沙盘模拟实验教程［M］．北京：清华大学出版社，2018.

［10］丁杰．商业银行经营实战沙盘实训［M］．辽宁：大连理工大学出版社，2018.

［11］黄淑兰．商业银行模拟经营实训教程［M］．福建：厦门大学出版社，2019.

［12］王梅．商业银行模拟实训教程［M］．北京：中国金融出版社，2019．

［13］曹龙骐．金融学［M］．北京：高等教育出版社，2003．

［14］焦瑾璞，刘向耘，莫万贵．宏观经济金融分析［M］．北京：中国金融出版社，2007．

［15］李健．金融学［M］．北京：高等教育出版社，2018．

［16］姚长辉．货币银行学［M］．北京：北京大学出版社，2018．

［17］朱明儒，高晓光．商业银行经营管理学［M］．辽宁：东北财经大学出版社，2018．

［18］唐士奇．现代商业银行经营管理原理与实务［M］．北京：中国人民大学出版社，2017．

［19］赵贵峰．商业银行会计学［M］．北京：清华大学出版社，2017．

［20］王海霞，范淑芳．商业银行会计［M］．北京：机械工业出版社，2019．

［21］惠平，周玮，童频．商业银行合规管理［M］．北京：中国金融出版社，2018．

［22］徐文斌．商业银行合规体系重构——新视野下的管理实践［M］．北京：中国金融出版社，2018．

［23］盛松成，翟春．中央银行与货币供给［M］．北京：中国金融出版社，2016．

［24］刘肖原，李中山．中央银行学教程［M］．北京：中国人民大学出版社，2020．

［25］THAMMARAK，MOENJAK．中央银行学——维护货币稳定和金融稳定的理论与实践［M］．北京：中国金融出版社，2015．

［26］李波．构建货币政策和宏观审慎政策双支柱调控框架［M］．北京：中国金融出版社，2018．

［27］罗平，吴军梅．银行监管学［M］．北京：中国财政经济出版社，2015．

［28］宋玮．银行监管学［M］．北京：清华大学出版社，2017．

［29］张前荣．利率市场化条件下我国的货币政策转型［J］．宏观经济管

理，2016（8）.

［30］钟世和．中国利率市场化评估——基于利率价格和数量管制的视角
［J］．人文杂志，2020（3）.

［31］贾淑梅，栾惠德，侯晓霞．货币政策适度性的测度研究——基于协
整方程的视角［J］．统计与信息论坛，2013（12）.

［32］温亚昌，赵果庆．中国经济增长与通货膨胀、货币供应量关系研究
［J］．经济问题探索，2018（7）.

后　记

　　本书就要出版了。回首几年来的创作经历，我感慨甚多。一是对于第一学历为大专的我来说，没想到年过 50 还能创作一本书，而且已经作为一所高校本科生的试用教材。二是只有坚持初心，方能实现梦想。这几年每每遇到创作难题时茫然不知所措的心境，至今历历在目，萦绕眼前，但坚持下来就可见到彩虹。三是虚心使人进步。由于本人知识水平有限，在创作过程中，我请教了很多领导、老师、专家、同事。正是他们的关心和帮助，让我敢于挑战自我，不断前行。

　　我要特别感谢的是中国人民银行研究员、中国农业大学博士生导师穆争社老师。对于本书创作过程中的每一稿，穆老师都能一字一句地进行修改，给予了非常细致而全面的指导。我把自己视为穆老师"未经注册"的学生。还要感谢上海立信会计金融学院的朱亚莉老师。她从事沙盘教学多年，在本教程沙盘推演的设计方面，多次给出了许多有价值的意见。

　　我要感谢中国银行安徽省分行陈小琳副行长、上海浦东发展银行合肥分行张东副行长、合肥科技农村商业银行朱练彬副行长和于蓉总经理、徽商银行冯海峰总经理等。谢谢他们的关心、指导和帮助！

　　我要感谢本项目研究团队的小伙伴们。他们是人民银行合肥中心支行姚丰同志、周浩同志，上海浦东发展银行合肥分行刘一丹同志，合肥科技农村商业银行方迪同志、胡婉莹同志、戴梦宇同志、王磊同志等。我们一起讨论研究，一起模拟推演，结下了深厚的友谊。

我要感谢中国金融出版社张智慧主任、王雪珂编辑。正是她们认真负责的编辑工作，有力地提升了本书的专业水平。

最后，我要感谢我的家人，尤其是我的爱人。正是她在背后无私地奉献、默默地支持，才促成了本书稿的撰写完成。她给了我不断学习的动力以及疲倦时休憩的港湾。感谢家人的关爱和理解！

路漫漫其修远兮，吾将上下而求索。

宁敏

2021 年 9 月